JN095895

入社1年目の

ビジネス英語大全

出口朋美
小坂貴志 著

ENGLISH FOR
PROFESSIONAL COMMUNICATIONS
A COMPLETE GUIDE

the japan times出版

はじめに

　2020年。地球に住む人類がこれまで経験したことのない生活を強いられ、私たちの記憶とともに人類の歴史にこの苦悩が刻み込まれる年となりました。ウイルスとの共存か終息か。今後もこの問いは、投げ続けられることになるでしょう。

　当初危惧や批判の声があがったものの、リモートワーク、オンライン会議（授業）は、パンデミックの渦中にあっても新しい日常を実現してくれる方法として私たちの生活の一部を支えてくれました。

　そのような最中、「テレワークでも成果を出し、対面で会えたときにはそのチャンスを最大限に生かせるようになるための書籍」という難題をジャパンタイムズ出版・英語出版編集部の橋本啓さんから頂戴したのが2020年の12月。準備期間がほとんどなく、この短期決戦のマラソンにいっしょに挑戦してくれるのは出口先生しかいないとお声かけしました。いざ執筆作業が始まってみると、私のとってのペースメーカー的な存在でいてくれ、あっという間にゴールまで引っ張ってくれました。

　エッセンシャルワーカーなど職種によっては、対面でしか仕事ができない人も数多くいます。また、リモートワークやオンライン会議（授業）には、人によって得手不得手もあるでしょう。ですので、リモートでも対面の場面でも、かつ、日本で英語教育を受けた読者に優しい、使い勝手のよい、短いフレーズを網羅することを心がけました。

　新菜（にいな）6歳、詩菜（しいな）4歳、藍菜（あいな）2歳、世菜（せいな）6カ月の4人の孫娘が社会に巣立つ頃には、英語ビジネスコミュニケーションの形態も今とはだいぶ様変わりしていることを頭に思い描いています。

　ぜひ、デスクに1冊、お仕事のお供としてご活用ください。

2021年3月吉日

小坂貴志

本書の使い方

　本書は、リモートワークを中心に、電話やメール、対面など、ありとあらゆる状況で応用できるビジネス英語のフレーズ集です。英語を使って仕事をする人が、気軽に使える短めのフレーズをそろえました。

　グローバル化が進む中、国内外で英語を使って仕事をすることが珍しくない時代になりました。厚生労働省の調査によると、国内における外国人労働者数は2020年2月の時点で165万人を超え、過去最高を記録しました。一方で、日本の企業の海外進出は2017年の調査では7万5千件を超え、こちらも過去最多となっています。この現状は、ビジネス英語と一口に言っても、それを話す相手は、同僚、後輩、先輩、上司、取引先、顧客、雇用者、被雇用者など、さまざまな立場の人たちを想定する必要があることを示しています。

　これを踏まえ、本書ではビジネス英語の多様性をなるべく反映しようと試みました。まず、使われる場面設定をオフィスだけではなく、社内外の会議、ワークショップやカンファレンスなどのイベント、懇親会、ちょっとした雑談の場などにしました。**一部のフレーズには「ていねい」または「カジュアル」な表現であることが表示されています**ので、相手に合わせた使い方が可能です。さらに、相手がイスラム教徒であった場合、ベジタリアンであった場合、子育てをしている場合など、これまでのビジネス英語の書籍にはあまり見ないトピックに関するフレーズも多数用意しました。

　2020年、新型コロナウィルスの流行をきっかけに、ビジネスコミュニケーションのツールとして、電話やメールのほか、オンライン会議システムが普及しました。コロナ禍以前、リモートワークという言葉は限られた業種や企業でしか使われていませんでしたが、今では誰もが知る言葉となりました。株式会社パーソル総合研究所が実施

した約2万人を対象にした調査によると、緊急事態宣言が発令された2020年3月半ばではリモートワークの普及率は13.2%であったのに対し、同年11月半ばには24.7%になっていたそうです。コロナ収束後にリモートワーク継続を希望している人は80%近くにも及んでおり、コロナ禍をきっかけにリモートワークがオルタナティブな働き方の選択肢の一つとして認識されつつあることが分かります。ほぼ100%に近い人々が対面で仕事をしていたであろう状況が、約3割の人々がリモートワークになる。コロナ禍以前では考えられませんでした。

　コロナが収束した後も、リモートワークを続ける人もいることを想定して、本書ではリモートワークに関するフレーズを多く紹介しています。たとえば、リモート会議やオンラインイベントを行うまでの準備として入退室のルール説明、ビデオのオン・オフや録画の確認、接続状況の確認、ブレイクアウトルームや投票機能の説明や実施、会議終了のあいさつや次の会議の確認など、リモート会議やオンラインイベントで話されるフレーズが一通りそろっています。もちろん、リモート状況につきもののトラブルに関するフレーズ（音声がつながらない、コンピューターが動かない、余計な音が聞こえた、など）も豊富に掲載されています。これらのフレーズは著者らが実際にリモートワークで経験した内容や、本書執筆のためにインタビューした方々から聞いた話から作成しました。**リモート表現をChapter 1でまとめ、その後、必要に応じて各章で再掲したり、新しいフレーズを加えたりしています。対面の表現と見分けがつきやすいように、リモート表現にはヘッドセットのマークがついています🎧**ので、確認してみてください。

　一方で、コロナ収束後に増えるであろう、対面場面で使えるフレーズもChapter 5（会議）、Chapter 6（プレゼンテーション）、Chapter 7（カンファレンス・ワークショップ・研修）、Chapter 8（懇親会）でたくさん載せています。いつかこれらの対面イベントに自由に参加、運営できることになったときも、本書のフレーズはきっと役に立つことでしょう。イベントの司会を行うことになったとき、大勢の前でプレゼンテーションを行うとき、初め

2

つ、その前にアップ表現を立ち上げ、雰囲気を和ませておきましょう。

🎧 **Can you hear me?**
聞こえますか？

🎧 **Can you see me?**
見えますか？

🎧 **Is everyone here?**
皆さん、そろっていますか？

て会った人と懇親会で雑談をするときなど、英語で何をどのように言えばいいのか分からないときに本書のフレーズはきっと頼りになるはずです。懇親会であれば、はじめのあいさつ、乾杯、歓談中、おわりのあいさつと、内容が時系列に掲載されているため、必要なときに必要なフレーズがすぐに探せるように工夫されています。

　本書はリモートや対面に加えて、ビジネスコミュニケーションにおいて使用される頻度が多いメールや電話で使うフレーズも充実しています。メールに関するフレーズばかり集めたChapter 3では、相手との予定の調整や書類の送付・確認、書類内容の修正に加えて、最近利用が多い電子署名に関するフレーズも掲載しています。さらにメールでの取引、人事や福利厚生、相手への謝罪や謝意の表現も載せていますので、参考にしてください。メールに関するフレーズは他のものと比較して、「ていねい」な表現が多いのが特徴です。一方、電話は取り次ぎ、相手の要件の聞き取り、折り返しの確認、クレームを述べる・受ける、アポイントメントを取る、などメールとは異なり口頭でのコミュニケーションが中心になります。短くて英語を話すことに慣れていない人にとっても言いやすいフレーズがたくさん載っています。

　前述したように、本書では仕事の話だけではなく、皆さんが自己紹介するためのフレーズをそろえています。Chapter 2のあいさつをはじめ、Chapter 9の雑談では、トピックによく上がる家族や趣味、食べ物、余暇の過ごし方、季節の話題が多く収録されています。相手と共通の趣味が見つかって、一気に距離を縮めることができるかもしれません。また、異文化コミュニケーションを専門とする著者らの観点から、日本文化や相手の文化に関して気軽に会話ができるフレーズも作成しました。Chapter 10のビジネス教養ではビジネスマナー、哲学、地理、政治、宗教、戦争、自然災害、経済、文学、法律、アート、ファッション、サブカルチャーなどできるだけ多くのトピックをそろえました。仕事の合間のちょっとした雑談や懇親会、プライベートでの会話にぜひ使ってみてください。

　Chapter 11（ビジネス文書）では、さまざまな業界で応用できる契約書、履歴書、特許、契約書、報告書、マニュアルなどを英語でどのように書けばいいのかを紹介しています。ある日突然、契約書を英語

で作成することになったら、本書をぜひ参考にしてください。

　Chapter 12ではオンライン英語学習法を紹介しています。人気の YouTubeチャンネルの活用法を中心に、Google検索を通した英語学習の方法、映画や音楽を使った英語学習法、英語で読むさまざまなサイトなど、コンピューターさえあれば、楽しく、気軽に隙間時間を使って学べる方法を載せています。興味がある人はぜひ参考にしてください。

　コラムでは著者らが自らの経験を踏まえ、リモートワーク、ビジネス英語、英語学習についての話を書いています。短いですが、新しい発見を促すような内容になっていますので、ぜひ読んでみてください。

　付録では業種、肩書き、職種、企業理念、M&A、部署、会計用語、マーケティング関連、製品分類、価格、会議、オフィス、家具・機器、文具、福利厚生、IT用語など、充実した単語が収録されています。フレーズが自分の言いたいこととぴったり当てはまらないとき、ここに掲載されている単語集のなかから選んで、応用して使うことが可能です。

　本書はさまざまな人が使うことを想定しています。以下、それぞれの立場に合った使い方を説明していきます。

◉新卒の方へ

　本書のフレーズは、相手に分かりやすく伝えるために、できるだけ短くて簡単な文法、単語を使って書かれています。皆さんがこれまでどこかで見たことがある文法や単語がほとんどです。「すでに知っている知識を使って、ここまでたくさんのことが言えるのか!」という気づきにつながればと願っています。また、ビジネスマナーや教養に関しては、英語の勉強に加えて、社会人として役に立つ知識も多いはずです。英語で仕事をしなければいけないのはとても不安だと思いますが、誰でも初めての瞬間があるはずです。失敗を恐れずに、これまで培ってきた自分の英語力を信じてチャレンジしてください。

◉ビジネス英語初心者の方へ

　「英語で仕事をしなければならなくなった、でも何から始めていいのか分からない。」こんな状況に本書はぴったりです。まずはすでに知っ

ている、自分にとって聞きなじみのあるフレーズを選んで、試してみ
ましょう。メールであれば、固有名詞を変えてそのまま使ってみてくだ
さい。慣れてきたら、Chapter 9（雑談）の中からフレーズを選んで、
自分自身のことを相手に伝えたり、相手へ質問したり、とより広い範
囲のコミュニケーションに挑戦してみてください。ビジネス英語初心者
の方にとって、本書が英語で初めて仕事を行う人にとって、水泳の際の
「浮き輪」のような役目を果たせることを願っています。

◉ビジネス英語に慣れている方へ

　ビジネス英語に慣れている人には、本書が表現の幅を広げるお手伝
いになればと願っています。自分が使う単語や言い回しがワンパター
ンになってしまうことはありませんか。本書のフレーズを活用しながら、
より微妙なニュアンスの違いが相手に伝えられるように、レパートリー
を増やしていってください。

◉英語を勉強している方へ

　本書はビジネス英語のフレーズ集ですが、英語学習の教材としても
応用できます。ここにいくつか本書を使った英語学習法をご紹介しま
す。
　①音声を聞いてシャドーイング、音読をする。
　②英語・日本語だけを見て、その日本語訳・英訳を口頭で述べる・
　　書く。
　③フレーズの内容が回答になるような質問文を考え、口頭で述べ
　　る・書く。
　④フレーズと同じ意味の別の文章を考え、口頭で述べる・書く。
　⑤「ていねい」を「カジュアル」に、「カジュアル」を「ていねい」
　　に言い換え・書き換えてみる。
　⑥フレーズを選び、自分についての自己紹介文を作成する。そこに
　　自分なりの文章を新たに加える。
　⑦付録に掲載されている単語を覚える。
　⑧Chapter 12の英語学習法を実践する。
　これらの方法はほんの一部ですが、短いフレーズがこれだけ多くそ

ろえられていることで効率よく、柔軟に学習できるようになっています。自分なりの活用方法もぜひ見つけてみてください。

　本書の究極の目的は、英語で相手と円滑なコミュニケーションをとり、いい関係性を築くことによって、皆さんのビジネスを成功に導くことです。相手は異なった言語や文化を背景に持つ人たちですが、皆さんと共通点や共感することもたくさんあるはずです。本書に掲載されている多様なフレーズには、相手とのコミュニケーションの鍵が隠されているかもしれません。本書が皆さんにとってお役に立つことを心より願っています。

<参考URL>
外務省　「海外在留邦人数・進出日系企業数の調査結果」(平成30年要約版)　2018年5月31日
https://www.mofa.go.jp/mofaj/press/release/press4_006071.html
厚生労働省「『外国人雇用状況』の届出状況まとめ」(令和元年10月末現在)　2020年1月31日
https://www.mhlw.go.jp/stf/newpage_09109.html
パーソル総合研究所　ニュース「テレワーク実施率について、4回目となる2万人規模の調査結果を
発表　新型コロナ第3波におけるテレワーク実施率は全国平均で24.7%　5月下旬の緊急事態宣言
解除直後は25.7%で1ポイント減少」　2020年12月16日
https://rc.persol-group.co.jp/news/202012160001.html

ダウンロード用MP3音声のご利用案内

MP3形式の音声ファイルをダウンロードすることができます。

 スマートフォン

1. ジャパンタイムズ出版の音声アプリ「OTO Navi」をインストール

2. アプリ内で本書を検索

3. 音声をダウンロードし、再生
   ※3秒早送り・早戻し、繰り返し再生などの便利機能つき。学習にお役立てください。

 パソコン

1. ブラウザからジャパンタイムズ出版のサイト「BOOK CLUB」にアクセス
   https://bookclub.japantimes.co.jp/book/b570638.html

2. 音声をダウンロードし、iTunes などに取り込んで再生
   ※音声は zipファイルを展開(解凍)してご利用ください。

Contents

Chapter

1

リモート表現

01 会議の準備

リモート会議では、使用するツールや URL のリンク、設定など、対面の会議と比べ参加者に伝えることがたくさんあります。うまくつながらない場合も想定しつつ、スムーズに会議を始められるように準備しましょう。

きほんの **き**

→リモート会議であることを伝え、会議の詳細を送ってください
→うまくつながらない場合は、他の参加者にその旨を伝えましょう
→カメラのオン・オフ、録画の可否など注意事項を明確に伝えましょう

∩ 会議の招集

track [**01-01**]

Are we going to have a face-to-face or Zoom meeting today?

今日の会議は対面と Zoom のどちらでしょうか？

Click the following URL at 3 p.m. on the 10th.

10 日の 15 時に以下のリンクをクリックしてください。

☞リンクをクリックするとパスワードを求められることがありますので、あらかじめパスワードを確認しておくとスムーズに入室できます。

We will use Google Meet for the meeting this time.

今回の会議は、Google Meet を使います。

∩ パスコード

track [**01-02**]

Send me the passcode to your meeting.

入室のパスコードを送ってください。

I entered the wrong meeting ID.

ミーティング ID を間違えていました。

☞うまく入室できずに会議に遅れてしまったときに使います。

♪ 会議用 URL のリンクの送付 track[01-03]

I haven't gotten the link to the meeting.

会議のリンクが届いていません。

I forgot to send the link to Ms. Tran.

トランさんにリンクをお送りするのを忘れていました。

☞会議に参加者が現れない場合はリンクを送り忘れていないか確認しましょう。

I mistakenly deleted my meeting settings, so I will send the link to the meeting again.

間違えて会議の設定を消してしまいましたので、もう一度リンクをお送りします。

☞たくさんの会議のホストになっていると、このようなことはよくあります。mistakenly の代わりに accidentally（うっかり）も使えます。

I have two Zoom accounts. I'm using a different one than usual.

Zoom のアカウントを 2 つ持っていて、いつもと違う方を使っています。

☞アカウントによって使える機能が異なることがありますので、注意してください。

We will send the meeting details and the Zoom link by email.

会議の詳細と Zoom のリンクをメールで送ります。

Would you send me the Zoom link again? I can't find your message. ‹ていねい›

Zoom のリンクを再度送っていただけますか？　メールが見つかりません。

♪ カメラ track[01-04]

Do you mind if I keep my camera off?

カメラはオフのままでもいいですか？

☞リモート会議でカメラをオフにする人も多いようですが、初回は確認した方が無難です。

I have so many video-on concerns.

ビデオをオンにするには懸念がたくさんあります。

Please stop the video and mute the mic when you are eating.

食事しながら参加する人はビデオとマイクをオフにしてください。

☞咀嚼音をマイクで拾わないための注意事項としてのフレーズです。

🎧 録音・録画禁止 track[**01-05**]

You are not allowed to audio/video record this meeting.

このミーティングは録音／録画禁止です。

☞機密事項を取り扱う会議を開く場合、このフレーズを使いましょう。

🎧 参加者の居場所 track[**01-06**]

I am on my way right now; that's why I am taking part by phone.

今移動中です。ですので、スマホで参加しています。

☞携帯電話で参加していることをあらかじめ伝えておくと、電波が悪くて通信が切れても他の参加者を慌てさせずに済みます。

Sorry if I get disconnected.

切れたらごめんなさい。

I'm at the office with my colleagues.

同僚と一緒にオフィスにいます。

☞自宅からの参加者にオフィスの状況を伝えてください。

02 アイスブレイク

アイスブレイクでは、主にミーティングの参加状況や接続状況の確認を行います。このひと言で、これからリモート会議が始まることが参加者に伝わります。

きほんの き

→お互いの接続状況を確認しましょう
→何らかの接続トラブルで入室できない人もいるかもしれません
→トラブルには、臨機応変に対応しましょう

🎧 参加の確認   track [**02-01**]

Is everyone here?
皆さん、そろっていますか？

It looks like everyone is here.
皆さん、おそろいですね。

It looks like Ms. Suzuki has not arrived yet.
まだ鈴木さんが来ていないようですね。

🎧 接続が良好かを確認する   track [**02-02**]

Is anyone having any problems connecting right now?
今のところ接続に問題はないでしょうか？

Can you hear me?
聞こえますか？

Can you see me?
見えますか？

03 ネタふり

このセクションでは、会議を始める前のちょっとした時間に参加者と主催者が簡単な雑談をするときのフレーズを紹介しています。また、早く入室した人同士で数分間、一緒に待たなければならないときにも役立ちます。

きほんの き

→海外にいる相手に一番ふりやすいネタは、現地時間を尋ねることです
→バーチャル背景も盛り上がるトピックの一つです
→会社のロゴを見つけたら質問してみましょう

🎧 現地時刻　　　　　　　　　　　　　　　　　　　track[**03-01**]

What time is it now in New York?

今、ニューヨークは何時ですか？

It's 10 a.m. in Japan.

日本は午前 10 時です。

☞オーストラリアやニュージーランドであれば遠くても時差はあまりないですが、ヨーロッパやアメリカなどでは深夜や早朝ということもあります。

🎧 バーチャル背景　　　　　　　　　　　　　　　　track[**03-02**]

Where is that in the virtual background photo?

バーチャル背景はどこの写真ですか？

Where are you?

そこはどこですか？

☞今どこにいるのかというよりも、バーチャル背景でどこにいるのかを聞いています。

That's a nice background.

すてきな背景ですね。

☞相手がすてきなバーチャル背景を使っていたら、このように伝えましょう。きっと喜んでくれるはずです。

What's that behind you?

背後に映っているのは何ですか？

Is that your company logo?

それは御社のロゴですか？

イベント

カンファレンス、ワークショップ、研修会など、オンラインでのイベント開催はもはや当たり前の時代です。対面と比べて会場の手配などの手間が不要な反面、オンラインならではの準備や参加者に伝えなければならないルールがあります。

きほんの き

→オンラインイベントは、対面より参加者が多くなることがあります
→初めてオンラインイベントに参加する人には、ルールを説明しましょう
→参加者がどのタイミングで発言していいのかを伝えましょう

🎧 申し込み　　　　　　　　　　　　　　　　track[**04-01**]

Do you accept applications online only?

申し込みの受け付けはオンラインのみでしょうか？

🎧 あいさつ　　　　　　　　　　　　　　　　track[**04-02**]

Thanks to online platforms, many people are able to attend the conference.

オンライン開催のため、多くの方にご参加いただけました。

Despite the inconvenience caused by the differing time zones, quite a few people are able to attend the conference.

一部の国では不便な時間帯にもかかわらず、たくさんの方にカンファレンスにご参加いただけました。

☞このように、海外からの参加者に対しても気遣いのひと言があると、いい雰囲気づくりができます。

You can enter and leave as you please.

入退室自由です。

🎧 資料の閲覧・編集権限を依頼 　　　　　　　　track[**04-03**]

Could you authorize me to view and edit the file?
⟨ていねい⟩

資料の閲覧・編集権限を私に与えてください。

☞書類を開いたり、自分で編集したいのにうまくいかない場合は、権限がないのかもしれません。その場合は、このフレーズを使ってください。

🎧（発言の前の）挙手ボタンの説明 　　　　　　track[**04-04**]

Please click the "Raise Hand" button when you wish to speak.
発言の前に挙手ボタンを押してください

☞Zoom では挙手ボタンが手を開いたイラストになっています。便利な機能です。

If you have any comments about the schedule, please click the "Raise Hand" button.
スケジュールについて意見のある方は挙手ボタンを押してください。

05 チャット

最近はビジネスシーンでもメールの代わりにチャットを使用することが増えてきました。リモート会議中、チャットはファイルやリンクを共有したり質問を受け付けたりと、大事な機能を果たします。

きほんの き

→チャットは今やビジネスシーンでも、なくてはならないツールです
→チャットで質疑や意見を受け付けると、効率的です
→突然チャットで話しかけられても慌てずに対応しましょう

♩ チャット   track [05-01]

I will share the material in the chat.
資料をチャットで共有します。

I will send the link for the material in the chat.
資料のリンクをチャットでお送りします。

Your comments are welcome in the chat room.
ご意見はチャットで受け付けます。

Please use the chat room when you wish to share your opinions.
チャットで自由に意見を述べてください。

Make sure to send a public message so everyone can see it.
全員が見られるように、チャットでは全員宛になっていることを確認してください。

☞反対に、特定の人だけにメッセージを送りたいときは全員宛になっていないかを必ず確認しましょう。内密の話を全員に送ってしまうと大変なことになります。

06 画面共有

画面共有の機能はとても便利です。この機能なくしては会議が成り立たないといっても過言ではないでしょう。自分が確認したい箇所をすぐに見られるように画面共有とは別に同じファイルを開いておくといいでしょう。

きほんの き

→画面共有の権限を確認し画面の操作を依頼しましょう
→スムーズに画面共有ができるように依頼を早めに伝えましょう
→何のファイルを共有するかを参加者に伝えると親切です

画面共有   track[06-01]

○ Who is controlling the document?

誰が画面共有していますか？

☞このフレーズを使えば、誰に操作をお願いすればいいのかが分かります。

○ If you could go down a little bit.

もう少し文書の下を映してもらえますか？

○ Go down, thank you.

少し下で。

☞go down, go down と繰り返すと、「もっともっと下に動かしください」という意味になります。

○ If you could go up just a little bit.

もう少し上で。

○ May I just share my screen?

画面共有してもいいですか？

☞口頭で説明していて話が分かりづらくなってきたら、このフレーズを使いましょう。

○ Can everyone see the document okay?

皆さん、文書が見えますか？

Scroll down.

スクロールダウンしてもらえますか？

I don't have permission to share my screen.

画面共有の権限がありません。

Could you please stop sharing your screen so that I can share mine?

ていねい

画面共有したいので、今の文書を消していただけますか？

☞現在の画面共有を取り消さないと、次の画面共有に移行できないことがあります。そのときに使うフレーズです。

Shall I show you their résumés?

履歴書を画面共有しましょうか？

Here is the new office layout. Let me share my screen.

新しいオフィスの間取りを画面共有します。

07 ブレイクアウトルーム

ここでは Zoom の機能であるブレイクアウトルームに関連するフレーズを紹介しています。この機能を使うと、参加者が多くても個別のグループに分けることができるので発言の機会を確保できます。うまくこの機能を使ってイベントを盛り上げましょう。

きほんの き

→慣れていない人のために流れを簡単に説明しましょう
→制限時間や作業の流れを伝えると議論しやすくなります
→ブレイクアウトルームの間、ホストは一息つくことができます

🎧 流れの説明　　　　　　　　　　　　　　　　　track[**07-01**]

We only have half an hour, but we'll be breaking into group discussions three different times.

時間が 30 分と短いですが、3 回グループで話し合ってもらうつもりです。

🎧 参加メンバーを分割　　　　　　　　　　　　　track[**07-02**]

I am going to split participants into breakout rooms.

参加者をブレイクアウトルームに分けます。

🎧 招待→参加　　　　　　　　　　　　　　　　　track[**07-03**]

Press the "Join" button when you are invited by the host.

ホストから招待されたら「参加」ボタンを押してください。

🎧 ルーム番号　　　　　　　　　　　　track [**07-04**]

You have been assigned to Breakout Room 3.
ブレイクアウトルーム3番に割り当てられています。

☞遅れて参加した人に割り当て先を案内するためのフレーズです。

🎧 自分で部屋を選ぶ　　　　　　　　　track [**07-05**]

The host can set up Breakout Rooms so that participants can self-select rooms.
ホストは、参加者が自分でブレイクアウトルームを選べるような設定にすることもできます。

🎧 助けを呼ぶ　　　　　　　　　　　　track [**07-06**]

You can invite the host to the breakout room by pressing the "Help" button.
ヘルプボタンを押せば、ホストをブレイクアウトルームに招待することができます。

☞参加者全員が慣れていない場合を考慮して、このように伝えておくと安心です。

🎧 メインルームに戻る　　　　　　　　track [**07-07**]

Click "Leave Breakout Room" and you will return to the main room.
「ブレイクアウトルームを退出」ボタンをクリックすれば、メインルームに戻れます。

🎧 参加者を入れ替える　　　　　　　　track [**07-08**]

Allow me to rearrange the participants among different breakout rooms.
ブレイクアウトルームの参加者を入れ替えます。

∩ ホストからのメッセージの確認 · track[07-09]

What message did the host broadcast?

ホストはどんなメッセージを全員に伝えましたか？

∩ 慣れていない · track[07-10]

I'm not familiar with how to run breakout rooms.

ブレイクアウトルームの使い方に慣れていません。

∩ 共同ホスト · track[07-11]

The co-host can assign participants to breakout rooms.

共同ホストも参加者をブレイクアウトルームに割り当てることができますよ。

∩ 自動振り分け · track[07-12]

I will split you into 20 sessions automatically.

20 のグループに自動で振り分けます。

☞参加者の中にはなぜ自分がこのグループに割り当てられたのか疑問に思う人がいる
　かもしれないので、自動で振り分けていることを伝えましょう。

∩ 参加者が選ぶ · track[07-13]

You can select and enter breakout rooms as you like.

お好きなブレイクアウトルームを選んで入ることができます。

I will go around each session.

私はブレイクアウトルームを回りますね。

ロック

track [07-14]

Since the button is grayed out, it looks like it's been locked.

ボタンが灰色になっているので、どうやらロックされているみたいです。

☞このフレーズは、ブレイクアウトルームだけではなく、使いたい機能が使えないとき一般に応用できます。

手動振り分け

track [07-15]

Manually assigning participants to breakout rooms takes time.

手動で参加者をブレイクアウトルームに振り分けるのは時間がかかります。

☞このように簡単な説明があると、参加者も安心して待機できるでしょう。automatically（自動で）に対し、manually は「手動で」の意味。

終了

track [07-16]

The breakout rooms will automatically end after ten minutes.

10分後にブレイクアウトルームは自動的に終わります。

☞ブロードキャスト機能を使うと、ブレイクアウトルームの各部屋にホストからメッセージを送ることができます。おわりの時間をあらかじめ伝えておくと、参加者は話をまとめる準備ができます。

08 投票

Zoom などのリモート会議システムには投票機能が付いています。参加者に対するアンケートとしても使えますし、会議の決議を取ることもできます。拍手や挙手ボタンより一目瞭然に結果が分かり、とても便利な機能です。

きほんの き

→投票機能を使って参加者の意見をまとめましょう
→うまくいかなければその旨を伝えてもう一度チャレンジです
→投票結果が参加者にもすぐ分かるように設定できます

🎧 投票機能

track [08-01]

Participants should use the "Poll" feature to cast their votes.

参加者は投票機能を使って投票してください。

☞cast a vote は「票を投じる」という意味。

Please answer the polling questions.

参加者の皆さんは投票の質問に答えてください。

☞vote も poll も「投票」の意味ですが、poll はどちらかと言えば「世論調査」の意味合いで使われることが多いようです。

🎧 投票

track [08-02]

Now, let's take the poll. Press the "Send" button after selecting one of the choices.

今から投票を行いますので、選択肢のなかから 1 つ選び、送信ボタンを押してください。

始める

track [08-03]

Now, I'll launch the poll.

それでは、投票を始めます。

🎧 終わり

track [**08-04**]

I am about to stop the poll.

そろそろ投票を終わります。

🎧 結果

track [**08-05**]

Let me share the poll results.

投票結果を共有します。

🎧 再投票

track [**08-06**]

Looks like it didn't go well. Let me restart the poll.

うまくいかなかったようなので、もう一度投票します。

☞looks like を使うことで「どうやらうまくいかなかったみたいだ」というニュアンスが出ます。

🎧 決議

track [**08-07**]

I would like to take the resolution now.

これから決議を取ります。

Press either the "For" or "Against" button.

賛成・反対どちらかのボタンを押してください。

☞このボタンはホスト側が設定できるので、自由に選択肢を作ることができます。たとえば Neither（どちらでもない）や Other（その他）のような選択肢にすることもできます。

09 終了のあいさつ

リモート会議やイベントがおわりに近づいてきたら、終了の方法を伝えましょう。参加者が個人で退室ボタンを押すのか、ホストが一斉退室のボタンを押すのかを簡単に伝えましょう。個別に質問や話がしたい人がいるのなら、その人に残ってもらうことを伝えるのもお忘れなく。

きほんの き

→議論が白熱しても、終了の時間は守りましょう
→議事録へのアクセス方法を参加者に周知してください
→全員退室ボタンで終了する際はひと言伝えましょう

🎧 退出時間　　　　　　　　　　　　　　　　　track [**09-01**]

Time to leave.

退出する時間です。

Time is up. Let's save the rest for another time.

時間が来たのでまた次回にしましょう。

We are running out of time shortly.

そろそろ時間切れになりそうです。

🎧 議事録　　　　　　　　　　　　　　　　　track [**09-02**]

I'll share the link for the minutes later.

議事録のリンクは後ほど共有します。

☞この後「メールで」なら by email、「チャットで」なら by chat と続けることができます。

Thank you for taking the minutes, Tanaka!

議事録を作成してくださった田中君、ありがとう。

☞参加者の前でお礼を伝えると作成者も気分がよくなりますね。

🎧 次回のミーティング

track [09-03]

I'll send the Zoom link for the next meeting.

次回の会議の Zoom リンクを送ります。

Mr. Kim, will you schedule the next meeting?

キムさん、次のミーティングの予定を立てていただけますか？

I will let you know if we will meet face to face.

次回のミーティングが対面になる場合は、お知らせします。

We will have an online meeting next time.

次回のミーティングはオンラインで行います。

🎧 退出ボタン

track [09-04]

Let me click "End Meeting for All" right now.

全員退室ボタンを押しますね。

Please feel free to click "Leave Meeting."

ご自由に退室ボタンを押してください。

☞このひと言があれば参加者も気兼ねすることなく自分のタイミングで退室できます。

Yang-san, could I have a minute to talk to you? Could you please stay behind for a while?

ていねい

ヤンさん、少しお話ししたいので残っていただいていいですか？

Stay here if you have any questions.

質問があれば残ってください。

10 トラブル

リモート会議やオンラインイベントにはトラブルがつきものです。対面とは異なり、コンピューターや携帯電話が使える状況で、ネットワークがつながらなければ参加できません。トラブル中なのに英語を話さなければならないのはなかなかハードルが高いですが、このセクションで紹介しているフレーズで乗り切ってください！

きほんの き
→生活関連からコンピューターまでさまざまなトラブルが予想されます
→相手のトラブルの状況を確認するフレーズをおさえましょう
→トラブルは他の参加者と協力して解決しましょう

🎧 生活　　　　　　　　　　　　　　　　　　track[**10-01**]

My apologies, but they have already started construction.

すみません、工事が始まってしまいました。

☞この場合の they は「工事現場の人たち」を指しています。ちなみに「工場労働者」は factory worker、「建設作業員」は construction worker と言います。

Please excuse me if you can hear people talking in the background; I'm working in a shared office space.

シェアオフィスにいます。誰かの声が背後で聞こえてしまったらすみません。

A delivery has just arrived; I'll be right back!

宅配便が来たので少しお待ちください。

☞自宅で仕事をしているとよくある状況です。

🎧 Zoom　　　　　　　　　　　　　　　　　track[**10-02**]

I'm a co-host, but I can't use screen-sharing.

共同ホストになったのですが、画面共有機能が使えません。

I should have set up a Zoom meeting by myself.

Zoom を自分で設定しておけばよかったです。

☞誰かに設定してもらったために、自分で初期設定を変えられず困った場合のフレーズです。

Facing a technical problem while guests are watching me would be a nightmare.

参加者の目の前で技術的な問題に直面するのは最悪です。

☞nightmare は「悪夢」の意味です。映画や小説などでも頻繁に出てきますね。何か悪いことが起こったときは、It was a nightmare!（最悪だった！）などと言います。

I accidentally hit the "End Meeting" button; was there anything you wanted to discuss?

間違えて終了ボタンを押してしまいました。他に何か打ち合わせすることはありましたか？

☞間違って Zoom を切ってしまい、メールか電話で謝るときのフレーズです。

🎧 カメラ・画像

track〔**10-03**〕

We can't see you on the screen. Can you reverse the camera?

あなた、画面に映っていませんよ。カメラを切り替えられますか？

I can't switch my camera to selfie mode.

カメラを自撮りに設定できません。

☞selfie は「自撮り」のことです。

Click the "Start" button. Choose "Screen" from the "Settings" menu. Then, you can switch the camera on.

スタートボタンを押して「設定」から「画面」と選ぶと、カメラを切り替えられます。

I am not able to change the orientation of the camera by any of the means I have tried so far.

どうしてもカメラの向きを変えられません。

☞the orientation of the camera は「カメラの向き」という意味です。

Your camera is wobbly.

カメラがグラグラしていますよ。

A camera cover must be blocking the lens.

カメラにカバーがついたままじゃないですか。

Your virtual background is blocking my view.

バーチャル背景が邪魔をしてよく見えません。

☞バーチャル背景にしたまま本の中身などを見せようとすると、色が飛んでしまうことがあります。

♁ ビデオがフリーズした

track [**10-04**]

The video was frozen.

映像がフリーズしてしまいました。

The video was frozen. I couldn't see things very well.

映像がフリーズしていてよく見えませんでした。

♁ 変なものが映って・聞こえてしまった

track [**10-05**]

Let's pretend we didn't see it.

今のは見なかったことにしてください。

☞直訳すると「見なかったふりをしよう」ということです。

🎧 画面共有ができない・ファイルが重い track[**10-06**]

I can't share my screen.
画面がうまく共有できません。

The file is too large and too heavy.
ファイルの容量が大きすぎて重くなってしまいました。

The file is too large to open.
ファイルが大きすぎてうまく開けません。

🎧 音声 track[**10-07**]

I failed to catch an important message because of the noise.
ノイズが入って重要な部分を聞き取れませんでした。

Excuse me, the alarm went off.
ごめんなさい、アラームが鳴ってしまいました。

I'm sorry my kids are being so loud.
子どもの声がうるさくてすみません。

Excuse me, I'm getting a lot of feedback from the mic.
ハウリングしてしまい、すみません。

☞「ハウリング」は和製英語なので、howling ではなく feedback や echo を使いましょう。echo は音が二重に聞こえる場合に使ってください。

Excuse me, I accidentally dropped the mic.
マイクを落としてしまって、すみません。

Excuse me, the music auto-played somehow.
音楽が自動再生されてしまって、すみません。

☞somehow をつけることによって、「どういうわけか」というニュアンスが出ます。

The volume has been getting lower and lower. I can't hear you anymore.

声がだんだん小さくなって聞こえなくなりました。

Chapter
1

リモート表現

Did you forget to turn on your speaker?

スピーカーをオンにするのを忘れていませんか？

I can't unmute a specific participant.

特定の参加者のミュートを解除できません。

声がまったく聞こえない

track[**10-08**]

Sasaki-san! Your mic is muted.

佐々木さん、マイクがオフになっていますよ。

声が聞こえにくい

track[**10-09**]

Tanaka-san! I can barely hear you. Please come closer to the mic.

田中さん、声が遠くて聞こえません。もう少しマイクに近づいてください。

音声が途切れた

track[**10-10**]

Your voice is choppy. I can't hear you properly.

音声が途切れてよく聞こえませんでした。

エコー

track[**10-11**]

Your voice is echoing. I can't hear you very well.

声のエコーがして聞きづらいです。

🎧 録画

I forgot to record my meeting.

ミーティングを録画するのを忘れていました。

☞録画が必須な会議やイベントの場合、このようなことがないように気をつけましょう。自動録画設定にしておくといいですね。

I forgot to ask permission to record my meeting.

ミーティングを録画する許可を取るのを忘れていました。

🎧 コンピューター

I need to reboot my PC. Please wait a minute.

コンピューターを再起動したいので、しばらくお待ちいただけますか。

☞reboot は「（コンピューター）を再起動する」という意味です。再起動でコンピューターの問題が解決することもありますので、試してみてください。

My computer is freezing.

コンピューターがフリーズしています。

☞コンピューターのトラブルを電話などで相手に伝える場面で使えます。

My computer has quit responding.

コンピューターからの応答がありません。

My computer has broken down.

コンピューターが壊れました。

My computer is behaving strangely.

コンピューターが誤作動を起こしています。

For some reason the network is unreachable right now.

今、何らかの原因でネットワークにつながりません。

I spilled tea on my computer.

コンピューターにお茶をこぼしてしまいました。

My computer won't start up.

コンピューターが起動しません。

The light is remaining on.

ライトがつきっぱなしです。

My card doesn't fit the slot in my computer.

カードがスロットに入りません。

I received an error message.

エラーメッセージが表示されました。

A new window opened.

新しいウインドウが開きました。

I can't move my cursor.

カーソルが動きません。

♪ 家庭の事情

track[**10-14**]

It's been a hectic week, and I'm exhausted. I think I should call it a day early today.

ここ数日バタバタしており、今日は疲れているので早めに仕事を切り上げます。

☞hectic は「とても忙しい」という意味で、busy より強いニュアンスがあります。call it a day は「仕事を切り上げる」というイディオムです。

It should be much more quiet at work tomorrow.

明日はもっと落ち着いて仕事ができるはずです。

Whenever I have to work from home with my daughter, I always hand her an iPad.

在宅勤務で娘が家にいる日は、いつも iPad を渡しています。

☞在宅勤務で「今日お子さんはどうしていますか?」などと聞かれたときに使ってください。

Let's have the meeting tomorrow. I'll have my son watch YouTube.

明日会議しましょう。息子には YouTube を見せておきますので。

I hope you don't mind if my daughter joins the meeting.

娘が映ってしまうかもしれませんが、そのときはすみません。

☞子どもだけではなく、ペットが映り込んでしまったときにも使えます。

♁ オフィス不在 track[10-15]

She works from home.

彼女はリモートワーク中です。

Mr. Hamaguchi works from home. It's best to try reaching him on his cellphone or by email.

浜口は自宅で作業をしています。携帯番号かメールの方がつながりやすいと思います。

♁ その他 track[10-16]

Oh well, Windows just launched an update process.

あらら、Windows のアップデートが始まってしまいました。

☞最初の oh well は「仕方ないなぁ」というトーンで発話しましょう。

The virus checker is running.

ウイルスチェッカーが作動しています。

☞プレゼンテーションの最中に作動したら大変なので、始まる前に確認しましょう。

The number of applicants exceeds the maximum capacity.

参加希望人数が収容可能人数を超えてしまいました。

☞Zoom などのアカウントの種類によっては、収容人数に限りがあるので注意してください。

I can't update the software.

ソフトウェアをアップデートできません。

I got an error message saying "Your meeting is locked."

「ミーティングがロックされています」と表示が出ます。

Google Meet seems to be incompatible with my smartphone.

Google Meet は私のスマホでは使えないようです。

11 電子署名

近年は印鑑の代わりに電子署名を使うことが多くなってきました。印鑑と同じく、電子署名は契約の成立になくてはならないツールです。このセクションで紹介しているフレーズを使って滞りのないやりとりをしてください。

きほんの き

→まずは署名の方法が電子署名であることを伝えましょう
→契約書提出の期限を伝えましょう

電子署名を依頼する・送る   track [11-01]

Please sign this document electronically.
この書類に電子署名をお願いします。

Please sign the contract electronically by November 4th and click the "Send" button.
11月4日までに契約書に電子署名後、送信ボタンを押してください。

Please feel free to contact us if you have any questions about the e-signature.
電子署名についてご不明な点がありましたら、お問い合わせください。

Do you accept e-signatures instead of company seals?
印鑑の代わりに電子署名でよろしいでしょうか？

☞company seal は「社印」のことです。電子署名が普及してきているとはいえ、確認を取っておいた方がいい場合もあるでしょう。

12 コンピューター

コンピューターなしでは仕事ができないという人も多いでしょう。このセクションでは相手にコンピューターの操作を伝えるフレーズを紹介しています。

きほんの き

→コンピューターの各種名称はもともと英語なので、難しくありません
→相手に操作を伝えるときは短く、分かりやすく
→トラブルに関してはセクション 10 を確認してください

操作

track [**12-01**]

Cut & paste the highlighted phrase.

ハイライトしたフレーズをカット&ペーストしてください。
☞日本語でも英語の名称をそのまま使っているので分かりやすいですね。

Press the Delete key to turn on the delete flag.

削除キーを押すと，削除フラグがオンになります。

I can't empty the Recycle Bin.

ゴミ箱を空にできません。

I erased all the data on my computer by accident.

コンピューターの全データを間違って消してしまいました。

You can recover erased data.

削除したデータは回復できます。

Click on "Clear Memory Cache Now" to clear memory.

「キャッシュメモリの消去」をクリックし、メモリの内容を消去します。
☞「キャッシュメモリ」の「キャッシュ」は cash（現金）のことではないのでご注意を。

I can't completely remove data from my PC.
PC の全データの削除ができません。

Start your computer in Safe-Mode.
セーフモードでコンピューターを立ち上げてください。

Windows will automatically open the folder.
Windows は、フォルダを自動的に開きます。

To run a program, type the name of the program and press enter.
プログラム名を入力して、実行してください。

I converted the file into a format that is compatible with presentation software.
プレゼン用ソフトで使えるようにファイルを変換しておきました。

We recently installed a new system that allows us to conduct much of our business electronically.
新システムを最近インストールしたので、オンラインで仕事ができます。

With the latest version of the software I don't think there will be any compatibility issues.
最新バージョンのソフトなので、互換性に問題はないと思います。

Right-click on your mouse.
マウスの右ボタンをクリックします。

Choose Edit and Paste.
編集から貼り付けを選択します。

Double-click Edit.
編集をダブルクリックします。

Point the cursor to Edit.
カーソルを編集に合わせます。

Press and hold the left click button down in Edit.

左クリックを押したままの状態で、編集にカーソルを動かします。

リ
モ
ー
ト
表
現

Zoom の失敗例

リモートワークの失敗例には事欠きません。その大半が Zoom などオンラインツールを利用している最中に発生したちょっとした失敗です。

音声の途切れは、わざとやっているのかと思ってしまうほど、聞いている側には変に聞こえます。画面が妙なタイミングでフリーズしてしまえば恥ずかしい思いをすることになります。残念なことに、フリーズした自分の変顔は自分では確認することができません。取り残されたミーティングの参加者は、笑ってよいものやら、かなり悩むところです。

参加者人数が 100 名を超えるミーティングでホストをしていたときのこと。突然 wi-fi が落ち、Zoom が火花とともに消え去る様子が画面に映りました。冗談ではなく、本当に火花のように見えたのです。復旧に努力すること 10 分後、再度ミーティングに戻ってみると、なんと全員が平然とブレークアウトルームでグループワークをやっているではありませんか?!　落ちたときには、ブレークアウトルームでやってもらう内容の説明はほぼ終えていたのが功を奏したのです。とあるゲストにホスト権が自動で割り振られ、気を利かせてくれたその方がメインルームに残り、ブレークアウトルームを進行されてくれていました。ミーティングをしていて、このときほど嬉しかったことはありません。

何も気にせず打ち合わせをしていたら、干している下着をはじめ、室内の様子が丸映しだった。そのような失敗をしないためバーチャル背景を設定したからと言って、油断してはいけません。バーチャル背景を使っていても、何かを取りに画面の前から自分の姿を消した途端、部屋の様子が部分的に映し出されてしまうからです。

ホテルに宿泊するとき、たとえ予約した部屋の中にいても、そこは外であることを忘れてはならないと、海外では防犯上教えられます。これと同じように、たとえ自室でも、そこはリモートワーク上のオフィスであることを忘れずに作業するようにしましょう。

永遠にできないのかアイコンタクト?!

　話し相手に対してアイコンタクトをとる。とても大事なことですね。自分が思っていることが目で相手に伝わるという「目は口ほどに物を言い」は名言で、アイコンタクトの重要性を端的に言い表しています。

　リモートワークで会議がオンラインになり、どうも変だなと違和感を抱いています。今の今まで解決に至っていないことの一つにこのアイコンタクトがあります。話し相手に対してアイコンタクトをとろうと、画面に映る相手の目をつい見てしまう。ところが、スクリーンに映る相手の目に自分の視線を合わせると、相手にはあなたが視線をそらしているように映ってしまうのです。

　では、どうすればいいのか? 簡単なことで「カメラ目線」にその答えがあります。スマホ、タブレット、ラップトップ、デスクトップと機器によってカメラの位置はさまざまなので、まずはカメラの位置を確認して、カメラ目線をする。こうすればなんとか相手に対してアイコンタクトがとれている状態にはなります。そうなのです、カメラ目線をし続ける以外に、現時点でアイコンタクト問題の解決策はありません。

　リモートワークが始まった当初に私が購入したラップトップのカメラはオンにすると、すぐ隣にあるライトも同時にオンになる（設定すれば消えるのでしょうが）ので、まぶしくてカメラ目線をし続けることが至難の業でした。

　アイトラッカーという視線の動きを追跡するシステムを使うと、自分のアイコンタクトを把握することができるようになっているようです。画面上に映る相手の目に皆さんの目が重なった。さて、その場所にカメラが瞬時に移動するような技術は開発されるのでしょうか?

Column
3

リモートあるある

　一生懸命話をし始めているのにマイクがミュート状態、というのがリモートあるあるの筆頭にあげられます。それと同時に、ミュート状態で話をしている人に誰が先に声をかけ、そして、その注意にどの程度早く本人が気づくのか。さらには、マイクのミュートを解除した後にどのような言い訳をして本題に入るのか。ここまでの一連の流れは、もはやリモート会議のワンパターンになりつつある名場面ではないでしょうか。

　次に、生活音が紛れ込んでしまうのもあるあるの一つです。本人が気づいていればまだしも、気づいていないときの生活音は恥さらしという以外にありません。最悪なのが、ホストが Zoom 慣れしていないときに、これが起こる場合です。とある会議ではホストが不慣れなうえに、ある参加者のマイクがオンの状態で電話がかかってきました。ホストはその参加者のマイクをミュートにする方法が分からないので、「須賀さん、マイクをミュートにしてください」と何度かお願いするのですが、当の須賀さんは電話に出ているので呼びかけの声が一向に聞こえません。この様子を会議の参加者が 30 秒ほど目撃していたでしょうか。実際にはそれほど長くなかったかもしれませんが、とにかく、長く感じたのは事実です。ホストの周りにいた関係者が事態にようやく気づき、須賀さんのマイクをミュートにしてそれ以上の事なきを得た、という展開となりました。

　これに比べれば、接続が不安定でビデオや声が途切れたり、Wi-fi が落ちたりなどのあるあるは、かわいい方ではありませんか。

Chapter **2**

あいさつ

01 アイスブレイク

初対面の人と画面越しにリモートで会う場合は、相手の準備が整っていることを確認しましょう。それがあいさつになります。相手の気分を確認し、今回のビジネスの行方を探ります。そのためにも、ビジネス以外のことを話題にスモールトークするのもいいでしょう。

きほんの き

→初対面でもインパクトのある短い言葉であいさつしましょう
→疑問文は、相手のことを気にかけているニュアンスが伝わります
→何も話すことがないときには天気のことでも話しましょう

♋ リモートでの確認

track[13-01]

リモート会議の集合前後はドタバタしがちです。会議の議事進行役を務めるのなら、早めにビデオ会議を立ち上げ、参加者の環境確認をして、雑談でその場の雰囲気を和ませておきましょう。

Can you hear me?

聞こえますか？

Can you see me?

見えますか？

Is everyone here?

皆さん、そろっていますか？

Have you been to the office lately?

最近、オフィスに行っていますか？

☞lately は「近頃」という意味で、「近い過去の期間」を指します。recently でも同じような意味になります。

あいさつ

頻出のフレーズが続きますが、あいさつはワンパターンな言い方や答え方になりがちです。あまり使ったことのないフレーズにも挑戦して、表現の幅を広げてみましょう。

Hi!
カジュアル

やあ!

Hi there!
カジュアル

やあ!

☞この場合 there にあまり意味はなく、あえて訳すなら「そこの人」という感じでしょうか。Hello there! と言うこともあります。

Hello!

こんにちは。

What's up?
カジュアル

元気?

☞くだけた表現で、特に若い人が友達などに対して使います。上司や初対面の人には使わないようにしましょう。日本語の「よう!」は主に男性が使う印象の言葉ですが、What's up? は女性も使います。

Nice to meet you.

はじめまして。

I am so happy to see you.

お会いしたかったです。

It's a pleasure to finally meet you.
ていねい

やっとお会いできて嬉しいです。

☞日本語では「お会いできて嬉しいです」と相手に伝えることはあまりないですが、英語では気軽に使える表現です。

Welcome to our company.

我が社にようこそ。

Thank you for coming to the office.

オフィスにお越しくださいまして、ありがとうございます。

How are you?

どうですか？／お元気ですか？

How are you doing?

調子はどうですか？

☞How are you? が「相手のそのときの心や体の健康状態」を尋ねているのに対し、こちらは「近い過去を含めた相手の状況」を全般的に聞いています。

How have you been doing?

どうしていましたか？

☞現在完了を使うことによって、より時間的な広がりを持って「最近どうしていましたか?」と尋ねるニュアンスになります。

How are things with you?   ていねい

いかがですか？

How's everything?

すべて順調？

How are things going?

順調ですか？

Greetings from Japan!   ていねい

日本からこんにちは。

☞会話ではなく、メールの冒頭でよく使われます。from の後には場所を表す名詞が入ります。

Long time no see.

長い間お会いしませんでしたね。

It's been a while.

お久しぶり。

☞久しぶりに会ったときにふさわしい表現を使う以上に大切なことは、相手の名前を呼ぶことです。相手の文化や習慣を見極めながら、Paul! It's been a while. などとファーストネームや役職名を添えてみましょう。

あいさつの答え

あいさつはあまり深刻に考えずに。特に伝えることがなければ、ポジティブな返答をしておくと、相手とのやりとりを明るく始められます。

I'm fine.
元気です。

☞英語の授業で最初に習う有名なフレーズですね。Fine. だけだとカジュアルな表現になります。

Chapter
2

あ
い
さ
つ

I'm OK.
まあまあです。

Pretty good.
とてもいい調子です。

☞pretty はこの場合、「きれいな」ではなくて「とても」という意味になります。アメリカ英語でよく使われます。

I can't complain.
悪くないですね。

☞直訳すると、「(今の状況に対して)不満を言うことはできません」という意味です。

So far, so good.
これまではいいですね。

☞so far が「今のところ」という意味なので、「今のところうまくいっている(これからのことは分からないが)」というニュアンスが含まれます。

Not too bad.
悪くはないですよ。

Not much. カジュアル
特に。

☞What's new? (どうですか?)や What's up? (元気?)などの質問に対する回答になります。

Nothing. カジュアル
何も。

☞What's wrong? (どうしたの?)、What's the problem? (何か問題でも?)などの質問に対する回答になります。not much と nothing は、言い方によってはぶっきらぼうな印象を与えてしまうので、仲がよい相手だけに使いましょう。

Great!

絶好調!

☞日本語ではあいさつで「絶好調!」と答えることはあまりありませんが、英語では普通です。気軽に使ってください。

Never better.

最高!

It's never been better.

最高です。

☞現在完了を使うと、「これ程、調子がよかったことはない」というニュアンスを出すことができます。

Hanging in there.

なんとかやっています。

☞「大変だけど、がんばっています」という意味になります。相手に対して「がんばれ」と声をかけるときは Hang in there! と言います。

I'm surviving.

なんとか生き延びてるって感じ。

Not so great.

調子はあまりよくないです。

I was sick last week.

先週体調を崩していました。

I guess I'm OK.

大丈夫だと思います。

☞I'm OK. だけだと「まあまあです。」という意味ですが、I guess をつけることによって、「自分では大丈夫だと思っている(たぶん)。」という意味になります。相手はこの返答を聞いたら「大丈夫かな?」と心配するでしょう。

I'm exhausted.

疲れて果てています。

☞I'm tired. より疲れているニュアンスが大きい表現です。これも、相手が「どうしたの?」と聞いてくるかもしれません。

あいさつの答えが好ましいものではなかったとき　track[13-04]

予期せぬ答えに戸惑って何も言えずに終わることもありますよね。相手からの答えが好ましくないときにも対応できるようにしましょう。

I'm sorry to hear that.

ていねい

それはお気の毒ですね。

☞I'm sorry は謝罪だけではなく「お気の毒ですね」と、相手を気遣う意味にもなります。

That's too bad.

それは残念です。

What happened?

カジュアル

どうしたの？

以前会ったかどうか不確かな場合　track[13-05]

どうしても思い出せないのなら、思い切って尋ねてみましょう。相手も同じことを考えているかもしれません。それがきっかけで話が弾む可能性もあります。

I think I've seen you before.

以前にお会いしましたでしょうか？

I know you from somewhere.

どこかでお会いしましたでしょうか？

You look familiar.

カジュアル

あなたを知っている気がします。

☞familiar は「見覚えがある、なじみがある」という意味ですので、直訳すると「あなたは（私にとって）見覚えがあるように見えます」ということで、よく使用されるフレーズです。

共通の知り合いがいる場合　track[13-06]

Do you know Alice?

アリスさんを知っていますか？

Let me introduce Carol Pence.

てwねい

キャロル・ペンスさんをご紹介します。

This is John Watson.

ジョン・ワトソンさんです。

Meet Sean Lee.

カジュアル

ショーン・リーさんです。

☞まず、職位が上の人に名前で呼びかけ（Mr. Watson）、会ってもらいたい人を紹介します（I'd like to introduce Sean.）。次に、紹介した人の名前を呼び（Sean）、This is Mr. Watson. と最初の人を紹介します。

∩ リモート会議の時間帯が気になるとき track [**13-08**]

時差の違いから、早い時間帯や遅い時間帯にしか会議を設定できないこともあります。ミーティングのために、早朝や深夜に準備をしてくれた相手を気遣う言葉をかけてみましょう。

Sorry to bother you so early in the morning.

朝早い時間にすみません。

Sorry to bother you so late at night.

朝遅い時間にすみません。

02 自己紹介

リモートワークでも対面でも、自己紹介をする機会はあります。スムーズに明確に自分のことを伝えられるように、事前に練習をしてみてください。相手の基本情報（卒業年度や入社年度、最初の配属先など）は、一度覚えておくと楽です。

きほんの き

→自分の所属や専門を英語で何と言うのか調べておきましょう
→自分が何年に入社や転属をしたのか、数字を覚えておいてください
→状況がふさわしければ、相手の基本情報も聞いてみましょう

名前　　　　　　　　　　　　　　　　　　　　　track[**14-01**]

My name is Kana Fujii. / I am Kana Fujii.

藤井佳奈と申します。

☞どちらもよく使われるフレーズです。

My name's Tadaaki, but please just call me Ted. カジュアル

名前が忠明なので、テッドと呼んでください。

☞相手が自分の名前を発音するのが難しそうであれば、思い切って英語のニックネームを自分でつけてみましょう。もともとの名前から音をとってもいいですし、この際、まったく違う名前をつけてみるのもいいですね。

May I tell you how to spell my name? ていねい

私の名前のスペルをお伝えしてもいいですか？

☞日本ではなじみのある名前でも、国が違う相手にとってはそうとは限りません。自分の名前のスペルを伝えるときは明確に発音しましょう。音が似ている単語とともに紹介すると一度で覚えてくれますよ。

My maiden name is Yamamoto.

旧姓は山本です。

☞maiden name は「旧姓」という意味でよく使われますが、最近は previous name や birth name、(my) former family name などとも言います。

Japanese people do not have middle names.

日本人にはミドルネームがありません。

My name, Rei, is spelled with an R.

私の名前レイは R で始まります。

☞自分の名前を正しく覚えてもらうには、スペルのちょっとした説明を加えると効果的です。

The family name on my passport is different from the one I actually use.

パスポートの名字は、いつも使っているものとは違います。

I have the same name as that famous singer.

私の名前はあの有名な歌手と一緒です。

出身

track [14-02]

I'm from Japan.

日本から来ました。

I'm from Osaka.

大阪出身です。

Takamatsu is my hometown.

高松が地元です。

☞hometown はこの場合、単なる居住地ではなく、「生まれ故郷」や「生まれ育った場所」という意味です。

居住地

track [14-03]

I live in Kyoto now.

今は京都に住んでいます。

Ten years ago I lived in California.

10 年前カリフォルニアに住んでいました。

所属

track[**14-04**]

I work for a large corporation.
大きな企業で働いています。

I work for Mr. Dauner.
ダウナー氏のチームで働いています。

業界

track[**14-05**]

I work in the publishing industry.
出版業界で働いています。
☞皆さんが働く業界は英語でなんと言うのでしょうか。リストが巻末の用語集に掲載されていますので、確認してみましょう。

会社

track[**14-06**]

I work for a publishing company.
出版社で働いています。

専門性

track[**14-07**]

I specialize in design.
デザインを専門にしています。

専門とする会社

track[**14-08**]

I work for ABC Corporation; we specialize in machine tools.
ABC 社で働いています。工作機械を専門としています。

入社年

track[**14-09**]

I started working at the company in 2014.
2014 年に入社しました。

I've worked for this company for seven years.

この会社で 7 年間働いています。

転属 track[14-10]

I've received a new assignment. From now on I'll be working in the Design Department.

新しい配属先が決まりました。今後は、設計部で働くことになります。

☞assignment は「割り当てられた仕事、任務」の意味です。「デザイン」という日本語の意味するイメージとは少し違い、英語では「設計」も「デザイン」も両方 design で言い表します。

職歴 track[14-11]

As a student, I worked part-time in a fast-food restaurant.

学生時代はファストフード店でアルバイトをしていました。

I worked at Nippon Industry. / I was working at Nippon Industry.

日本工業で働いていました。

I left my last company after working there for three years.

前の会社を 3 年で辞めました。

☞「辞める」のカジュアルな言い方として quit がありますが、quit は自分の意思が強く反映された表現です。leave の方がニュートラルな響きです。「退職する」は retire と言います。

家族 track[14-12]

I'm married with a child.

結婚して子どもがいます。

☞「誰々と結婚している」と言うときは be married to 〈人〉です。

I live with my parents.
親と住んでいます。

I live with my partner.
パートナーと住んでいます。

I have a dog / I have a cat.
犬／猫を飼っています。
☞「ペットを飼う」は have で表すことができます。

学歴
track[14-13]

I graduated from Awaji University.
淡路大学を卒業しました。

I have a bachelor's degree from Awaji University.
淡路大学の学士号を持っています。
☞高校や専門学校の場合は a high school や a professional training college のあとに diploma をつけてください。「修士号」は master's degree、「博士号」は doctor's degree（doctorate）です。

What's your major?
専攻は何ですか？
☞専攻の一覧は 51 ページをご覧ください。

英語・外国語
track[14-14]
相手に自分の英語力や語学学習について話す機会もあるでしょう。「あまり上手くありません」と謙遜するよりも「勉強中です」と伝えた方が、相手によい印象を与えられます。

I can participate in everyday conversations in English.
英語は日常会話なら問題ありません。

I'm studying English.

英語は勉強中です。

☞現在進行形ですが、「その瞬間勉強している」というより、「勉強を今続けています」
というニュアンスです。

I've been studying English.

英語を勉強してきました。

☞現在完了進行形を使うと、ある程度前から勉強を続けてきたことを表現できます。

Could you speak more slowly, please?　　ていねい

なるべくゆっくりお話いただければ助かります。

☞相手が早口だった場合、勇気を出してゆっくり話すようにお願いしてみましょう。

Forgive me for any mistakes I may make in English.

私が英語を間違えても気にしないでください。

It's my first time working in English.

英語で仕事をするのは初めてです。

I have finally become used to working in English.

英語での業務にやっと慣れてきました。

I feel comfortable speaking to you in English because it's a second language for both of us.

お互い英語は第2言語ですから、話しやすいですね。

☞相手にとっても英語が外国語であるシチュエーションはよくありますので、このような
ひと言で距離が縮まります。この場合、I feel comfortable と自分が心地よいと感じ
ていることを伝えているので、相手もきっと共感してくれるでしょう。

Feel free to ask me if I don't make myself understood.

もしうまく伝わっていなければ、遠慮なく聞いてください。

Sometimes I use Google Translate; please let me know if the translation doesn't make any sense.

Google 翻訳を使うこともありますが、意味が不明瞭ならお知らせください。

☞実際に翻訳サイトを使うことはよくあるでしょう。誤解を避けるためにもひと言断っておきましょう。

I'm not used to listening to English spoken in a Thai accent, so you may find I have to interrupt you every so often with questions.

タイの方が話す英語はあまり聞き慣れていないので、質問のため遮ることが多くなるかもしれません。

☞さまざまなアクセントの英語がありますが、聞きづらいと感じたときは正直にこう伝えるのも一つのコミュニケーション戦略です。

Are you used to listening to English spoken in a Japanese accent?

日本語訛りの英語には慣れていらっしゃいますか？

I'm good at listening, but not speaking.

聞くのは得意ですが話すのは苦手です。

☞こういう方は少なくないでしょう。必要であればひと言断っておくと、落ち着いて話せそうですね。相手もあなたの話を辛抱強く聞いてくれることでしょう。

I'm good at reading and writing English.

英語を読んだり書いたりするのは得意です。

I can understand Chinese better than English.

英語より中国語の方が分かります。

I've been studying Spanish as well.

今スペイン語も勉強しています。

専攻の一覧	
農学	**Agriculture**
人類学	**Anthropology**
建築学	**Architecture**
美術	**Art**

宇宙航空学	**Astronautics**
生化学	**Biochemistry**
生物工学	**Bioengineering**
生物学	**Biology**
化学	**Chemistry**
商学	**Commerce**
コミュニケーション学	**Communications**
カルチュラル・スタディーズ	**Cultural Studies**
歯学	**dentistry**
経済学	**Economics**
教育学	**Education**
工学	**Engineering**
英語	**English**
英文学	**English Literature**
環境科学	**Environmental Science**
財政学	**Finance**
外国語	**Foreign Languages**
歴史学	**History**
人間科学	**Human Science**
情報工学	**Information Technology / Computing**
日本文学	**Japanese Literature**
国際学	**International Studies**
ジャーナリズム	**Journalism**
言語	**Languages**
法学	**Law**
言語学	**Linguistics**
文学	**Literature**
経営学	**Management**
マスコミ	**Mass Communication**
数学	**Mathematics**
機械工学	**Mechanical Engineering**
医学	**Medicine**
音楽	**Music**
薬学	**pharmacy**
哲学	**Philosophy**
物理学	**Physics**

政治学	**Political Science**
心理学	**Psychology**
宗教学	**Religious Studies**
科学	**Science**
社会福祉学	**Social Welfare**
社会学	**Sociology**
統計学	**Statistics**
電子工学	**Electronic Engineering**

ネタふり

オンライン会議で早くログインして相手と2人きりで待つ、対面会議が終わって相手を駅まで送っていくなど、ちょっとした会話をする瞬間がふいに訪れます。このセクションを参考に、スマートな会話に挑戦してみてください。

きほんの き

→天気は「話題中の話題」と言える、最も無難なトピックです。
→オンライン会議で打ち解けるのに便利な話題は「バーチャル背景」です
→日頃からニュースをチェックして、時事ネタを話せるようにしましょう

🎧 現地時刻　　　　　　　　　　　　　　　　　　　track [**15-01**]

What time is it now in New York?
今、ニューヨークは何時ですか？

🎧 バーチャル背景　　　　　　　　　　　　　　　　track [**15-02**]

バーチャル背景はとにかく話のネタになるので、自分で使っている背景について説明できるようにしておくといいでしょう。

Where is that in the background photo?
背景の写真はどこですか？

☞会社指定のものなら別ですが、個人で設定しているバーチャル背景は、無数にある写真の中からわざわざ選んだもの。相手に質問すると話題が広がる可能性があります。

Where are you?
そこはどこですか？

That's a nice background.
すてきな背景ですね。

☞nice のほかに、awesome（すごい）、cool（かっこいい）、beautiful（美しい）、fantastic（素晴らしい）など、相手の背景を褒める形容詞はたくさんあります。

What's that behind you?
背後に映っているのは何ですか？

☞これはバーチャル背景だけでなく、実際に背後にあるものを尋ねるときにも使えます。

What kind of pictures do you usually use?
いつもどんな写真を使っていますか？

Your background picture looks similar to mine.
背景が私のものと似ていますね。

☞似たような写真を使っていたら、センスが合うかもしれません。話題のきっかけにしてみてください。

This is my favorite picture from my trip to Bali.
これはバリ島に行ったときのお気に入りの写真です。

Is that your company logo?
それは御社のロゴですか？

☞Is that your cat? のように、会議の最中に相手の家の猫が映ってしまった場合などにも使えます。

It's possible to find royalty-free photos on some websites.
著作権使用料が無料の写真は、いくつかのサイトで見つけることができます。

☞royalty-free は「著作権などの使用料を必要としない」という意味です。

ウェブ会議のバーチャル背景の例

価値観が多様化している現在、あまり踏み込みすぎた内容はビジネスマナーとしてご法度ですが、ニュースが世界中を一瞬で駆けめぐる今、時事ネタを避け続けるのも不自然な場合があるかもしれません。内容によってはビジネスによい影響をもたらすこともあるでしょう。

The Olympics will be starting soon.

オリンピックが始まりますね。

Did you watch the World Cup Final?

ワールドカップの決勝戦は見ましたか？

☞オリンピックやワールドカップなど世界的に有名なスポーツ大会は最も無難な時事ネタの一つです。

I read a news article on air pollution.

大気汚染についてのニュース記事を読みました。

Stock prices went up / Stock prices went down.

株価が上がりました / 下がりましたね。

☞「株」は stock なので、「株式市場」は stock market、「株主」は stockholder です。「株」は share とも言います。

We were surprised at the news.

あのニュースには驚きました。

☞surprised at の代わりに The news shocked me. のような言い方もできます。shock は「〜に（悪く）衝撃を与える、〜をぞっとさせる」という意味です。

We are in the same boat.

あなたと同じ問題を抱えています。

☞直訳すると「あなたと同じ船に乗っています」ということで、「同じ苦しい立場や状況にあることへの共感」を表します。

Japan is in a slightly different situation.

日本の状況は少し違います。

I heard you're having a big election in Canada next week.

カナダでは来週大きな選挙があると聞きました。

You have highly advanced technology / You have highly advanced medical care.

技術 / 医療が発展していますね。

We live in a cashless age.

キャッシュレスの時代になりましたね。

☞「キャッシュレス社会」は cashless society です。「現金主義社会」は cash-based society、「電子マネー」は electronic money と言います。

Have you seen Your Name?

映画『君の名は。』を見ましたか？

There's an interview with her on that site.

彼女のインタビュー記事があのサイトに載っていますよ。

☞「〜へのインタビュー」は interview with 〈人〉で表すことができます。

The news is highly controversial and it's been all over social media lately.

最近、そのニュースの件で、SNS が荒れていますね。

☞controversial は「議論を呼ぶ」。「炎上する」は get flamed。flame は炎のことなので日本語と同じ発想ですね。

I heard the rocket was launched successfully.

ロケットは無事に打ち上げられたようですね。

☞ここでは launch は「（ロケットなどを）打ち上げる」という意味で使われていますが、「（新商品）を売り出す」という意味にもなります。

There was a big accident last night.

昨夜大きな事故がありましたね。

The world is becoming unsettled.

物騒な世の中になりましたね。

☞「物騒な」は unsettled。他にも insecure、tense、unstable、unpredictable などが似たような意味で使えます。

天気

何を話したらいいか分からないときは、天気について話しましょう。政治のような話題とは異なり、踏み込みすぎてマナー違反になる心配もありません。リモート会議の最初などに自分が今いる場所の天気を教えたり、相手に尋ねたりしてみましょう。そのまま季節の話題に移ることもできます。

It's a nice day.
いい天気です。

The weather is beautiful today.
今日は素晴らしい天気です。

☞この他にも great や lovely（lovely は女性が使うことが多いようです）が使われます。

It's cloudy.
曇っています。

☞「厚い雲」は thick clouds、「薄い雲」は thin clouds、雲ひとつない場合は cloudless、no clouds で言い表せます。

It's raining right now.
雨が降っています。

☞「にわか雨」は shower、「小雨」は sprinkle、「霧雨」は drizzle、「どしゃ降り」は pouring rain、「豪雨」は torrential rain と言います。

It's been raining all week.
今週はずっと雨が続いています。

It's windy.
風が強いです。

☞「気持ちのよいそよ風」の場合は breeze を使います。

It's thundering.
雷が鳴っています。

☞「雷鳴」は thunder、「稲妻」は lightening です。

A typhoon is coming.
台風が来ています。

I saw a rainbow today.
今日虹を見ました。

The weather's been unusual.

異常気象です。

☞「異常な」という意味で unusual が使われていますが、extreme weather や abnormal weather とも言います。

A full moon is coming soon.

もうすぐ満月です。

☞「半月」は half-moon、「三日月」は crescent、「新月」は new moon です。「半月」と「新月」は日本語と同じ発想なので覚えやすいですね。

I was able to see the solar eclipse.

日食が見られました。

☞「皆既日食」は a total solar eclipse で「部分日食」は a partial solar eclipse です。「(日食が) 起こる」と言いたいときは happen や occur を動詞として使います。

The weather will be changeable today.

今日は変わりやすい天気です。

☞「予想できない」という意味で unpredictable も使えます。

The sun was so strong that I became sunburned.

日差しが強くて日焼けしました。

☞「赤くなってやけど状態になる日焼け」は sunburn で、「黒くなる日焼け」は suntan です。You got suntanned! でカジュアルに「焼けたね!」と伝えることができます。

Low air pressure gives me a headache.

低気圧で頭痛がします。

☞「高気圧」は high pressure です。

This weather is depressing.

気がめいるような天気です。

It's been getting cooler lately.

最近、涼しくなってきました。

☞cool は心地よく涼しいときで、肌寒くなってきたら chilly を使います。凍えるほど寒いときは freezing です。

It's been getting warmer lately.

最近、暖かくなってきました。

It's been getting hot and humid lately.

最近、蒸し暑くなってきました。

It's insanely hot in Japan.

日本は異常に暑いです。

☞insanely（狂って、異常に）をつけることによって、通常の暑さではないことが強調されます。

What's the weather like during the monsoon season?

モンスーンの季節はどんな天気になりますか？

I heard it gets very foggy in London.

ロンドンは霧が多いと聞きました。

☞fog は「霧」で、foggy は「霧が立ち込めた」という意味になります。

What's the weather like in Seattle?

シアトルの天気はどうですか？

It's summer in New Zealand.

ニュージーランドは今、夏ですね。

I hope it will be sunny next time you come to visit.

今度来ていただくときには晴れているといいのですが。

Thank you for coming out, despite the rain.

足元の悪い中お越しいただきありがとうございます。

季節の訪れ・休み   track[**15-05**]

Summer is coming. It's my favorite season.

夏がやってきました。大好きな季節です。

☞四季だけではなくmy favorite に代えて、holiday、new、gift、flu（インフルエンザ）などの単語を season と組み合わせて使うことができます。

The summer holidays are coming soon.

もうすぐ夏休みですね。

☞holiday の前には四季のほか、Christmas や the Lunar New Year（旧正月）など、国や文化によってさまざまな単語を入れることができます。

How have you been spending your summer holidays?

夏休みはどう過ごしていますか？

Did you go anywhere for the holiday?

休みはどこかに行きましたか？

締めのあいさつ

リモートでも対面でも締めの言葉は重要です。別れのあいさつをする前は、次の仕事内容を確認するいいタイミングでもあります。仕事の話をしていても、最後は笑顔で相手を気遣う別れのあいさつをすると、相手も気持ちよくあなたとの時間を締めくくることができるでしょう。

きほんの **き**

→今後のスケジュールや次の作業を確認しましょう
→最後の言葉は笑顔とともに伝えましょう
→慣れてきたら複数のフレーズを使ってみましょう

スケジュールや作業の確認

track[**16-01**]

I will make sure to submit a quotation by tomorrow.

必ず明日までに見積書を提出します。

Our designer, Mr. Shinzato, will join us at the next meeting.

次回のミーティングは設計担当の新里さんも一緒に出席します。

I will email you the details of our next meeting.

次のミーティングの詳細をメールでお知らせします。

☞email は名詞だけではなく、動詞にもなりますので、email you で「あなたにメールを送ります」という意味になります。便利ですね。

Let's talk together on Slack later.

この続きは Slack で話しましょう。

I'll call you again.

また電話します。

I'll keep in touch with you.

連絡を取りますね。

Please keep me posted.

また最新情報を教えてください。

☞何か一緒にプロジェクトなどを進めていて、相手から最新情報を教えてもらいたいときによく使うフレーズです。

I'll let you know what's up. `カジュアル`

そのうち近況を知らせるから。

Stay in touch. `カジュアル`

また連絡を取り合いましょうね。

別れのあいさつ   track[16-02]

対面では、別れのあいさつを言うとき、お辞儀、合掌、握手、ハグやキスなど、文化や親密度によってさまざまなジェスチャーが伴います。慣れないジェスチャーもあるかと思いますが、相手との呼吸を合わせるような気持ちで爽やかな別れのあいさつができればいいですね。

I've got to run. `カジュアル`

もう行かねばなりません。

Time to leave. `カジュアル`

退出する時間です。

I'd better get going.

そろそろ行きますね。

☞急いでいるときは構わず相手にそう伝えましょう。タイミングは難しいですが、このフレーズで会話の流れが変わるはずです。もし相手の話を遮るようであれば、I'm sorry. と言ってからにしましょう。

Have a nice day!

よい一日を!

Have a good one! `カジュアル`

楽しんでね!

☞Have a good day! などと同じような意味で別れ際によく使います。

Good day!

よい一日を!

You, too!

あなたもね！

☞別れ際に Have a nice day! などと言われたらこう返しましょう。

Keep your fingers crossed.

幸運を祈っていてください。

☞ていねいに伝えたいときは文頭に please をつけましょう。このフレーズは中指と人差し指を十字に交差させて十字架を表現するジェスチャーとともに使われることがよくあります。crossed fingers と呼ばれるジェスチャーで、Good Luck!（幸運を!）という意味です。

Same to you. / Me too.

こちらこそ。

I'll see you soon.

またすぐお会いしましょう。

I'll see you then.

そのときまたお会いしましょう。

I'll see you there.

そこでまたお会いしましょう。

☞then は「そのとき」（時間）を、there は「そこで」（場所）を示します。

That's all for today.

今日はこれくらいにしましょう。

It was nice meeting you.

お会いできてよかったです。

☞it was と過去形にすることによって、別れ際のあいさつになります。会ったときに Nice to meet you. を、別れで It was nice meeting you. を言うと、「会えてよかった」という気持ちが相手により伝わります。

Have a nice weekend!

楽しい週末を!

☞木曜日や金曜日あたりから使えるフレーズです。Good bye. や See you. などの最後の別れのあいさつの代わりに使うこともよくあります。

Have a nice vacation!

楽しい休暇を!

Have a safe trip!

気を付けて。／行ってらっしゃい。

☞このフレーズは、単に旅行だけではなく、相手があなたの会社に出張で訪れたときにも使えます。

Happy holidays!

楽しい祝日を!

☞特にクリスマス前から年始にかけて使います。宗教に関係なく誰に対しても使えて便利なフレーズです。

Happy New Year!

新年おめでとう!

☞日本語では出会った最初に言いますが、英語では別れ際に言っても不自然ではありません。

I'll walk you out.

歩いてお見送りします。

I'll walk you to the elevator.

エレベーターのところまでお送りします。

☞「ホテルまで」と言いたいときは、to 以下を your hotel にしてください。

I'll drive you home.

家まで車で送っていきます。

I can give you a ride home. ──カジュアル

車で家まで送れますよ。

☞送り先が駅であれば to the station となります。

Good bye! ──ていねい

さようなら。

See ya. ──カジュアル

じゃあね。

☞このときの ya は you のことです。親しい人に使ってみてください。発音は「スィーヤ」という感じです。

Column
4

英語を自分で話すことの意味

　1 年ぐらい前のことでしょうか。私は普段大学で英語を教えているのですが、ネットで Microsoft 社のデモ動画を見てこれはいつか仕事がなくなるのではないかと焦りました。AI ゴーグルをつけたアメリカ人の女性が立ち、隣でその人と瓜二つの 3D ホログラムがペラペラと日本語を話しているではありませんか（しかも声まで似ています）。いつかこれが誰でも使えるようになったら私たちはまったく英語（外国語）を話さなくてもよくなるのでしょうか。しばらく考えていたのですが、英語教員そして英語の学習者として答えは No だと言いたいです。

　来日アーティストのコンサートで必ず盛り上がる瞬間の一つに、その人が片言の日本語でちょっとしたあいさつを観客にするときがあります。ビジネスや政治の場面でも登壇した人がスピーチのはじめに現地語で簡単なあいさつをするシーンがよくありますね。たとえ片言であったとしても、その人の声で直接話しかけることが相手への敬意のジェスチャーとなるのでしょう。私の好きな格言の一つにローマのカール大帝の "To speak another language is to possess another soul." というものがあります。「外国語を話すことはもう 1 つの魂を所有することである」という意味です。あなた自身が英語で相手に思考や気持ちを伝えることで、もう 1 人の新しいあなたが作られるのです。これが外国語を自分で話すことの最も不思議で素晴らしい点と言えるでしょう。どんなに技術が発展しようとも、ローマ帝国の時代からそれは変わりません。あのホログラムに似たものは皆さんの挑戦によって自分でも作れるのです。本書のフレーズを使って、ぜひそれを体験してみてください。

参考 URL:
https://www.youtube.com/watch?v=auJJrHgG9Mc
The magic of AI neural TTS and holograms at Microsoft Inspire 2019 - New World : Artificial Intelligence (newworldai.com)

Column
5

多様な性に対応する英語表現

　2020年秋、大手航空会社のJALは機内や空港での英語アナウンスで "Ladies and gentlemen" の呼びかけを廃止し、代わりに "Attention, all passengers"、そして "Welcome, everyone" を使うことを発表しました。エアカナダに続いてアジアの航空会社では初めての変更だそうです。このように近年、アメリカをはじめ、英語が話されている社会では、できるだけ多様な性に対応する gender-inclusive language（ジェンダーインクルーシブ言語）が積極的に使われるようになってきています。

　企業だけではなく、たとえば皆さんもよく知っている代名詞にもその影響は表れています。英語では3人称単数で男性を指すときには he を、女性を指すときには she を使いますね。これを gender-inclusive language の観点から、単数であっても they を使ったり、he でも she でもなく新たな中性名詞として e/ey、per、xe などを使ったりすることもあるようです。本書のフレーズの代名詞は従来のまま he や she を使っていますが、businessman は business person に、delivery man は deliverer と、なるべく中立的な表現を採用しています。

　日本でも近年、アンケート項目の性別で男性／女性のどちらでもない選択肢を設けたり、そもそも性別を尋ねる項目を削除したりという話を聞きますね。また、昔はスチュワーデス、看護婦という呼び方をしていましたが、今は CA、看護師と呼ぶ方が一般的になってきました。

　言語はその時代に生きる人々の考え方や行動の影響を受けて、常に進化するものです。they が三人称単数形として使われることも何年か後には当たり前になっているかもしれません。

メール

01 **会議**

会議の日程調整は意外と時間がかかるものです。「調整さん」などの
ツールを使えば便利ですが、まずは基本となるメール表現をおさえて
おいてください。日程が変更になったら、参加者に会議日程の情報
が確実に行き渡るようにします。資料や議題が多い場合は事前に送っ
ておくと会議が効率よく進みます。

きほんの き

→相手の予定を確認し、会議を設定しましょう
→変更があれば、その情報が参加者へ確実に伝わるようにします
→事前に確認しておいてほしい書類は先に送っておきましょう

予定を尋ねる   track[**17-01**]

Will you be available tomorrow?

明日は空いていますか？

Which day will you be available: 1, 2, 3, or 4?

1、2、3、4 の候補日のなかではいつがいいですか？

☞available はとても便利な単語です。使用可否（The machine's not available
during lunchtime.〔お昼の時間帯はこの機械は使用できません。〕）や在不在
（He's not available.〔彼は不在です。〕）など、いろいろな場面で使ってみてくださ
い。

謝る   track[**17-02**]

I apologize for sending you the previous version of the data.

古いデータをお送りして申し訳ございませんでした。

☞Apology! のように、apologize の名詞形 apology だけでも「謝罪」の意思を相手に
伝えることができます。

I'd really appreciate it.

とても感謝しています。

☞appreciate は「〜に感謝する」という意味では他動詞で、〈人〉ではなく it のように〈事〉が目的語になります。The Japanese yen appreciated against the U.S dollar.（米ドルに対して円高になった。）のように「値上がりする」の意味で使う場合は自動詞です。

Let's have a meeting.

会議をしましょう。

メ
ー
ル

We'll be conducting regular weekly meetings.

週次会議を開きます。

We're having a meeting with our branch managers.

支店長との会議を開きます。

We're meeting to discuss how to improve communication.

コミュニケーションを円滑にするにはどうすればよいか話し合うため、会議を開きます。

We need to set a date for our next meeting.

次回の会議の日を決めておきましょう。

☞set a date は「日程を決める」の意味。

I'll be announcing the specific day and time shortly.

会議の日程は追ってアナウンスします。

I'll send you the meeting location in the next email.

会議の場所は次のメールでお知らせします。

☞「メール」のつづりは email、e-mail、Email、E-mail などさまざまです。

Please refer the attachment for the meeting specifics.

会議の詳細は添付ファイルでご確認ください。

Attendance is mandatory.

参加は必須です。

Everyone is required to attend.

全員の参加が義務づけられています。

Branch managers and deputy branch managers are required to attend the meeting.

支店長と支店長代理は必ず会議に参加してください。

☞deputy は名詞で「代理人」、形容詞的に「副…」の意味。

I'll be late for the meeting.

会議に遅れます。

He couldn't attend the meeting because he was called away on business.

仕事の都合で彼は会議に参加できませんでした。

She was summoned to the head office at the last minute, so she can't make the meeting.

急きょ、本社に呼び出されたので、彼女は会議に参加できません。

☞make など簡単な単語ほど使い方が多様なのでその用法に気をつけましょう。「〜を作る」という意味以外に、I can't make myself understood.（私の言いたいことが分かってもらえません。）のように「〜を（ある状態に）させる」という使役の意味でも使います。

I can't attend the meeting because I'm down with the flu.

インフルエンザで寝込んでいるので会議に出られません。

Prior to a meeting, we'd like to know more about your organization.

会議の前に御社のことをもっと知っておきたいのですが。

Please be informed that the meeting date has been changed.

会議の日程が変更になりましたのでお知らせします。

☞次の Please be advised that と同じく、ていねいな表現です。

Please be advised that the January 10th meeting has been rescheduled.

1 月 10 日の会議の日程が変更になりましたので通知いたします。

The meeting has been moved back to Tuesday next week.

会議は来週の火曜日に延期となりました。

メ
ー
ル

Please confirm that our meeting has been rescheduled for next Wednesday.

会議が来週の水曜日に変更になったことをご確認ください。

The meeting must be rescheduled, due to an unexpected conflict with the manager's schedule.

部長のスケジュールが合わず、会議の日程を変更しなければなりません。

☞scheduling conflict は、文字通りには「このスケジュールと別のスケジュールが衝突していること」から、「スケジュールの都合が悪いこと」を意味します。

A new date for the meeting will be decided on his return.

彼が戻り次第、新しい会議日程を決めます。

A new date and time will be announced next week.

新たな日時は来週アナウンスします。

Sorry, but could you please let me know the new date for the meeting again? ていねい

すみません、もう一度、会議の新たな日程を教えていただけますか？

議題の案内
track [**17-06**]

Please find the meeting agenda attached.
会議の議題を添付ファイルで送ります。

内密
track [**17-07**]

This is between you and me.
この件については内密にしてください。

☞This is confidential. と言い換えられます。

対面での会議を提案
track [**17-08**]

Shall we meet face to face to discuss this?
対面で会議をしましょうか？

Shall we meet in person to talk about this? That will probably make it easier.
これは直接お会いした方が話が早そうですね。

送受信
track [**17-09**]

I have set up automatic replies since I will be out of the office next week.
来週は不在になるので、自動返信を設定しました。

We will contact you by email.
メールで連絡をします。

Please make sure to check your e-mails.
メールを確認するようにしてください。

文字化け

Your email is garbled and unreadable.

メールが文字化けしていて読めません。

☞garbled は「文字化けしている」の意味。

I can't fix the corrupted e-mail text.

メールの文字化けが直りません。

メ
ー
ル

書類

電話などの他のツールとメールが大きく違うのは、書類の送受信ができることです。そのため、送信と受信に関連する表現が最重要のポイントです。拝受の通知だけで済ませると添付ファイルを確認し忘れます。受け取ったらすぐに内容を確認し必要なら修正を依頼しましょう。送受信の方法はいろいろあるので、分かりやすく説明しましょう。

きほんの き

→送受信に関する表現を中心におさえましょう
→内容を確認して修正の有無を連絡します
→オンラインストレージなど、送受信の方法は多岐にわたります

送る

track [18-01]

Please find the document attached.

書類を添付してお送りします。

☞attached は「添付された」の意味です。名詞形は attachment です。

Please find attached the report that is due today.

本日締め切りの報告書を添付して提出いたします。

The report has been completed, as requested.

依頼通りの報告書になっています。

I provided an in-depth analysis of all the major points.

主要なポイントはすべて分析しました。

I placed all of the detailed data in an appendix.

詳細データはすべて付録にあります。

Please double-click on the link below to open the report.

下のリンクをダブルクリックすると報告書を見ることができます。

I accidentally sent you a different report. Please find the correct one attached.

こちらの手違いで間違った書類を送ってしまいました。正しいものを再度添付します。

I delivered a hard copy of the report to your secretary.

紙の報告書は秘書の方にお届けしました。

☞別の人に何かを渡した場合に使える表現です。

In the report I discuss recent market trends.

報告書では最近の市場トレンドについて触れています。

☞discuss には対面での口頭による話し合いのニュアンスがありますが、このフレーズのように書面でも使われます。

受け取る   track [**18-02**]

I received your report safely.

報告書を無事受け取りました。

Thank you for completing your report on time.

報告書を締め切り前に仕上げていただきありがとうございます。

☞on time は「スケジュール通りに」という意味です。

I received a different report than the one I requested.

お願いしていた報告書とは異なるものが届きました。

I've confirmed that all the documents are in order.

すべての書類がそろっていることを確認しました。

☞confirm と似た意味を持つ単語に check があります。confirm は「完成版を確認すること」で、check の場合は確認の結果、直しが入る場合もあります。

I was able to open your report.

報告書を開くことができました。

確認する

track[**18-03**]

I have read it through.

書類に目を通しました。

Is this the correct format?

このフォーマットで間違いないでしょうか？

Does the report have to be stamped with our company seal?

報告書に弊社の印鑑は必要でしょうか？

Could you read it for me? I couldn't read your handwriting. ていねい

これを読んでいただけますか？　あなたの筆跡が読めませんでした。

Do you know where I can download the report?

書類はどこでダウンロードできるか知っていますか？

I was quite impressed with your report.

素晴らしい報告書ですね。

I am sure it will be very helpful to us in our negotiations with the client.

お客様との交渉にとても役立ちます。

誤りを指摘する

track[**18-04**]

Could you please correct this part of the report? ていねい

報告書のこの部分を訂正していただけますか？

Sorry to bother you with this over and over again, but could you please amend it once more? ていねい

何度も申し訳ございませんが、もう一度修正をお願いします。

You misspelled the word "colleague." カジュアル

colleague のスペルが間違っています。

☞college と間違えやすい単語です。colleague は「同僚」の意味。

修正する   track[**18-05**]

I'll correct this part.

この部分を修正します。

Please make any changes you feel are appropriate.

適宜、修正をお願いします。

Please make any changes you feel are necessary.

必要に応じて、修正をお願いします。

Sorry, I'll fix it as soon as I can. カジュアル

申し訳ございません。至急修正します。

After making the change, please date and initial the change.

修正した箇所に日付とイニシャルをお願いできますでしょうか？

☞date は「～に日付を入れる」、initial は「～に頭文字で署名する」という意味の他動詞です。

After correcting the file, I'll rename it and send it to you.

修正後、新しいファイル名でもう一度お送りします。

締め切り日を延期する   track[**18-06**]

The report's nearly done.

報告書はほぼ完成しております。

☞nearly は near（近い）という形容詞の副詞形なので、nearly done は「ほぼ完成」という意味です。

I'd like to ask for an extension.
締め切りを延ばしていただけませんか？

I'd like to request an extension of two more days.
2日だけ締め切りを延ばしてもらえないでしょうか？

The extension will give me time to add more supporting data.
締め切りを延長していただければ、根拠となるデータを追加できます。

I apologize for the short notice.
突然のお知らせで申し訳ございません。

I realize my report is due today.
報告書の締め切りが今日だということに気づきました。

I won't be able to complete the report by the end of the day.
本日中に報告書を仕上げることができそうにありません。

I'm very sorry, but I will be unable to complete the report within the allotted timeframe.
本日中に報告書を仕上げられず、大変申し訳ありません。

I had to take several urgent calls from our customers, which prevented me from completing it.
お客様からの急ぎの電話が何本かあり、仕上げることができませんでした。
☞報告書の提出が遅れる場面などで使えます。

I've made good progress on the report.
報告書の執筆がだいぶ進みました。

I was unable to add the final touches.
最後の仕上げの部分ができませんでした。

Please accept my apologies for not informing you earlier.

連絡が遅くなり大変申し訳ございません。

電子署名を依頼する・送る

track [18-07]

Please sign this document electronically.

この書類に電子署名をお願いします。

Please feel free to contact us if you have any questions about the e-signature.

電子署名についてご不明な点がありましたら、お問い合わせください。

☞ 既存の単語に e- をつければ「電子〜」に早変わりです。e-mail、e-book、e-money、e-commerce など。

Do you accept e-signatures instead of company seals?

社印の代わりに電子署名でよろしいでしょうか？

☞ 印鑑は日本独自の商習慣の一つですが、今後、このように電子署名を求められる機会も増えるでしょう。

Please sign the contract electronically by November 4th and click the "Send button".

11 月 4 日までに契約書に電子署名後、送付ボタンを押してください。

クラウドにファイルを上げる

track [18-08]

I've uploaded the files to the cloud.

ファイルをクラウドに上げました。

I'll have the file up in the cloud by this afternoon and send you the link.

本日午後までにはファイルをクラウドに上げて、リンクをお送りします。

Could you please standardize the file names using the "Client A_Date" format?

ていねい

ファイル名を「Client A_ 日付」で統一していただけますか？

☞ファイル名の統一は、標準化（standardization）の一部です。誰が作業しても同じ成果物ができるようにするのが標準化で、生産性・効率の向上につながります。

03 取引

商品の受発注の際には、ウェブサイトに載っている情報だけを基に判断せずに、メールで確認しましょう。受発注が完了すると、商品の輸送が始まります。商品がお客様に、商材が商社からメーカーに届いているかを常に把握しておきましょう。お金がからんでくる請求や支払いはミスが許されないため、確認が最大のポイントです。

きほんの き

→受発注の際、互いに誤解がないようにきちんと確認します
→在庫の確認から発送・納品のプロセスは常に状況を把握しましょう
→電子決済は、ミスの防止と効率化につながります

Chapter
3

メール

メールの冒頭の表現
track [**19-01**]

Thank you for using our services.
弊社のサービスをご利用いただき、ありがとうございます。
☞1つの会社が扱うサービスは多岐にわたるので、services と複数形になります。

My name is Mie Tanaka; I was referred to you by Mr. Murphy.
マーフィー様からご紹介いただきました田中美江と申します。

受発注
track [**19-02**]

Please send me the following items from your spring catalog.
春のカタログから次のアイテムをお送りください。

I received your spring catalog. Thank you.
春のカタログが届きました。ありがとうございます。

For several decades, our products have been top-sellers.

数十年に渡り、弊社の製品はトップセラーとなっています。

☞10年経つと世の中は変わってしまうことを「10年ひと昔」と言いますが、decade は まさに「10年間」の意味です。

We are proud to announce the release of the Apex VII series transducer.

変換器「Apex VII シリーズ」の発売を発表いたします。

☞「報道発表」は press release です。

Could you please provide us with an overview of the new product?　ていねい

新製品の概要を教えてください。

I have found an item that I am considering purchasing, but I have a few questions.

購入を検討している商品が見つかったのですが、いくつか質問したいです。

Have the catalog prices remained unchanged?

カタログに記載の価格に変更はありませんね？

Are the wholesale prices listed in the catalog up to date?

カタログに記載の卸売価格は最新のものですか？

Are there any changes to the retail prices listed in the catalog?

カタログに記載の小売価格に変更はありませんか？

Do you offer discounts on bulk purchases?

大量に購入する場合の割引はありますか？

☞bulk purchase は「大量購入」の意味。

Do you have women's petite sizes?

女性用の小さいサイズはありますか？

Do you have a bigger size?
もっと大きいサイズはありますか？

This item is one-size-fits-all.
このアイテムはフリーサイズです。

Will they be on sale anytime soon?
近日中にセールになりますか？

☞on sale には「販売している」と「特売中で」の2つの意味がありますが、for sale
には「売り出し中」という意味しかないので、前置詞の使い方には気をつけましょ
う。

Six different colors are available.
6種類の色が用意されています。

There are seven models to choose from, as listed in your brochure.
冊子に記載されている通り、7種類のモデルからお選びいただけます。

Do the T-shirts come in patterns?
柄が入ったTシャツはありますか？

Can they be washed in hot water?
お湯で洗濯できますか？

Do they need to be dry-cleaned?
ドライクリーニングしなければいけませんか？

Can they be ironed?
アイロンはかけられますか？

We can manufacture several samples for you.
サンプル品をいくつかお作りすることができます。

I would like to place an order for the following items.
次の商品を注文いたします。

Please ship me the items listed below.
以下に記載する商品をお送りください。

Please send the item to: ...

宛先は以下の通りです。

Please bill my credit card.

クレジットカードにご請求ください。

I would like to pay by credit card.

クレジットカードで支払いたいのですが。

May I pay by credit card?

クレジットカードで支払いできますか？

My credit card number and expiration date is: 1234-5678-9012-3456 03/25

クレジットカード番号と有効期限は 1234-5678-9012-3456 03/25 です。

I can be reached by email.

メールでご連絡ください。

I look forward to receiving my order soon.

注文した品がもうすぐ届くのを楽しみにしております。

I would like to confirm the status of my order.

注文状況を確認させてください。

Unfortunately, we cannot fill the order because the factory has discontinued production.

残念ですが、工場での生産が終了になり、ご注文の品を納品できません。

May we offer Product X as a substitute? ◀ていねい

代わりに、製品 X はいかがでしょうか？

☞代替品を提案してセールスの上級者になりましょう。

We would like to request a precise estimate for printing all the documents.

すべての文書の印刷代の詳細な見積書を作成してください。

注文の取り消し

I would like to cancel the order I placed yesterday.

昨日注文した商品を取り消したいです。

I would like to cancel my order, if it is not too late.

今からでも遅くなければ、注文を取り消したいです。

I placed the order on impulse.

衝動買いをしてしまいました。

Sizes do not fit the typical Japanese woman.

典型的な日本人女性にはサイズが合いません。

I placed the order without really thinking how I was going to pay.

実際に支払いできるかも考えずに注文してしまいました。

I placed the order a bit hastily.

少し急いで注文してしまいました。

I apologize for any inconvenience this lastminute cancellation has caused.

ぎりぎりになってのキャンセルでご迷惑をおかけしましたことをお詫び申し上げます。

Chapter
3

メ
ー
ル

在庫

Could you please let me know availability of this item?

ていねい

その製品の在庫があるか、教えていただけますか？

Do you still have this product in stock?

この商品の在庫はまだありますか？

Are these products still available?

これらの製品をまだ販売していますか？

Do you still manufacture these products?

これらの製品をまだ製造していますか？

Do you still carry this item?

この商品はまだありますか？

☞このように carry は店などが「（商品）を置いている」という意味でも使うことができます。

I really like the blazer that appears on page 123 of your summer catalog.

夏のカタログの 123 ページに掲載されているブレザーがとても気に入っています。

☞ページ数などの具体的な数値と一緒に相手に伝えると間違いが減ります。

It will be arriving at our warehouse next week.

来週倉庫に入荷する予定です。

We are currently out of stock.

ただ今在庫切れとなっております。

We are very sorry to inform you that we are currently out of stock of the items you ordered.

残念なことに、ご注文いただいた商品は現在在庫切れとなっております。

We are currently experiencing a large backlog of orders.

現在、大量の注文残を抱えております。

☞backlog は「在庫」の意味。

Since you are a preferred customer, we can give your order priority.

御社はお得意様ですので、注文は優先的に処理させていただきます。

Please complete our order as soon as possible.

注文処理をできるだけ早めにお願いいたします。

How long will it take to reach me?

商品の到着にはどれくらいかかりますか？

The shipment should arrive in a few business days.

数営業日で到着する予定です。

Please verify that you have received our products.

製品の到着をご確認ください。

Please load these products with great care.

細心の注意を払って荷積みをお願いします。

☞load は「（荷物）を積む」の意味で TOEIC 頻出の単語です。

It would appear that these products were not carefully unloaded.

どう見ても、注意して荷下ろししたようには思えません。

I received a different product than the one I ordered.

注文したものとは別の製品が届きました。

What I received was not Product A, but Product B.

届いたのは製品 A ではなく、製品 B でした。

We will return the shipment to you by overnight courier.

翌日配達便で返送いたします。

☞overnight は「夜間も配送作業が行われる」ことを表しています。

Payment will be COD.

お支払いは着払いでお願いします。

☞COD は Cash On Delivery のほか、文脈によっては Collect On Delivery（代金引換払い）や Change Of Destination（仕向地変更）にもなり得ます。

Please ship us the product we originally ordered.

当初注文した製品をお送りください。

I understand. Mistakes happen.

間違うこともあります。

We would appreciate your immediate attention in correcting the matter.

本件を正すのにあたり、迅速なご対応をお願いいたします。

納期
track [19-07]

It should be shipped out to you by next Friday.

来週の金曜日までには出荷します。

We are still waiting for the order to arrive.

商品の到着をまだ待っています。

You initially told us we could expect delivery within three weeks.

当初は3週間以内での商品到着というお話でした。

It appears that the manufacturer is willing to work over the weekend to ensure we stay on schedule.

スケジュールを守るため週末返上でメーカーが仕事してくれるそうです。

☞during ではなく over the weekend とすることで、「週末の間ずっと」というニュアンスが伝わります。

I would like to modify an order that I placed with you the day before yesterday.

おととい注文したものを変更したいと思います。

After re-evaluating our needs, I would like to increase the quantity of Item A from 20 to 100 units.

需要を再確認後、20 から 100 ユニットに増やして発注いたします。

At the customer's request, we have been forced to change the order.

お客様のご要望により、やむを得ず注文内容を変更いたします。

☞at someone's request は「〜の求めに応じて」の意味。

Due to a last minute change in specifications, we have to order different parts.

突然、仕様が変更になったので、別の部品を注文します。

Chapter
3

メ
ー
ル

返品　　　　　　　　　　　　　　　　　　track [19-09]

Could you please tell me what your return policy is?

ていねい

返品のポリシーについて教えてください。

Will I be able to return them if they do not fit?

サイズが合わなければ返品できますか？

到着／未着　　　　　　　　　　　　　　　track [19-10]

Product C has been received and has passed inspection.

製品 C は到着し、検査をパスしました。

Product B has not been received.

製品 B が未着です。

Please confirm the status of the remaining two products.

未着の 2 製品の状況を確認してください。

☞いくつかの製品はすでに到着していて、残りの（remaining）商品について確認しています。

We would like to remind you once again that you need to fulfill the order we placed with you two months ago.

2 カ月前にした注文を履行するよう再度督促します。

Our customer is running out of patience.

お客様がしびれを切らしているご様子です。

You have reassured us several times that our order is being processed.

注文は処理中だと何度かご連絡をいただきました。

Please do whatever is necessary to deliver our order by the end of the month.

月末までにはなんとしてでも配送をお願いします。

☞かなり強いニュアンスで督促しています。

A quick response would be most appreciated.

迅速なご回答をお願いいたします。

Please confirm that all the products have been shipped to us.

すべての商品が発送済みであるかをご確認ください。

Please double-check the shipping status of our orders.

注文品の出荷状況を再度ご確認ください。

☞double-check は再確認をうながすときに使える便利な単語です。日本語の「ダブルチェック」のように「別の人が確認する」という意味ではありません。

I would like to return the damaged item and have a new one shipped to me ASAP.

壊れていた商品があったので、できるだけ早く新しいものと交換してもらえますか？

☞ASAP は as soon as possible（できるだけ早く）の略で、口語でもメールでも使われます。

I am returning the damaged item for replacement.

破損品を返品しますので交換をお願いいたします。

My order arrived today, but when I opened the box I found that the surface of Product A was scratched in several places.

今日商品が届いて箱を開けたら、製品 A の表面に数カ所ひっかき傷がありました。

I was disappointed to find that one of the units was cracked.

商品の 1 つにひびが入っていて、とても残念です。

The other products in the order were fine.

その他の商品は大丈夫です。

☞クレームを言うだけではなく、正常に届いた製品についての状況も伝えるようにしましょう。

Chapter
3

メール

The defects seem to stem from faulty manufacturing.

不完全な製造過程に不良の原因があるようです。

☞不良品が見つかった場合は可能な限り、原因を特定して相手に伝えるようにします。stem from は「〜に由来する」という意味です。

I discovered that every single unit was defective.

すべての製品に不良が認められました。

We are returning the order for your examination.

ご確認いただくため商品を返送します。

☞examination は、inspection（検査）よりも厳密さの度合いが弱い単語です。

We have returned the shipment along with a defect report.

不良報告書を同封して返品いたしました。

請求 ／ 支払い

track[19-13]

We received an invoice today for our recent order.

最近の発注に関する請求書が本日届きました。

☞invoice は便利な単語で、「請求書」だけではなく「送付状」や「納品書」なども意味します。receipt は「簡易な領収書」のことです。

The invoice is not broken down into separate items, so it's not clear how the final amount was arrived at.

請求書に詳細項目がないため、合計の算出方法が不明です。

We would like to clarify how the final amount was arrived at.

合計の算出方法を明確にしてください。

☞be arrived at で「（合計金額に）達する」の意味。

We would like an itemized invoice.

項目別の請求書をお送りください。

We will remit payment tomorrow.

明日送金いたします。

☞remit は動詞で「（電信や為替で）支払いをする」ことを意味します。名詞形は remittance で「送金（方法）、送金額」の意味です。

This detailed information is necessary for internal departmental billing purposes.

この詳細な情報は部署内の請求に必要となります。

We would like to ask for clarification.

確認事項があります。

We will promptly pay the amount in full as soon as we receive an invoice for the amount we previously agreed on.

以前にお約束した金額でご請求いただければ、すぐにでも全額お支払いいたします。

☞promptly は「迅速に」、prompt は「（動作をうながすように）〜に刺激を与える」という意味です。

The error has been corrected and a new invoice will be sent out to you today.

間違いを修正しましたので、本日中に新しい請求書を発送いたします。

Please keep in mind that a 1% late payment fee will be added to your bill if we haven't received payment by February 18.

2月18日までにお支払いいただかないと、1%の延滞金が発生いたしますのでご注意ください。

Please disregard this message if you have already sent your payment.

すでにお支払いいただいている場合には、ご容赦ください。

☞disregard は「〜を無視する」という意味です。ignore としても伝わります。

Please give us a few extra days to make our payment without paying the late fee.

延滞金はご容赦いただき、数日の猶予をいただけないでしょうか？

Could you send me an invoice? ～ていねい

請求書をお送りいただけますか？

Please let us know your requirements.

要件をお聞かせください。

☞「要件」はシステム設計のときに使われる用語で、クライアントから寄せられる要望の概要のことです。

04 人事・福利厚生

募集要項の作成は、条件・プロセスを明確にし、応募者に思いやりをもつことを大事にしましょう。募集広告には仕事の内容（job description）をできるだけ盛り込みます。採用・不採用を問わず、応募してくれたことに感謝し、励ましの言葉をかけましょう。

きほんの き

→募集広告には可能な限りの情報を盛り込むようにします
→採用プロセスを明確に相手に伝えます
→採用・不採用の通知は相手の気持ちを思いやって

Chapter
3

社員募集

track[**20-01**]

メ
ー
ル

We are now accepting applications for sales representative positions.

弊社では営業部員の採用応募を受け付けています。

Where did you see the position advertised?

どこで募集広告をご覧になりましたか？

We are looking for someone with experience.

経験者を探しています。

We are looking for someone who is a team player.

チームプレイができる人を探しています。

We are looking for someone with enthusiasm. It doesn't matter if they have any experience or not.

経験がなくてもやる気がある人を探しています。

We have openings in the Engineering and PR Departments.

エンジニアと広報に空きがあります。

Visit our website for more information on the qualifications required.

応募資格については弊社ウェブサイトをご覧ください。

☞qualify は「〜に資格を与える」という意味で、その名詞形 qualification が使われています。

All interested applicants should contact the Human Resource Department.

ご興味がある方は人事部にお問い合わせください。

We are looking for someone who will fit easily into our team.

チームに溶け込める人を探しています。

We are looking for a bilingual engineer.

バイリンガルのエンジニアを募集中です。

I hope you will be able to secure a suitable candidate.

いい方が見つかることを祈っています。

Unfortunately, we were unable to find a person suitable for the position.

残念ながらこの職の適任者がいませんでした。

応募する

track [20-02]

I've dreamed of working for your company.

御社で働くことが夢でした。

☞応募の際のちょっとしたやりとりでも自己アピールの機会を探してください。

I am writing to see if there are any openings with your company.

御社は社員を募集中でしょうか。

Do you have any openings for full-time positions at this time?

現時点で正社員の募集はありますか？

☞「非正規社員」は part-time employee、「契約社員」は contract employee です。

Please let me know my employment status.

雇用形態を教えてください。

Please download the application form from our website.

応募書類は弊社のウェブサイトからダウンロードしてください。

This email is to inform you where you can file your application form.

応募書類の提出先をお知らせします。

Please feel free to choose the application format you like.

応募書類の書式は任意です。

Please send us your résumé.

履歴書を送付してください。

☞bio（biography〔職歴〕）、CV（curriculum vitae〔アメリカでは主に大学教員用の職務経歴書〕）など、「履歴書」にはさまざまな表現があります。

Please stamp your resume with a seal; it's a requirement.

履歴書に押印は必要です。

Please make sure to include your work experience.

職歴も必ず記入してください。

Thank you for your interest in our company.

弊社にご興味をお持ちいただき、ありがとうございます。

We look forward to receiving your documents soon.

応募書類をお待ちしております。

応募書類を送る

track [20-04]

Please find attached my résumé and a list of references.

履歴書と推薦者一覧を添付して送ります。

☞「推薦状」は a letter of recommendation で、reference（推薦者）が書くものです。

I have requested my transcript be sent to your office.

成績証明書が事務所に郵送されるように手配しました。

I have sent a sealed, official copy of my transcript to your office by express mail.

厳封した正式な成績証明書を事務所宛に速達で送りました。

☞厳封していないと正式なものと認められないことがあります。

I will call you to confirm your receipt of both my résumé and transcript.

履歴書と成績証明書が届いたか確認の電話をします。

☞receipt は「受領」の意味で使われています。

First, we will review your application materials.

最初は書類選考になります。

As a result of the application screening, we have decided to ask you to come for an interview.

書類選考の結果、面接に来ていただくことになりました。

Having screened your application materials, I regret to inform you that you are not eligible for an interview.

書類選考の結果、残念ながらご期待に添えることができませんでした。

メ
ー
ル

Those who passed the screening will be notified of the interview dates by June 15.

書類選考で通った方には、6 月 15 日までに面接のご案内をします。

We will keep your records for at least two years.

提出書類は最低 2 年間保管いたします。

The written test portion of the application shall be administered at our head office in Ikebukuro.

筆記試験は池袋の本社で行います。

☞「本社」は headquarters とも言います。「本社ビル」は headquarters building と言います。

In addition to the general test, there will also be a foreign language section.

一般試験に加え、外国語の試験もあります。

Please remember to bring your application card on the day of the test.

試験日には応募カードを必ずご持参ください。

You will not be allowed to take the test without your application card.

応募カードがないと試験が受けられません。

Please be seated ten minutes prior to the start of the test.

試験開始の10分前には席に着いているようにしてください。

Please contact us if you are unable to take the test on the appointed day.

指定の試験日にご都合がつかない方はご連絡ください。

We will assume that you will be taking the test on the appointed day, unless we hear otherwise from you.

ご連絡がない場合には、指定日に試験を受けることとみなします。

Congratulations! You passed the written exam.

おめでとうございます。筆記試験に合格されました。

You passed the written test which qualifies you for a preliminary interview.

筆記試験に合格されたので、第1次面接を受ける資格があります。

☞筆記試験は writing test ではなく、written test です。

We regret to inform you that you were not selected as a finalist.

残念なことに、あなたは最終選考には残りませんでした。

We regret to inform you that you did not pass the written test.

残念なことに、筆記試験に不合格となりました。

We have scheduled your interview for September 24 at 2 p.m.

9月24日午後2時に面接となります。

☞schedule は「〜を予定する」という意味の動詞にもなります。

Interviews will begin June 20.

面接は6月20日に始まります。

☞面接が数回予定されている場合に使うフレーズです。

Please bring three letters of recommendations on the day of your interview.

推薦状3通を面接当日にご持参ください。

We are delighted to inform you that you have passed the interview and have been accepted as a sales trainee.

最終面接に通り、営業見習いとして採用となりましたことをお伝えいたします。

☞trainee は「研修生」です。対義語は trainer（指導者）です。

We would like to welcome you onboard as a full-time supply chain manager.

あなたを常勤のサプライチェーンマネージャーとしてお迎えしたいと思います。

AIC Co. is pleased to offer you a full-time engineering position.

AIC 社はあなたに常勤のエンジニア職を用意しました。

We regret to inform you that you did not pass the interview, and we must reject your application.

面接を通過できず、この時点で不採用が決まりましたことをお伝えいたします。

We wish you the best of luck in your future searches.

今後の就職活動がうまくいくことをお祈りしています。

☞いわゆる「お祈りメール」の締めの言葉としてよく使用されるフレーズです。

According to the company executive, the company plans to lay off hundreds of employees soon.

社の幹部によると、まもなく数百人レベルで解雇する計画です。

I would like to wish you a very happy 32nd birthday!

32歳の誕生日おめでとうございます。

☞もちろん、あえて年齢を言わなくても構いません。

Have a happy birthday!

幸せな誕生日をお過ごしください。

I hope you have a memorable birthday.

想い出に残る誕生日をお過ごしください。

Congratulations!

おめでとうございます!

We are all delighted to hear of the new addition to your family.

ご家族が1人増えたとのこと嬉しく思います。

Congratulations on becoming a parent!

親になられたとのこと、おめでとうございます。

We can't wait to see all of the pictures!

写真をすべて早く見たくてたまりません。

The news of the birth brings back happy memories of when I first became a parent.

ご出産のお知らせで、自分が初めて親になったときの幸せな思い出がよみがえってきました。

You'd better learn how to change a diaper!

おむつの交換の仕方を覚えないと！　**カジュアル**

Be sure to nap whenever you can.

寝られるときに寝ておくように。　**カジュアル**

病気見舞い

track[**20-13**]

We all want you to get better very soon.

みんな、あなたが早く回復してほしいと思っています。

We really hope you get well soon.

早くよくなってしてください。

Being stuck in bed is not much fun.

ベッドに寝ているのも面白くないですよね。

☞be stuck in は「〜から身動きがとれない」という意味です。

Don't worry about what you're missing at the office.

仕事ができないことは気にしないでください。

Don't worry about work. We've got you covered.

あなたの分をみんなでカバーしているのでご心配なく。

Just concentrate on getting better soon.

すぐによくなることだけを考えてください。

☞concentrate on は「〜に集中する」という意味。

Is there anything you need?

何か必要なものはありますか？

I just heard about your accident.

事故に遭われたと聞きました。

I hope your leg heals quickly.

脚の具合がすぐによくなることを願っております。

I've heard you will be confined to a wheelchair for several weeks.

数週間は車いすでの生活になると聞きました。

I hope you will be able to come back to the office soon.

すぐに仕事に戻れることを願っております。

I'd like to come by for a visit when you feel you're ready for visitors.

お見舞いができるようになったら伺います。

☞come by のほかに stop by、drop by などの類似表現があります。

I'll give you a call every other day or so to see how you're doing.

容態を見るために1日おきぐらいに電話します。

We are very sorry to have to inform you that our executive director passed away early this morning at home.

大変残念なことに、常務が今朝ご自宅でお亡くなりになったそうです。

☞die は直接的な表現なので、pass away を使うようにしてください。

He had been battling leukemia for several months.

彼はここ数カ月、白血病と闘っていました。

She was one of the founders of our company 30 years ago.

彼女は弊社の 30 年前の創設者の一人でした。

メール

It was her tireless efforts that molded our company into what it is today.

現在の我が社があるのも、彼女の絶え間ない努力によるところが大きいです。

☞mold はもともと「金型」を指します。

His smile and laugh will be sorely missed.

彼の笑顔が見られなくなり笑い声も聞けないのが、とても寂しいです。

He is survived by his wife of 30 years and his son.

30 年連れ添った奥様とご子息が遺されました。

☞wife of 30 years を「30 歳の妻」と勘違いしないように。

The schedule for the funeral service will be announced later in the day.

葬儀のご案内は本日中にいたします。

His funeral service will be held at Community Service Kobe.

彼の葬儀はコミュニティーサービス神戸で行われます。

Please accept my sincere condolences.

お悔やみ申し上げます。

Please accept my sincere condolences on the passing of your father.

ご尊父様のご逝去に際し、心よりお悔やみ申し上げます。

We are all extremely saddened by the news of your president's death.

社長の訃報に接し、大変悲しんでおります。

It was all so sudden. We are shocked by the loss.

あまりにも突然で、驚きを隠せません。

We will miss her dearly.

彼女がいなくなり本当に寂しくなるでしょう。

Why does life seem to be so unfair?

人生とはあまりにも不公平なものなのですね。

☞これは修辞疑問文です。「なぜ人生は不公平なのか?」と質問しているのではなく、反語的に疑問文のかたちで、「不公平だ」と伝える言い方です。

His sense of humor always made it a pleasure to work with him.

ユーモアのセンスがあり、彼と仕事をしていてとても楽しかったです。

She was always willing to listen.

彼女は私が言うことにもよく耳を傾けてくれました。

She was a true friend and mentor.

彼女は真の友人で師でもありました。

My memories with him will stay with me forever.

彼との想い出は生涯忘れることがないでしょう。

This is to notify you that I will be away on summer vacation, from July 30 to August 6.

7月30日から8月6日まで夏季休暇で不在になりますので、お知らせします。

Mr. Matsumoto will be handling my affairs during my absence.

不在中は、松本さんが私の業務を担当します。

You would be encouraged to take paid leave.

有給休暇を取ってください。

My cold has worsened and I'll be staying home today.

風邪がひどくなりましたので、本日は自宅にいます。

Chapter
3

メール

I don't think I would be very productive today, due to my cold.

風邪のため、今日は仕事の生産性が上がるとも思えません。

The medication I am taking is preventing me from fully concentrating.

服用している薬のせいで完全には仕事に集中できません。

My salary was increased by 2%.

給与が2%上がりました。

Bonus time is around the corner.

もうすぐボーナスの時期ですね。

The number of our company's recreational facilities has been decreasing year after year.

弊社の厚生施設は年々減っています。

05 謝罪

日本で「責任を取る」という発言は辞任につながることが多いのに比べ、英語圏ではそうとは限りません。日本語では「すみません」が口癖になっていたり、軽いニュアンスで使われていたりするので、英語で仕事をするときは、自分に落ち度がある場合にのみ謝罪するようにしましょう。

きほんの き

→謝ると自分に過誤があるとみなされやすいので、気をつけましょう
→正当な理由があるなら主張しましょう
→謝罪する際も、伝えるべきことはきちんと伝えます

謝る

track[**21-01**]

Please accept our apologies for the oversight.

見落としてしまい、大変申し訳ありませんでした。

We sincerely apologize for any inconvenience this delay may have caused you.

遅延によりご不便をおかけしました。心よりお詫び申し上げます。

立て続けの連絡を詫びる

track[**21-02**]

I'm sorry to bother you over and over again.

度々のご連絡申し訳ありません。

I'm sorry to bother you with so many follow-up questions.

関連質問を何度もしてしまい申し訳ありません。

We might have run the risk of violating the law, so we had no choice but to give up.

法律に違反した恐れが出てきたので、諦めざるを得ませんでした。

☞run a risk of *do*ing は、「〜する恐れがある」。no choice but の but は except（〜以外は）と同じ意味です。

The lack of adequate personnel made it impossible to realize our objective.

十分な人数が確保できず、目的を実現できなくなってしまいました。

☞personnel と personal のつづりを混同しないように。

The results were disappointing because of a failure to prioritize correctly.

優先順位を決めるのに失敗したため、残念な結果となりました。

☞prioritize は priority（優先）の動詞形です。

I tried my best, but I had to comply with the government's decision.

最大限の努力をしたのですが、政府の決定に従わざるを得ませんでした。

☞法務関係のキーワードになっている compliance（コンプライアンス）は comply（従う）の名詞形です。

I found out what was causing the issue.

問題の原因が特定できました。

I did not expect this situation to arise.

このような状況になるとは想定していませんでした。

☞「想定」は assumption や expectation で表せます。

Because this was my first time, I was unable to meet your expectations.

初めてのことで、ご期待に添えませんでした。

I believe this was caused by a lack of communication.

今回のことはコミュニケーション不足が招いた結果だと思います。

フォローする track [**21-05**]

I will try to make it up to you.

この償いは必ずいたします。

☞make it up to〈人〉は、「〈人〉に対して償いをする」という慣用句です。

I promise I will take this opportunity to make things better.

これを機に改善をお約束します。

I would appreciate it if you could give me a second chance.

2度目の機会をいただければ嬉しいです。

メール

☞他動詞の appreciate を自動詞と勘違いして後ろの it を落としてしまうのは、日本人がよくするミスなので気をつけましょう。

プロジェクト関連

プロジェクトは、プロセスや成果物などによって細かく区分化されています。自分がどの局面にいるのかを把握し、業務の優先度を意識して、その都度何が最も重要なタスクなのかを考える癖をつけましょう。提案や契約関係では細心の注意を払って内容を確認します。

きほんの き

→プロジェクトには開始と終了があります
→プロジェクトのどの局面にいるかを把握します
→提案や契約に関連する部分は入念に確認や依頼をしてください

プロジェクト開始   track [**22-01**]

We have decided to forge ahead with the new project.

新しいプロジェクトを推進することが決定しました。

☞forge は「着実に前進する」という意味です。

We are excited to be part of this project.

このプロジェクトに参画でき、興奮を隠せません。

仕様確認   track [**22-02**]

We would like to verify that your products meet our specifications.

御社の製品が弊社の仕様に合致するか検証いたします。

☞meet が「〜に合致する、〜を満たす」という意味で使われる表現に、meet someone's needs、meet someone's expectations などがあります。

契約内容

track[22-03]

The contract you have offered us is quite generous; we wholeheartedly accept your terms.

契約書のご提案内容はとても寛大で、条件を全面的に受託いたします。

☞contract は「契約書」、agreement は「契約（書）」です。

契約書の作成

track[22-04]

We have made two copies of the contract and signed them.

契約書は 2 通用意し、署名済みです。

Chapter
3

メール

新製品の機能

track[22-05]

We would like to learn more about your newly released product.

新発売の製品についてさらに知りたいです。

交渉継続

track[22-06]

There are several points we would like to further negotiate.

いくつかの点についてさらに交渉したいです。

☞further は「度合い」、farther は「距離」を表す副詞です。

会議の候補日

track[22-07]

Please contact us as soon as possible regarding possible meeting dates and locations.

会議の候補日と場所について至急ご連絡ください。

☞as soon as possible は ASAP と略されることもあります。

提案の承認

The Board of Directors unanimously approved your proposal to become our sole distributor.

取締役会で、御社が独占販売代理店となる提案が満場一致で承認されました。

☞unanimously（満場一致で）のつづりを anonymously（匿名で）と混同しないように。

成功の要因

Given your location, we believe that this venture cannot help but succeed.

御社のロケーションを考えれば、この思い切った事業は成功以外にあり得ません。

win-win

This is a win-win situation.

これは両者が満足のいく状況です。

☞lose-lose（両者にとってマイナスの）が win-win の対義語です。

Everybody will win as a result of these negotiations.

交渉の結果、誰もが勝者となるでしょう。

計画を高評価

The plan you suggest is a good one.

提案された計画は名案です。

再編の悪影響

Your idea to reorganize the division may adversely affect customer relations.

部門を再編するというあなたの考えは、お客様との関係に悪影響を及ぼすかもしれません。

☞adversely は「不利に」という意味です。

設計書を高評価

track [22-13]

The suggestions described in the design specification are fabulous.

設計書で説明されているご提案は素晴らしいです。

調査を評価

track [22-14]

I am confident that the survey is fair and objective.

この調査は公平で客観的だと確信しています。

提案の条件

track [22-15]

Chapter
3

メ
ー
ル

As we stated at our previous meeting, the terms shown in our proposal are the very best we can offer.

前回の会議で述べたように、提案書の契約条件はわれわれが提示できる最高のものです。

☞つまり、「これ以上の条件はありません」ということです。

提案の却下

track [22-16]

If the terms cannot be met, we will unfortunately be unable to accept your proposal.

条件が満たされなければ、残念ながら提案をお受けすることはできません。

We regret to inform you that we are unable to help you at this time.

残念ですが、今回お手伝いすることはできません。

We attempted to negotiate an arrangement but we were turned down.

調整の交渉がうまくいかず、却下されました。

☞turn down は、decline（〜を却下する）で言い換えられます。

報告書に目を通す

track [**22-17**]

I glanced through the report before the meeting began.

会議が始まる前に報告書にざっと目を通しました。

提案書への質問

track [**22-18**]

Closer examination of the proposal has raised several questions.

提案書をつぶさに見ていて、いくつか質問を思いつきました。

☞rise（上がる）は自動詞、raise（〜を上げる）は他動詞です。raise a question は「疑問を提起する」という意味です。

代替案の提示

track [**22-19**]

We offered several alternatives for you to review.

いくつかの代替案を提示しましたのでご検討ください。

期間の設定

track [**22-20**]

The duration would be about two months.

期間はおよそ2カ月となります。

☞duration は、period よりも「継続期間」というニュアンスが強い表現です。

製品への自信

track [**22-21**]

I am confident that all of our products will meet your business needs.

御社の業務のニーズを弊社の全製品が満たすと確信しております。

最善を尽くす
track[**22-22**]

We are doing our best, given our limited resources.
限られた資源で最善を尽くします。

プロジェクトの中断
track[**22-23**]

We are suspending the project until the problems have been resolved.
問題が解決されるまでこのプロジェクトを一時中断します。

メ
ー
ル

権利の侵害
track[**22-24**]

We would like to warn you that your recent actions constitute an infringement of the patent agreement between our two companies.
御社が最近取った行為は、2社間で交わした特許契約の侵害にあたることを警告いたします。

We would like to hear what your intentions are before taking any legal actions.
司法行為を取る前に、御社の意図をお聞かせください。

We hope this matter can be resolved amicably, without involving any third party.
第三者の介在なく、本件が友好的に解決されることを願っています。

Please understand that our recent actions were not intended to violate any patent agreements between our two companies.
弊社が最近取った行為は、2社間の特許契約を侵害する意図がなかったことをご理解ください。

Please accept our most sincere apologies.

心からお詫び申し上げます。

We are confident that we can resolve this matter between ourselves.

本件は内密に解決できると確信しております。

We are currently meeting internally to discuss potential action plans.

どんなアクションプランを取れるか社内で協議中です。

Please understand that this was not done intentionally.

意図的な行為ではなかったことをご理解ください。

Our Legal Affairs Department is currently investigating the matter.

この件については弊社の法務部で現在調査中です。

知的財産権の権利一覧	
知的財産権	**intellectual property rights**
特許権	**patent right**
著作権	**copyright**
商標権	**trademark right**
実用新案権	**utility model right**
育成者権	**plant breeder's right**
意匠権	**design right**
肖像権	**right of publicity**

07　事業関連

ビジネスは停滞を嫌います。再編・合併・吸収は企業にとってアピールのチャンスです。また、顧客サービスの一環として、日常業務の定期的な諸連絡は頻繁に行うようにしてください。

きほんの き

→企業の再編や合併・吸収などはアピールのチャンスです
→日常業務の諸連絡もこまめにやっておきましょう

Chapter
3

メール

倒産　　　　　　　　　　　　　　　　　　　　track[**23-01**]

We must inform you that, as of the day before yesterday, our company is now bankrupt.

おととい付けで弊社が倒産したことをお知らせしなくてはなりません。

☞助動詞 must を使うことで、「報告したくはないが報告せざるを得ない」というニュアンスを表すことができます。shall（義務〔〜することになっている〕）、should（義務〔〜すべき〕）、may（許可〔〜してよい〕／推測〔〜だろう〕）、might（可能性の低い推測〔〜かもしれない〕）、must（義務〔〜しなければならない〕）などを状況に応じて使い分けてください。

買収される　　　　　　　　　　　　　　　　　track[**23-02**]

This is to inform you that our company has been acquired by Otsuka, Inc.

弊社が大塚株式会社に買収されたことをお知らせします。

☞acquire（〜を買収する）の名詞形は acquisition（買収）です。

分離独立

We wish to announce that our company will become independent of our parent company, Yashiki.

弊社が親会社であるヤシキ社より分離独立することをご報告します。

☞「子会社」は child company、subsidiary です。

オフィス閉鎖

This is to inform you that our office will be closing down.

当社のオフィスが閉鎖されることをお知らせします。

幹部の発表

The new company president will be announced shortly.

新社長は追って発表となります。

☞shortly は「（発表までの時間が）短く」ということから、「追って、近々」という意味になると考えると理解しやすいでしょう。

合併

We are proud to announce that Hana, Inc. and Mari Co. have merged to form a new company.

ハナ社とマリ社が合併し、新会社が誕生したことをご報告させていただきます。

就任

Ms. Rika Samejima has been appointed president of the new company.

鮫島リカが新社長に就任いたしました。

☞appoint は「〜を…に任命する」という意味です。

I am happy to announce that Ms. Shiro Kuroda will be joining our team as the new sales manager.

黒田四郎が営業所長に就任することをご報告させていただきます。

定年退職

track [23-08]

Last month, after forty years of service, I retired from IS, Inc.

先月をもって、40 年勤めた IS 社を定年退職いたしました。

☞retire in/to Japan は「退職した後、日本に住む」という意味です。

I will miss my days at the office.

職場での日々を懐かしく思うことでしょう。

Thank you for the wonderful memories.

素晴らしい想い出をありがとうございます。

Thank you for celebrating my retirement with me the other day.

先日は、退職祝いをありがとうございました。

It was wonderful to see everyone I worked with.

一緒に働いた皆さんとお会いできてよかったです。

転職

track [23-09]

I decided to take up a new position with a subsidiary of IS, Inc.

IS 社の子会社に転職することになりました。

I would like to express my appreciation to all of my colleagues for their support. `ていねい`

これまで支えてくれたすべての同僚に感謝申し上げます。

海外転勤 track[**23-10**]

I am pleased to announce that I have been appointed manager of the French branch office.

フランス支店の支店長に任命されましたことをご報告いたします。

The new position will require a three-year stay in Italy.

新たな職務では、イタリアに3年間駐在することになります。

My family and I have arrived safely back in Japan.

家族とともに日本に無事帰国いたしました。

Living and working in Singapore was a truly wonderful experience.

シンガポールでの仕事と生活は本当に素晴らしい経験となりました。

It may take time for me to complete the transition back to life in Japan.

日本の生活に完全復帰するのには少し時間がかかるかもしれません。

☞帰国時に感じるショックは re-entry shock（リエントリーショック）と呼ばれ、カルチャーショックと同じくらい心理的負担が大きいと言われています。

創業 30 周年 track[**23-11**]

We are proud to announce that this year marks our 30th anniversary.

弊社が今年創業30周年を迎えることをご報告させていただきます。

We are committed to providing top-of-the-line products to all of our customers.

弊社はすべてのお客様に最先端の製品をお届けしてまいります。

☞top-of-the-line は、字面から「最先端の」という意味に結びつきやすいですが、同じ意味でも cutting-edge、state-of-the-art などは、字面で想像するのが難しいかもしれません。

We have had our ups and downs.

これまで山あり谷ありでした。

驚き

track[23-12]

This news may come as a surprise to all of you.

この知らせには皆さん驚かれることでしょう。

出資の依頼

track[23-13]

We are in search of investors to help us launch our new project.

新規プロジェクトを立ち上げるため、出資を募ります。

計画書の送付

track[23-14]

You will receive a project guide with a detailed budget plan.

詳細な予算計画が掲載されたプロジェクトガイドをお届けします。

書類送付の依頼

track[23-15]

If you consider it worthwhile, please return the investment application.

投資に値すると思われる方は、投資応募書を返送してください。

業務提携の依頼

track[23-16]

Our school is currently looking for schools overseas wishing to enhance their intercultural curricula through student exchange programs in Japan.

本学は現在、日本の生徒との交換留学を通して異文化カリキュラムを促進させたいと考えている海外の学校を探しております。

☞curricula は curriculum の複数形です。

業務提携の現状

track[23-17]

We are affiliated with approximately seventy schools worldwide.

本学は、世界の 70 ほどの学校と提携しています。

☞ここでは school affiliation ですが、「(ビジネスの) 業務提携」 は business affiliation です。

休業日の変更

track[23-18]

We will now be open Sundays from 9 a.m. to 4 p.m., but we will be closed Mondays.

日曜日は 9 時から 16 時まで営業しますが、月曜日は休業となります。

臨時休業

track[23-19]

This is to inform you that our retail store will be temporarily closed next weekend.

次の週末は弊社の小売店が臨時休業となることをお知らせします。

組織名の変更

We are pleased to announce that the name of the department has been changed from the International Exchange Department to the International Strategy Department.

この度、国際交流部から国際戦略部に部署名が変更となりましたのでご報告いたします。

☞組織名の頭文字は大文字で表記されます。

住所の変更

Please note that we have changed our business address.

弊社の住所が変更となりましたのでご注意ください。

☞note は「〜を気に留める」という意味です。

Chapter
3

メール

Any mail sent to our old address will be forwarded by the post office.

古い住所へお送りいただいた郵便物は郵便局によって転送されます。

☞email は「メール」、mail は「郵便物」のこと。

問い合わせ

If you have any questions about our Super Sales, please call our toll-free number: 0120-222-2222.

スーパーセールに関するご質問は、フリーダイヤル 0120-222-2222 までお電話ください。

☞「toll（電話料金）が free（タダ）」なので、toll-free は「フリーダイヤル」となります。

If you have any questions about this change, please contact one of our customer service representatives at 0120-333-3333.

この変更に関するご質問は、0120-333-3333 のお客様サービスへご連絡ください。

08 結句

結句とは、メールの最後に書くひと言のことです。感謝であろうとお詫びであろうと今後のビジネスにつながることを願ってメールを締めくくってください。

きほんの き

→感謝やお詫びの気持ちを伝えましょう
→次の機会につなげようとする気持ちで取り組みましょう

結句   track 24-01

Please advise.
ご教示ください。

☞日本語では「助言をお願いします」と言うことから、名詞の advice を使うと思うかもしれませんが、動詞を使います。

I look forward to seeing you.
お会いできるのを楽しみにしております。

☞look forward to *doing* の to は不定詞ではなく、前置詞なので、to の後ろには動詞ではなく、名詞か動名詞が続きます。

I am looking forward to hearing from you soon.
ご連絡をお待ちしております。

Thank you for your cooperation and understanding.
ご協力、ご理解いただきありがとうございます。

I will do my best to keep in touch.
これからも連絡するようにします。

We regret any inconvenience this may cause you.

ご迷惑をおかけすることを残念に思います。

We apologize for the inconvenience.

ご不便をおかけすることをお詫び申し上げます。

Please bear with us for the inconvenience.

ご不便をおかけしますが、もうしばらくお待ちください。

☞「耐える」の bear の発音はクマ（bear）と同じ（/beər/）で日本語の「ベア」に近い音です。

Thank you for your attention.

お気に留めてくださってありがとうございます。

Thank you for your attention to this matter.

本件にご配慮いただきありがとうございます。

Thank you for your encouragement and support.

励ましとご支援をありがとうございます。

Thank you very much for your kindness.

ご親切にありがとうございます。

Thank you for your patience.

ご辛抱いただき、ありがとうございます。

Thank you in advance for your patience.

ご辛抱いただくことにあらかじめお礼申し上げます。

☞本文で相手に対してお願いごとをした際の結句として使います。in advance はこの位置に挿入することもできます。

Thank you for your interest.

関心を持っていただきありがとうございます。

Thank you for your support.

ご支援いただきありがとうございます。

Thank you for your advice.

ご助言いただきありがとうございます。

Thank you very much for your consideration.

ご検討いただき誠にありがとうございます。

Thank you for your assistance.

ご支援いただきありがとうございます。

Thank you for your quick reply.

迅速なご回答をありがとうございます。

A quick response would be most appreciated.

迅速なご回答をお願いいたします。

Thank you in advance for this opportunity.

この機会を与えてくださったことに、あらかじめお礼申し上げます。

Thank you ever so kindly.

ご親切にありがとうございます。

☞ever の位置に注意。

I would be most grateful for any assistance you could provide.

どんな形でもご支援いただけると幸いです。

Any advice is always appreciated.

どんな助言でもありがたいです。

If there is anything we can do, just let us know.

もし何かできることがあれば、ぜひお知らせください。

Thank you very much for your effort.

ご尽力に感謝申し上げます。

Thank you for the daily updates.

毎日の近況報告をありがとうございます。

Thank you for your time.

お時間をいただきありがとうございます。

Thank you for spending so much time with us.

私どものために相当なお時間を割いていただき、ありがとうございます。

I look forward to working with you again.

次にご一緒する日を今から楽しみにしています。

メ
ー
ル

英語でのていねいな依頼表現

　本書にはフレーズによって [ていねい] と [カジュアル] の表記があります。執筆にあたりさまざまな分野で働いている人たちにインタビューした際、共通して難しいと答えていたのが「カジュアルな言い方とていねいな表現をどのように使い分けるのか」についてでした。その声を受けて、このコラムでは特に依頼表現についてご紹介します。

　日本語と比べて英語はカジュアルな言語だと思われがちですが、円滑なコミュニケーションや対人関係を維持する目的で、ていねいな表現はもちろんあります。簡単な例だと、子どもが親に "Close the door!"（ドアを閉めて！）と命令口調で言うときはよく "Say the magic word!"（魔法の言葉を言いなさい！）と注意することがあります。この魔法の言葉が何を指しているか分かりますか？　正解は「"Please" をつけて言いなさい」という意味です。このように英語が話される文化でも、子育てを通して子どもに丁寧語の使い方が教えられているのです。ていねいな言い方を学んでもらうために "Say The Magic Word" というタイトルの絵本もあるぐらいです。

　お気づきかもしれませんが、英語では構文がより複雑に、長くなるほど、ていねいな表現になります。たとえば、"Send me a message." をていねいに伝えようとすると、"Could you send me a message?"、さらにていねいに伝えようとすると "I was wondering if you could send me a message." などとなります。相手との親しさとは関係なく、迷ったときにはていねいな表現とシンプルさのバランスが取れた "Could you please?" を使うと最も無難でしょう。また、依頼内容が些細なものであれば比較的短めに、大きな要求であれば長めにていねいに伝えるという傾向があるようです。ビジネスでは依頼の表現は頻繁に出てきますので、このルールを参考にしてください。

電話

あいさつ

あいさつの表現として Hello.（もしもし）だけを覚えている人は要注意です。個人的な電話ならまだしも、ビジネスでは Hello は不要で、力強く社名を言うことがあいさつの代わりとなります。社名や自分の名前を言うときは、固有名詞をはっきりと伝えることが大切です。おわりのあいさつは、短く締めます。

きほんの き

→仕事で電話をするときあいさつに Hello. は使いません

→はじめのあいさつは固有名詞がポイントをはっきり伝えましょう

→おわりで気を抜かず、短く締めましょう

はじめ

track [**25-01**]

TGG Incorporated, this is Mike Hicks speaking, how may I help you?

TGG 社のヒックスです。どういったご用件でしょうか？

☞How may I help you? は 接 客 英 語 の 基 本 で す。Good morning. / Good afternoon. など、社名の前に通常のあいさつをつけてもいいでしょう。

Who's calling? / Who's calling, please? / May I ask who's calling, please?

どちら様でしょうか？

☞電話を受けた側が使う表現です。電話の相手が名乗らない場合に使います。カジュアルな表現の順に並んでいます。

This is Carol Benz speaking. Is Ms. Honda in?

キャロル・ベンツです、本田さんはいらっしゃいますか？

☞電話をかける側の表現です。あいさつの後に続けて言います。in はあえて日本語にすると「いる」でしょう。

This is Mr. Mao Kawasaki speaking. May I talk to Mr. David?

川崎まおですが、デイヴィッドさんとお話できますでしょうか？

☞電話をかける側の表現です。相手に許可を求める助動詞の may を使い、「～さんとお話してもよろしいでしょうか？」とていねいな表現になっています。

名乗る
track[25-02]

This is Megan with ABC Inc.

ABC 社のメーガンと申します。

☞電話をかける側の表現です。

話のまとめ
track[25-03]

It was very helpful to know the details.

詳細が分かり、とても助かりました。

☞このように、話した内容を簡単にまとめるといいですね。電話のおわりに言うお礼の前に使う表現です。「内容のサマリー」→「お礼」→「おわりのあいさつ」と続きます。

Chapter
4

電話

感謝する
track[25-04]

Thank you for your time.

お時間をいただきありがとうございました。

Nice talking to you.

お話できてよかったです。

☞電話のおわりのあいさつです。逆に Nice to talk to you は、これから話をするときの表現です。不定詞を使った Nice to meet you.（初めまして）が会ったときに使う表現で、動名詞を使った Nice meeting you.（お会いできてよかったです）を別れの際に使うのと同じです。To be continued.（続く）という表現のように不定詞 to には、これからのことを表すニュアンスが含まれているため、Nice to meet you. は、これから話が始まる状況を表しています。一方、初対面の人と話がおわったときに、It was nice meeting you.（お会いできてよかったです）を略した Nice meeting you. が用いられます。

I'll let you go now.
もうそろそろ戻りますね。

☞直訳すると「私はあなたを解放してあげます。」となり、違和感がありますが、英語では電話を切りあげるときによく使われます。

I've got to go.
もう切りますね。

☞go とは「電話を切る」という意味です。別に、「どこかに行く用事がある」と言っているわけではないので、Where are you going? などと質問しないように。

I'm going to hang up right now. ◀カジュアル
もう電話を切りますよ。

☞相手の話が長くて聞いていられなかったりと、すぐにでも電話を切りたい場合に言います。これを言うと相手はあなたが怒っているように感じるでしょう。

I'll talk to you soon.
またすぐにお話ししましょう。

I'll call you again.
またお電話します。

☞電話をかける約束を実際にしている表現ではないので、この後、電話がかかってこなくても心配しないように。

Have a nice day!
いい一日を。

Bye.
さようなら。

☞「バイバイ」という日本語につられて bye を 2 回言うのが正しいと勘違いするかもしれませんが、英語では 1 回で済みます。

相手を引きとめる　　　　　　　　　　　　　　　　　track [**25-06**]

One more thing.
もう 1 点。

Oh, wait.

ちょっと待って。

Don't go!

切らないで。

☞I'm hanging up. と言われて、切らないでとお願いしている場面です。

02 在／不在

電話をかける場合は「自分が誰と話したいのか」を伝えましょう。また、電話を受ける場合は、「相手が誰と話したがっているのか」を確認し、「その人がいるのかいないのか」「在不在の理由」をしっかりと伝えましょう。

きほんの き

→相手が誰と話したがっているか確認しましょう
→在／不在の理由をとっさに言えるようにしましょう
→取り次ぐときは、名前・用件・部署を確認します

相手の在／不在

track [**26-01**]

May I speak to Mr. Hall?

ホールさんはいらっしゃいますか？

☞電話をかける側の表現です。may の代わりに can、そして speak の代わりに talk でも言い換えられます。may、speak の方がていねいなニュアンスが伝わります。

He's on the other line.

電話中です。

☞電話を受ける側の表現で、「彼は別の電話に出ているところです」という意味です。

I'm afraid the line is busy.

話し中です。

☞電話を受ける側の表現です。

She's not in.

不在にしております。

☞電話を受ける側の表現です。不在の理由を明言していない汎用的な表現です。「現時点でその人とは電話がつながらない」という状況で使うことができます。

She's not available right now.

ただ今席を外しております。

☞電話を受ける側の表現です。不在の理由を明言していない汎用的な表現です。現時点でその人とは電話がつながらないが、すぐに戻ってくることが予想される表現です。

She's not available to take your call right now.

ただ今、電話に出ることができません。

☞電話を受ける側の表現です。不在の理由を明言していない汎用的な表現です。「現時点でその人とは電話がつながらないが、すぐに戻ってくる」というニュアンスです。

She just stepped out.

席を外しています。

☞電話を受ける側の表現です。不在の理由を明言していないものの、出社していることが伝わる表現なので、後でかけ直すなどの話に続きます。

Mr. Kato has just stepped out for lunch.

加藤は今ランチ中で席を外しております。

☞電話を受ける側の表現です。必ずしも不在の理由を言う必要はありませんが、「ランチ中で」と伝えることで、どのくらいの時間がかかるのか相手が想像できる、親切な表現です。

He should be back in five minutes.

5分後には戻ると思います。

☞電話を受ける側の表現です。

He's in a meeting.

会議中です。

☞電話を受ける側の表現です。

She's taking the day off.

本日はお休みをいただいています。

☞電話を受ける側の表現です。

He's on a business trip.

出張中です。

☞電話を受ける側の表現です。

He's out of town.

出張中です。

☞電話を受ける側の表現です。「街の外に出ている」が文字通りの意味ですが、国内出張のニュアンスがあります。

She works from home.

リモートワーク中です。

☞電話を受ける側の表現です。work from home は日本語の「リモートワーク」に当たり、勤務表などに WFH と略して記すこともあります。

Mr. Hamaguchi works from home. It's best to try reaching him on his cellphone or by email.

今、浜口は自宅で作業をしています。携帯かメールの方がつながりやすいと思います。

☞電話を受ける側の表現です。

Is he reachable?

（不在の人について）連絡が取れますか？

☞電話をかける側の表現です。話したい相手が、電話がつながるところにいるかを確認する表現です。

May I have your phone number? I'll have Mr. Tanaka return your call. ◀ていねい▶

田中から折り返し電話させますので、ご連絡先を教えていただけますか？

☞電話をかける側の表現です。have〈人〉*do* で、「〈人〉に〜をさせる」という意味です。have の代わりに make を使うと、強制的なニュアンスが強まります。

取り次ぐ   track[**26-02**]

Hold on.

少々お待ちください。

☞電話を受ける側の表現です。Hold on, please. とすれば、少していねいになります。

One moment, please.

少々お待ちください。

☞電話を受ける側の表現です。Hold on. と同じように、電話を取り次ぐときに使う表現です。

It's for you.

電話です。

☞電話を受ける側の表現です。受話器を差し出しながら、電話がかかってきた人に言ってください。

Would you mind holding the line?　　　　**ていねい**

保留にしてもよろしいでしょうか？

☞電話を受ける側の表現です。mind は「〜を気にする」という意味で、「保留することを気にされますか?」と尋ねています。I'll put you on hold. とも言えます。

I've got Mark Fisher from ABC Heavy Industry on the phone for you.

ABC 重工のマーク・フィッシャーさんからお電話です。

☞受けた電話を保留にして、（対面か内線で）取り次ぐ相手に対して使う表現です。

Should I tell her that you are in a meeting?

彼女に会議中と言っておきましょうか？

☞電話を取り次ぐときの表現です。居留守を使いたいかどうかを確認するときの表現です。

May I inquire on his behalf as to which matter you are calling him about?　　　　**ていねい**

彼の代わりにご用件を伺っておきましょうか？

☞電話を受ける側の表現です。電話をつなごうとしている相手が電話に出られないので、代わりに用件を聞くときに使います。

Would you put me through to the General Affairs Office?　　　　**ていねい**

総務部につないでいただけますか？

☞電話をかける側の表現です。個人ではなく、部署の誰かと話をしたい状況で使います。through は、「何かを貫通して目的地につながる」イメージの単語です。

Thank you for holding.

お待ちいただきありがとうございます。

☞電話を受ける側の表現です。在不在の確認、（いる場合に）電話に出るかどうかの確認などを終えて、保留状態で待たせてしまったことを詫びる表現です。

Sorry to keep you waiting.

お待たせして申し訳ございません。

☞電話を受ける側の表現です。相手を長時間、保留状態で待たせていることに対するお詫びです。

I'm sorry to have kept you waiting.

お待たせして申し訳ございませんでした。

☞電話を受ける側の表現です。保留が長くなってしまったことに対するお詫びです。

I'll transfer your call.

お電話を転送いたします。

☞電話を受ける側の表現です。

同じ名前の人がいた／名前の人がいない　　　　track [26-03]

There are two people named Sato.

佐藤は2人おりますが。

☞電話を受ける側の表現です。name は名詞としてだけではなく、次のように動詞としても使われます。He was named after his grandfather.（彼は、祖父にちなんで名づけられた。）、to name a few products（いくつか製品名を挙げる）。

Her first name is Yuri.

下の名前が佑梨さんの方です。

☞電話をかける側の表現です。下の名前は given name とも言います。姓は family name、last name です。

She works in the Sales Department.

営業部にいる方です。

☞電話をかける側の表現です。

Here is Mr. Sato's phone number.

佐藤の電話番号をお伝えします。

☞電話を受ける側の表現です。違う部署にかかってきた電話を転送する前に電話番号を伝えることで、再度電話がかかってこないようにします。

Sorry, there's no one of that name here.

そのような名前の者は弊社にはおりませんが。

☞電話を受ける側の表現です。たとえば、相手が May I speak to Mr. Gergen? と尋
ねてきて、社内にその名前の従業員がいないときの返答表現です。

03 折り返し

着信履歴の機能があれば心配ないですが、着信履歴が残らない場合もあります。相手の電話番号をしっかり聞き取り、自分の電話番号もしっかり相手に伝えます。復唱するのもいいでしょう。折り返し電話する時間なども伝えます。自分のことだけではなく、相手の都合も確認するといいですね。

きほんの き

→電話番号を間違えないように
→折り返し電話をかける／もらう際の予定や条件を相手に伝えます
→相手の都合も確認するといいでしょう

依頼
track [27-01]

Call me back, please. My phone number is 06-666-6666.

折り返しお電話いただけますか、番号は 06-666-6666 です。

☞電話をかける側の表現です。電話番号の直前に area code（市外局番）をつけ、area code 06-666-666 と言うこともできます。

Let me repeat your number, 06-666-6666.

番号を復唱させていただきます。06-666-6666 ですね。

☞電話を受ける側の表現です。相手の電話番号が正しく聞き取れたかを確認します。

May I confirm that your telephone number is 090-1345-0098?

確認させてください。電話番号は 090-1345-0098 でよろしいですね？

☞電話番号を確認するために復唱するときの表現です。confirm は「～を確認する」。

相手の連絡先を尋ねる
track [27-02]

Please let me know your phone number.

電話番号を教えていただけますか？

☞電話を受ける側の表現です。相手が番号を教えてくれた後は、その番号の復唱へと続きます。

What number should I call?

何番にかければいいですか？

☞電話を受ける側の表現です。相手が出先から電話をかけてきたものの、自分が忙しくて通話の時間が取れないような場合に便利な表現です。

Does he have your number?

彼はあなたの電話番号を知っていますか？

☞電話を受ける側の表現です。折り返し電話をかける際には電話番号が必要になります。念のために尋ねておきましょう。

自分の連絡先を伝える
track [27-03]

My phone number is 06-0987-0000.

私の番号は 06-0987-0000 です。

☞電話をかける側の表現です。

折り返しを依頼する
track [27-04]

I would really appreciate it if you could call me back.

ていねい

折り返しお電話いただけると大変ありがたいのですが。

☞will を would に、can を could にと助動詞を過去形にすることで、ていねいな表現に格上げすることができます。

Please call me back when you are available.

手が空いたときに折り返しお電話ください。

☞電話をかける側の表現です。

依頼を受ける
track [27-05]

I will get back to you.

折り返し電話いたします。

☞電話を受ける側の表現です。get back to 〈人〉は、「〈人〉のところに戻ってくる」という意味で、必ずしも「折り返し電話をかける」という意味ではありません。ただし電話での会話では、折り返し電話をかける意味になります。

I will return your call after 3 p.m.

午後 3 時以降に折り返し電話いたします。

☞電話を受ける側の表現です。時間を明言することで相手も安心して待っていられるでしょう。

Someone else from my office will get back to you.

社内の別の者が折り返し電話いたします。

☞電話を受ける側の表現です。自分では対応できない用件の場合に、誰か他の人が代わりに折り返し電話をかける場面で使う表現です。

What time will you be available to take my call?

折り返しのお電話は何時頃がご都合よろしいでしょうか？

☞電話を受ける側の表現です。

Until what time will you be available today?

本日は何時まで電話がつながりますか？

☞今日の予定を確認する表現です。「その時刻までなら電話がつながる」というニュアンスです。次のように「〜まで」が「期限」を表すのであれば前置詞は by となります。I will call you by the end of the day.（本日中にはお電話いたします。）

かけ直す

track[27-06]

I will call you back later.

後でかけ直します。

☞電話をかける側の表現です。

Would you call me back again tomorrow? ていねい

明日、もう一度ご連絡いただけますか？

☞電話を受ける側の表現です。電話を受けたけれども、都合が悪くて対応できない場合に、明日かけ直してもらえるかを確認する表現です。

〜中なのでこちらからかける

track [**27-07**]

The meeting is about to start; I'll call you back later in the evening.

これから会議が始まってしまいますので、夕方にこちらからかけます。

☞後でこちらからかける理由を説明しています。is about to *do* は「まさに〜しようとしている」という意味です。国際電話の場合は時差もありますので、こちらの夕方が相手方の何時にあたるのかを確認してから電話しましょう。

I'm driving right now. I'll call you back later.

今、運転中です。後ほどこちらからかけます。

I'm on the train right now. I'll call you back later.

今、電車の中です。後ほどこちらからかけます。

☞すべての国で電車内での電話が禁止されているわけではないので、電話の相手によっては、「日本では車内での通話が禁止されているので」（One is supposed to refrain from talking on the phone when taking trains in Japan.）とひと言加えてもいいでしょう。

折り返し

track [**27-08**]

This is Mr. Ken Samezu returning your call.

鮫洲ケンと申します。折り返しのお電話をしております。

I apologize for not having been able to answer your call.

先ほどは電話に出られず、申し訳ありませんでした。

☞having を加えることで、電話に出られなかったのが時間的に過去であることを表しています。微妙なニュアンスを伝えるのには、文法的な知識も必要になりますね。カジュアルな言い方に、I'm sorry that I couldn't answer your call. があります。

Thank you for returning my call.

折り返しのお電話をいただき、ありがとうございます。

Chapter
4

電話

I was hoping you had some time to talk right now.

今はご都合よろしいでしょうか？

☞電話をかける側の表現です。リモートワークだと電話をかける前に「今から電話して
もいいですか?」と確認することはありますが、たいていは突然電話するもの。そこ
で、I was hoping（電話する前から〜を願っていた）と過去形が使われています。

04 目的を説明する

リモートワークの普及により、以前にも増してメールを使って仕事を進める機会が増えました。ただ、アポイントはメールだけではスムーズにいかないことがあります。また、メールのやりとりを通して少し不安に感じた内容を電話で確認するのもいいでしょう。

きほんの き

→アポ取りや変更点、懸念事項の確認に電話を有効活用しましょう
→直前や当日の連絡は電話が最適です

目的
track [**28-01**]

I'm calling you today because I would like to speak to you about our new product.
本日は弊社の新製品についてお電話を差し上げました。

The reason I'm calling today is to make an appointment.
本日はアポイントを取りたくお電話を差し上げました。

アポ取り
track [**28-02**]

I would like to make an appointment.
アポイントを取らせていただきたいのですが。
☞電話をかける側の表現です。

I would rather meet you face to face.
直接お会いして打ち合わせをしたいと思っています。

Chapter
4

電話

I will be available in the afternoon on the 14th.

14 日の午後なら空いています。

Will you be available on the 20th?

20 日のご都合はいかがでしょうか？

☞会える候補日を尋ねるのもいいですが、このように日にちを指定して確認すると時間の短縮につながります。

I can change my schedule for the first half of the week. When will you be available?

週の前半なら日程を調整できますが、ご都合はいかがでしょうか？

☞日程調整できる期間を提示することで、相手に決定権を与えます。

Are there any days between the 10th and 20th of this month that are convenient for you?

今月の 10 日～20 日でご都合のいい日はありますか？

I'll make time for you.

あなたの都合に合わせますよ。

The date and time of the meeting is May 3, 3 p.m., right?

打ち合わせの日時は 5 月 3 日、午後 3 時ですね？

Three p.m. would be more realistic.

午後 3 時が現実的なところではないでしょうか。

☞出先からなどの場合には、できるだけ余裕をもったスケジュールを立てておきましょう。他の日の候補を提案するのではなく、同日の別の時間帯を提案するときの表現です。ここで realistic と言っているのには、「当初予定しようとしていた時間には間に合いそうにない」という前提があります。

Let's schedule it for Wednesday. Please keep your schedule open that day.

水曜日にしましょう。スケジュールを空けておいていただけますか？

☞とりあえず曜日だけでも決めておけば安心です。その場合には、当日時間が決まるので、1 日空けておいてほしい旨を依頼しておきます。

Does that suit you?

その予定で大丈夫ですか？

☞話の流れで多くを語らずとも意味が通じる場合があります。「すでにアポの日程が話し合われていること」を that で表現しています。

We are on different schedules.

予定が合いません。

☞予定が合わないときもあります。そんな場面で使える表現です。

場所

Do you mind meeting at my office?

場所は弊社でもいいでしょうか？

☞この質問に対する回答の仕方に気をつけましょう。動詞の mind が「～を気にする、嫌がる」という意味なので、オフィスで会うなら No, I don't. で、会いたくない場合は Yes, I do. です。間違えそうになったら、No, I don't mind. まで言ってしまいましょう。

I'll drop by your office.

あなたのオフィスに立ち寄ります。

☞「あなたのオフィスに行きます」と言いたいときには、go ではなく、I'll come and drop by your office. となります。こちらにとっての「行く」（go）は、相手にとっては「来る」（come）ことだからです。

Chapter
4

電話

I'll be waiting for you at the café in front of ABC station.

ABC 駅前のカフェでお待ちしています。

Please meet me at Tokyo Station. / Let's meet at Tokyo station.

待ち合わせ場所は東京駅でお願いします。

☞具体的な場所まで指定するのではなく、大ざっぱな場所だけ決めるような場面で使う表現です。

アポ当日

My apologies, but could you please delay the start of our meeting by half an hour? The previous meeting is running late. ていねい

前の打ち合わせが予定よりも長引いてしまいました。大変申し訳ございませんが、30分、開始時刻を延ばしていただけますか？

☞説明の順序が英語と日本語では逆になります。理由を述べてから依頼をするのではなく、英語では先に依頼をしてその後に理由を述べます。

I'm sorry, but something urgent has come up in my family. Could you please postpone the meeting for two days? ていねい

申し訳ありませんが、家庭の急用ができてしまいました。打ち合わせを2日延期していただけないでしょうか？

確認

Please let me know your schedule.

スケジュールについて確認させてください。

☞電話をかける側の表現です。アポ取りの際に、互いのスケジュールを即座に確認できるのが電話のメリットです。

Please provide me with a status update.

最新の状況について確認させてください。

☞電話をかける側の表現です。status は「状況」のことで、通常は current status（現況）を意味します。

Am I correct in understanding that you need to change your order and that, instead of five, you would like us to ship three units of ABC?

発注は、ABC を5個から3個に変更でお間違えないでしょうか？

☞電話を受ける側の表現です。発注の数量変更を確認するための電話です。先方が「担当者と直接話をしないと不安が残る」と考えるタイプの場合にはもってこいの表現です。

I think I talked to Ms. Kimberly last time.
前回お話した方はキンバリーさんだったと思うのですが。

☞電話をかける側の表現です。担当者が変わると最初から説明しなければならないので、2回目以降は可能な限り、同じ担当者と話をするようにします。

Are you there?
（相手が聞いているか不安になって）もしもし？

☞相手がほぼ沈黙の状態で聞いていることがあります。そのような、不安になって電話が通じているか確認したくなるときに使ってください。

I'm listening.
聞いていますよ。

☞Are you there? に対する答え方です。

資料を送る
track〔**28-07**〕

I'll send the document later by email.
後ほど文書をメールでお送りします。

☞電話で打ち合わせをしたあと、文書を作成したり、修正したりすることがあります。そういった場合には、メールが最適なツールです。各ツールのメリットとデメリットを理解して、状況によって使い分けましょう。document は meeting minutes（会議議事録）などに置き換え可能です。

Could you send me an email to confirm that?
確認のためにメールを送っていただけますか？

☞電話で打ち合わせをしたあと、確認のためにメールを送ってもらうためのフレーズです。国によっては、「話したことがすべて」とされるので、このようなメールを嫌う取引相手もいるかもしれません。

Chapter
4

電話

メモ/ボイスメール

メモに残す、またメモに残したと相手に伝えることでコミュニケーションが円滑に進みます。こうした「メタ情報」（情報についての情報、ここでは、コミュニケーションについてのコミュニケーション）を使って内容を詳しく報連相しましょう。

きほんの き

→メモを残して、相手にそのことを伝えます

→焦らずメモを取るためには、相手を待たせることも大切です

→ボイスメールでは、最低限の内容を手際よく伝えます

メッセージ/メモを残す

track[**29-01**]

I will pass that message along.

メッセージを伝えておきます。

☞電話を受ける側の表現です。口頭でも書面でも message と表現することができます。

Ms. Shari called, and I took a message.

シャリさんからお電話があり、伝言をメモに残しました。

☞文末に for you をつけても構いません。

メモを取る

track[**29-02**]

Hold on a second, please; I'll take a message.

メモを取りますので、少しお待ちください。

☞電話を受ける側の表現です。メモ用紙を探している場面です。a second とは何も厳密に「1秒」を指すのではなく、「少しの間」という意味です。a minute、a moment とも言い換えられます。

May I take a message?

ていねい

メモを取ってもよろしいでしょうか？

☞電話を受ける側の表現です。ていねいに尋ねるための言い方です。

Just a minute, let me get a pen.

少々お待ちください。ペンを取ります。

☞電話を受ける側の表現です。

I'll make sure Ms. Rose gets the message.

メッセージをローズさんにお伝えしておきます。

☞電話を受ける側の表現です。

社名、名前のスペルの確認の仕方　　　　　　　track[29-03]

Let me confirm the spelling of the name of your company.

御社のスペルを確認させてください。

How do you spell your name?

お名前のスペルを教えていただけますか？

☞日本語の名前のスペルは、よく聞かれることがあります。

ボイスメール　　　　　　　　　　　　　　　　track[29-04]

Would you like to leave a message on her voicemail? ていねい

彼女のボイスメールにメッセージを残しますか？

☞電話を受ける側の表現です。電話をかけてきた相手が話したいと思っている人が不在の場合に、ボイスメールを残したいかを確認する場面で使う表現です。

Could you tell her that I left a message on her voicemail? ていねい

ボイスメールにメッセージを残しましたとお伝え願えますか？

☞電話をかける側の表現です。電話を受けた人にお願いしています。tell her の her は、電話をかけた人が話したいと思っている人です。

Could I leave a message on her voicemail?

ボイスメールを残していただけますでしょうか？ ていねい

☞電話をかける側の表現です。電話を受けた人に、ボイスメールに残す操作をお願いしています。

When I am unavailable to take your call, please leave a message on my voicemail.

もし電話に出られない場合はボイスメールを残してください。

☞あらかじめ録音しておく表現です。電話をかける側は、このメッセージが流れた後に
メッセージを言ってボイスメールに残します。

06 トラブル

ビジネスでは番号を打って電話をかける機会がまだ多いです。電話番号を間違えたときのお詫びの仕方を覚えておきましょう。英語が聞き取れない場合はその原因を相手に伝え、対処してもらいます。リモートワークで電話をかけている最中にトラブルに見舞われることもありますので、そのための表現を知っておきましょう。

きほんの き

→電話のかけ間違いは正直に伝えます
→分からないことはすぐに確認を
→インターネットや Wi-Fi 環境などの不調をがあれば、簡潔に伝えます

番号を間違えた

track [30-01]

You had the wrong number. / You've got the wrong number.

番号をお間違えです。

☞電話を受ける側の表現です。遠回しなニュアンスではなく、直接的な言い方です。

You must have the wrong number.

番号をお間違えでないでしょうか。

☞電話を受ける側の表現です。助動詞 must を使うことで、「間違った」というニュアンスを和らげています。

You've reached JT Corporation.

こちらは JT コーポレーションです。

☞電話を受ける側の表現です。番号間違いが疑われる場合だけでなく、ボイスメールの冒頭でも使うことができます。

What number did you dial?

何番におかけになりましたでしょうか？

☞電話を受ける側の表現です。相手がかけた電話番号が何番だったかを尋ねています。

I had the wrong number.

番号を間違えました。

☞電話をかける側の表現です。

I had the wrong extension number.

内線番号を間違えました。

☞電話をかける側の表現です。

Extension 123, please.

内線番号 123 をお願いします。

遅い／早い時間帯にかけてしまった track [**30-02**]

Sorry to call you so late at night / Sorry to call you so early in the morning.

夜遅い／朝早い時間に電話して申し訳ありません。

☞電話をかける側の表現です。主に、時差の計算を間違えて電話をかけた場合に使います。リモートワークの場合には、国内通話であってもお互いの生活時間が違うので使う機会があります。

時差 track [**30-03**]

Jakarta is two hours behind Tokyo.

ジャカルタは東京より 2 時間遅れです。

☞時差を伝える表現です。

Sydney is two hours ahead of Tokyo.

シドニーは東京より 2 時間早いです。

☞時差を伝える表現です。

ゆっくり／大きな声で

track[30-04]

Would you speak a little bit more slowly, please? <small>ていねい</small>

もう少しゆっくり話していただけますか？

Could you please speak a little louder? <small>ていねい</small>

もう少し大きな声で話していただけますか？

☞Could you please speak up? と言い換えることもできます。

I can barely hear you.

ほとんど聞こえません。

I am speaking at full volume.

声を張り上げて話しています。

もう一度

track[30-05]

Sorry, I didn't catch your name.

すみません、お名前を聞きそびれました。

☞これだけ言えば、すぐに名前を繰り返してくれるでしょう。

Sorry, but could I have your name again? <small>ていねい</small>

すみません、もう一度お名前をお願いします。

☞電話を取り次ぐだけのときに便利な表現です。メモを取るのなら、名前のスペルを確認しておきましょう。

Would you repeat that one more time? <small>ていねい</small>

もう一度繰り返していただけますか？

英語の分かる者に代わる

track[30-06]

I will connect you to someone who can speak English.

英語の分かる者に代わります。

途中で切れた

Sorry, my internet connection was lost halfway through.

すみません、途中でインターネット接続が切れてしまいました。

☞社内環境と比べ、自宅のネット環境が不安定で通話が途中で途切れてしまう場合に使う表現です。

She hung up on me. カジュアル

彼女に電話を切られた。

☞口論になって相手に電話を途中で切られた状況です。ビジネスではこのような状況にならないようにしましょう。

電波が悪い

Seems like I have bad reception.

電波が悪いようです。

☞Wi-Fi環境をはじめ、電波が弱いときに使える表現です。

充電切れ

My battery is nearly out.

充電が切れそうです。

☞携帯の充電が切れそうなときに使います。

Column
7

訳すことが難しいその言語独自の表現

　私の好きな本に『翻訳できない世界のことば』というものがあります。その
タイトルの通り、世界の言語で他の言語に訳せない概念や自然現象、気持ち
などを紹介した本です。日本語では「木漏れ日」や「積ん読」という言葉が
紹介されています。言語はその国の文化や風習、気候や歴史と切っても切れ
ない関係にありますので、翻訳できない言葉は探せばいくらでもあります。こ
うした翻訳できない言葉はその国の特徴を知るのに大きな手がかりとなります。
本書を作成するにあたっても日本語から英語への翻訳に時間がかかるフレー
ズがいくつかありました。

　たとえば、「よろしくお願いします」や「お世話になっています」は他の言
語に訳すことが難しい日本語独自の表現です。これらの言葉の本当の意味を
理解してもらうには、土居健郎著の『甘えの構造』をはじめ、さまざまな日本
社会論や文化論を読む必要があります。また、本書には「うちは毎月お小遣
い制です」（第 9 章）というフレーズが出てきますが、これも日本社会におけ
る夫婦関係や家計管理の習慣などが反映されており、英語で訳すことがとて
も難しくなります。「日本社会では平穏を保つために『空気を読む』ことが大
事だと言われています。」（第 9 章）も「空気を読む」を英訳しただけでは不
自然なため、その説明をフレーズに追加しました。

　さて、上記でご紹介したフレーズはどんな風に英語に訳されているでしょう
か。ぜひ探してみてください。

『甘えの構造―増補普及版』（弘文堂、土井健郎、2007）
『翻訳できない世界のことば』（創元社、エラ・フランシス・サンダース、前
田まゆみ）

英語の発音、どう考えますか？

　英語の発音について、皆さんはどのような考えで学習していますか。発音に関して、英語教員の間でもスタンスはいろいろで、発音をできるだけネイティブスピーカーに近づけるべきだと考える人もいますし、それほど重視していない人もいます。今これを読んでいる人のなかにも、さまざまな考えの人がいるでしょう。

　発音を「よく」したいという人は、徹底的に練習してください。練習で発音は変わります。一つひとつの母音・子音から、文全体のイントネーションまで英語独自のリズムや音を真似できるように何度も繰り返し音読することをおすすめします。本書の活用法としては、音読練習を重ねた後に定期的に同じ箇所を録音し、発音の変化を振り返ることも効果的です。発音トレーニングの書籍も参考になります。例えば静哲人先生の「絶対発音力『マトリックス方式』で脱日本人英語」は、ひらがなやカタカナを使って発音を徹底的に、体系的に練習できます。

　発音は通じれば気にしないという人、それはそれでアリだと思います。英語は世界の共通語という考えからすると、さまざまなアクセントの英語があることは自然なことだからです。ヒンズー語訛り、スペイン語訛りと、英語の訛りは多様で、むしろその人の個性となっています。日本語訛りの英語も自分の個性の一つと考えることができます。

　ちなみに、普段大学生に英語を教えている私は、学生にいつも「ネイティブを目指す必要はないけれど、相手に聞きやすい、理解しやすい発音をすることで、誤解やコミュニケーション齟齬を避けられます」と伝えています。

『絶対発音力「マトリックス方式」で脱日本人英語』（ジャパンタイムズ、静哲人、2009）

Chapter **5**

会議

準備

対面会議と比較すると、リモート会議では事前の確認事項が多くなります。リモート会議ではまず互いに接続に問題がないかを確認しましょう。その他にも操作や発言の方法、ファイルの送り方など細かな点を伝える必要がでてきます。この章のフレーズを使いながら、スムーズな会議進行を目指しましょう。

きほんの き

→接続がうまくいかないことも想定した上でリモート会議を始めましょう
→リモート会議では依頼や指示を明確に伝えましょう

∩ 会議についての確認　　　　　　　　　　　　　track[**31-01**]

We will use Google Meet for the meeting this time.
今回の会議は、Google Meet を使います。

Could we have an online meeting?　　　　　ていねい
会議はオンラインでもよろしいでしょうか？

☞対面の場合は face-to-face meeting や in-person meeting です。

We will send the meeting information and the Zoom link by e-mail.
会議の予定と Zoom のリンクをメールで送ります。

Click the following URL at 3 p.m. on the 10th.
10 日の 15 時に次の URL をクリックしてください。

予定の確認・変更　　　　　　　　　　　　　track[**31-02**]

Can we have the meeting in the morning?
会議は午前中でいいですか？

☞「正午に」は at noon、「午後に」は in the afternoon、「夜に」は in the evening をつけましょう。

I may have another meeting in the afternoon.

午後には別の会議が入るかもしれません。

Can we have the meeting from 10 a.m.?

会議は午前 10 時スタートでいいですか？

Can we start at 10:15 instead?

10 時 15 分スタートにしてもらえますか？

☞instead をつけると「代わりに」という意味になり、変更後の時間を提案している表現になります。

∩ 接続の確認

track〔31-03〕

Can you hear me?

聞こえますか？

Can you see me?

見えますか？

☞Chapter 2 でも言及していますが、「見えますか？」「聞こえますか？」といった表現はリモート会議冒頭のあいさつの表現としても使われます。

Please unmute your mic.

マイクをオンにしてください。

☞unmute は mute（〜の音を消す、〜を消音設定にする）の対義語です。

May I stop the video?

ビデオを止めてもいいですか？

☞video は「ビデオテープ」のことだけではなく、「映像」や「動画」の意味でも使われます。

Do you mind if I keep my camera off?

カメラオフのままでもいいですか？

☞画面オフのままで会議に参加したい際は、このように遠慮なく聞いてみましょう。

I have so many video-on concerns.

映像をオンにするには懸念がたくさんあります。

ていねい

You are not allowed to audio/video record this meeting.

この会議は録音・録画禁止です。

☞confidential（内密の）な会議の場合、これを冒頭で伝えるのを忘れないでください。

Please stop the video and mute the mic when you are eating.

食事しながら参加する人はビデオとマイクをオフにしてください。

☞オフにすると言いたいときには映像の場合は stop を、音声の場合は mute を使ってください。

Is anybody having connection problems right now?

今のところ接続に問題はないでしょうか？

Sugiyama-san! Your mic is muted.

杉山さん、マイクがオフになっていますよ。

Ms. Martin! I can barely hear you. Please get closer to the mic.

マーティンさん、声が遠くて聞こえません。もう少しマイクに近づいてください。

入室

track[**31-04**]

Where is the screen?

スクリーンはどこにありますか？

☞スクリーンの前は着席できないので、入室後に資料を映すスクリーンの位置を確認しています。

I had a hard time finding the meeting room.

部屋が分かりにくかったです。

Where would you like to sit?

どちらに座られますか？

Is this seat taken?

この席はどなたかいらっしゃいますか？

That seat over there is available.

あちらの席が空いていますよ。

Could you please move over a little bit more?

もう少し席を詰めていただけますか？　　　　　　　　　　　　　　ていねい

☞move over は「席や列などを詰める」という意味です。ていねいに頼んでみましょう。

Could you please move your bag?　　　　　ていねい

鞄をどかしていただけますか？

☞これも Could you please move over a little bit more? 同様、ていねいに頼みましょう。All the seats are filled.（席が埋まっているから。）を理由として言ってもいいかもしれません。

All the seats are filled.

もうすべて席が埋まっていますね。

☞「（飛行機などの）席が満席」と言うときにも使えます。

進行

短いものから長いものまで、会議の時間はさまざまです。このセクションでは、開始から議題の説明、配布資料、投票、そして締めまで会議の進行通りの順序で紹介しています。司会を任された場合に大切なのは、今は何を話している時間であるのかを参加者に明確に伝えることです。

きほんの き

→参加者に、これから何をするのかを明確に示しましょう
→リモート会議で使うツールの各機能の英語名称をチェックしておきます
→終了時間がきたら途中でもなるべく会議を終わらせるようにしましょう

会議を始める

track [32-01]

Thank you for taking the time to attend this meeting. I know you've been extremely busy.

大変お忙しいところ、この会議にお時間を割いていただきありがとうございます。

☞参加者への感謝の気持ちを伝えるところから会議を始めると、和やかな雰囲気作りができます。

Let's get started.

それでは会議を始めましょう。

It's 2 p.m. Let's get started.

14 時になったので始めましょう。

∩ Could you make me a co-host?

ていねい

私を共同ホストにしてください。

☞カジュアルに言いたいときは Can you ...? にしてみましょう。

You can enter and leave as you please.

入退室自由です。

☞as you please は「お好きなように」という意味で、イベント・施設・駐車場などで「入退室（場）自由」を説明するときに使われるフレーズです。

If you have any comments or questions, please raise your hand before speaking.

意見や質問のある方は挙手をしてから発言してください。

If you have any comments, please wait until after the report is finished.

ご意見のある場合は報告が終わってからにしてください。

The report will be followed by a Q&A session.

報告の後、質疑応答の時間を設けています。

Please click the "Raise Hand" button when you wish to speak.

発言の前に挙手ボタンを押してください。

Please use the chat function if you have any questions or wish to make any comments.

質問やコメントはチャットにてお願いします。

Chapter
5

会
議

If you want to share your opinion, please use the chat.

意見を共有したいときにはチャットをご利用ください。

Your comments are welcome in the chat room.

ご意見はチャットで受け付けます。

Make sure to send a public message, so everyone can see it.

全員が見られるように、チャットでは全員宛になっていることを確認してください。

☞public は「全員宛の」という意味で使われています。

If you have any comments about the schedule, please click the "Raise Hand" button.

スケジュールについてご意見のある方は挙手ボタンを押してください。

Please talk via Zoom even when you are in the same room.

同じ部屋にいる人でも Zoom を通して話してください。

☞複数の人が同じ部屋にいて、1つのパソコンを共有してリモート会議をすると画面の
向こうの相手が聞き取りづらいことがあります。その場合に使うフレーズです。

議題   track [**32-03**]

The main item on the agenda for today's meeting is the relocation of the store.

今日の会議の議題は店舗の移転についてです。

☞agenda は「（会議での）議題、協議事項」のことです。「政治における課題」とい
う意味でも使われます。

Thank you for gathering here today to plan the implementation of our emergency project.

本日は緊急プロジェクトの実施計画のために集まっていただき、ありがとうございます。

There are many items on the agenda for today's meeting.

今日の会議は議題がたくさんあります。

Today's agenda is very important for our project.

今日の議題はわれわれのプロジェクトにとってとても重要です。

Now, let's move on to the next item on the agenda.

では次の議題に移りましょう。

Next, there will be a report on the campaign.

次は、キャンペーンについての報告です。

Mr. Kumere will make a motion on the budget for this fiscal year.

今会計年度の予算案についてはクメールさんから発議していただきます。

☞fiscal year の fiscal は「会計の、財政の」の意味です。

資料配布　　　　　　　　　　　　　　　　　　track[**32-05**]

Please take a handout.

配布資料をお取りください。

Table A shows the budget.

資料 A は、予算表です。

☞「予算（表）」は budget です。「予算以上」は over budget で「予算以下」は under budget になります。

Please take a look at the report at hand.

お手元の報告書をご覧ください。

Here is the new office layout. Let me share my screen.

新しいオフィスの間取りを画面共有します。

I will share the material in the chat.

資料をチャットで共有します。

I sent the file by chat.

ファイルをチャットで送りました。

Could you authorize me to view and edit the file?

資料の閲覧編集権限を私に与えてください。

☞authorize〈人〉to *do* は「〈人〉に〜する権限を与える」という意味です。

I will send the link for the material in the chat.

資料のリンクをチャットでお送りします。

Chapter
5

会
議

At today's meeting, we made the decision to take part in the Medical Expo next fiscal year.

本日の会議では来年度の医療 Expo への出展を決議とします。

Those in favor, please raise your hands.

賛成の方は挙手をお願いします。

∩ Press either the "For" or "Against" button.

賛成・反対どちらかのボタンを押してください。

ブレイクアウトルーム（breakout room）は、BOR と略され、個別のグループに分かれて他の参加者と話ができる機能のことです。Zoom などで利用できます。

I am going to split participants into breakout rooms.

メンバーをブレイクアウトルームに分けます。

Press the "Join" button when you are invited by the host.

ホストから招待されたら「参加」ボタンを押してください。

You have been assigned to Breakout Room 3.

ブレイクアウトルーム3番に割り当てられていますよ。

☞be assigned to で「～に割り当てられる」という意味です。「（どこかの部署）に配属される」という意味でも使うことができます。

The host can set up Breakout Rooms so that participants can self-select rooms.

ホストは、参加者が自分でブレイクアウトルームを選ぶ設定にすることもできます。

You can invite the host to the breakout room by pressing the "Help" button.

ヘルプボタンを押せば、ホストをブレイクアウトルームに招待することができます。

Click "Leave Breakout Room" and you will return to the main room.

「ブレイクアウトルームを退出」をクリックすれば、メインルームに戻れます。

☞「クリックすれば」の「すれば」は and で表すことができ、動作の連続性を意味します。

Allow me to rearrange the participants among different breakout rooms.

ブレイクアウトルームの参加者を入れ替えるかもしれません。

What message did the host broadcast?

ホストは何というメッセージを全員に伝えましたか？

☞broadcast は「（テレビやラジオ番組）を放送する」という意味ですが、この場合は「〜を配信する」という意味で使っています。

投票 track [32-08]

Participants should use the "Poll" feature to cast their votes.

投票するには参加者は投票機能を使ってください。

Now, let's take the poll. Press the "Send" button after selecting one of the choices.

今から投票を行いますので、選択肢のなかから1つ選び、送信ボタンを押してください。

Half of the voters answered "yes" to the question.

投票した人の半数がその質問に対して「はい」と答えました。

Now, I'll launch the poll.

それでは、投票を始めます。

☞この場合の launch は「〜を起動する」という意味で使われています。「投票システムを起動しますよ」という意味合いです。

I am about to stop the poll.

そろそろ投票を終わります。

☞be about to do で「〜をするところだ」という意味になります。日常でもよく使われるイディオムです。

Let me share the poll results.

投票結果を共有します。

Looks like it didn't go well. Let me restart the poll.

うまくいかなかったようなので、もう一度投票します。

☞go well は「うまくいく」。汎用性の高いイディオムです。

Please answer the polling questions.

投票の質問に答えてください。

休憩　track[32-09]

We will have a ten-minute break later.

後ほど 10 分間、休憩をはさみます。

Let's take a break. We will resume the meeting in fifteen minutes.

今から休憩を取りますので、15 分後に始めましょう。

☞resume は「〜を再開する」。continue も同じような意味で使えます。

Why don't we take a break?

休憩を取るのはいかがでしょうか？

議事録作成と送付　track[32-10]

I will send the minutes later by email.

議事録は後ほどメールでお送りします。

☞「議事録」は minutes と言います。「議事録を取る」は take the minutes です。

I'll share the link for the minutes later.

議事録のリンクは後ほど共有します。

次回の会議の案内

track [32-11]

The next meeting is scheduled for July 30th.
次回の会議は 7 月 30 日の予定です。

☞「〜に予定されている」と言うときは be scheduled for です。

🎧 I'll send the Zoom link for the next meeting.
次回の会議のリンクを送付します。

会議を終了する

track [32-12]

The meeting is about to finish.
そろそろ終わります。

If you'll excuse me, I have another appointment.
【ていねい】

次の予定があるので失礼します。

☞最初に excuse me と伝えることによって、ていねいな印象を与えられます。

Looks like it's going to take a little longer.
もう少しかかりそうですね。

Let's save it for the next time.
時間がないので次回また話しましょう。

☞save は「(将来のために)〜を取っておく」という意味です。

I'm glad we were able to have a constructive discussion.
建設的な話し合いができて嬉しいです。

☞constructive(建設的な)以外に fruitful(実り多い)も使えます。

Thank you.
ありがとうございました。

Thank you so much for your time.
【ていねい】

お時間をいただきどうもありがとうございました。

Chapter
5

会
議

03 報告・意見・交渉

報告や審議をする会議では、相手の気分を損ねることなく思ったことをはっきりと伝えるなど、高度なコミュニケーション能力が必要になります。母語でも難しく感じる人も多いでしょう。フレーズを何度も使って、英語での交渉力を身につけてください。

きほんの き

→賛成も反対も、自分の意見をはっきりと伝えましょう
→反対するときや異論を伝えるときこそ言葉をつくしましょう
→話についていけないときは、それを伝えることも大事です

意見を求める

track [**33-01**]

Please let me know your thoughts on the contract.

契約についてのご意見をお聞かせください。

I'd like to hear your opinion on the matter.

本件に関するあなたの意見が聞きたいです。 ていねい

What do you think?

カジュアル

あなたはどう思いますか？

☞カジュアルに相手の意見を聞くフレーズです。この後「〜について」と言いたいときには think の後に about と続けてください。

With regard to this topic, why don't we discuss it in a small group?

ていねい

このトピックについて、少人数のグループで話しましょうか？

報告する

track [**33-02**]

First, I'd like to report on the latest developments regarding our situation. [ていねい]

まず、最新の進捗の状況についてご報告します。

I'd like to present the sales report for the first half of the fiscal year. [ていねい]

今年度上半期の売り上げ報告をいたします。

☞「～の上半期」は the first half of で「～の下半期」は the second（または later）half of になります。

I would like to report on the results of the negotiations with Company K that took place last week. [ていねい]

先週行われた K 社との交渉の結果について報告いたします。

賛成する

track [**33-03**]

I agree, it's an excellent idea.

とてもいい案なので賛成です。

I think that idea sounds very reasonable.

その案はとても合理的だと思います。

☞reasonable は「合理的な」という意味ですが、日本語で「筋が通っている」と言いたいときにも使えます。

反対する

track [**33-04**]

It's hard to say it's the best idea.

これが最良の案だとは言い難いですね。

☞the best idea の idea の代わりに plan、situation、result、choice と言うこともできます。

I am against it because the risks are too high.

リスクが大きすぎるので反対です。

☞リスクが低いときは low risk で、リスクがないときは no risk です。

Chapter
5

会議

I think it's too risky.

カジュアル

リスクが大きすぎると思います。

I think it's too difficult in terms of our budget.

予算の観点から、それは難しいと思います。

☞in terms of で「〜の観点から」という意味になります。

説得する

track [**33-05**]

Let me explain how I came to that conclusion.

なぜそのような考えに至ったのか説明させてください。 ていねい

Since it may sound a little abstract, let me give you a concrete example.

ていねい

少し抽象的なので具体例とともにご説明します。

☞「抽象的な」は abstract、「具体的な」は concrete です。また、vague（ぼんやりとした）の反意語は specific（詳細な）になります。

I will wait for the next chance.

私は次の機会を待ちます。

☞計画を先送りにしたり、アイデアが通らなかったりしたときに言うと、相手に前向きな気持ちになってもらえそうですね。

Let's wait a while before drawing a final conclusion.

最終結論を出すのはもう少し待ちましょうか。

Let me present this as an alternative idea.

代わりにこのような案はいかがでしょうか。

☞alternative は「別の、代わりの」という意味です。文脈によっては「新しい」という意味にもなります。

This is hypothetical.

これは仮定の話です。

☞hypothetical は名詞 hypothesis（仮説）の形容詞です。話のはじめに hypothetically speaking と言うと「仮定の話で言うと」という意味になります。

譲歩する

It would probably be best to adopt that idea this time.

`ていねい`

今回はそちらの意見を採用した方がよさそうですね。

We can be flexible in terms of your schedule.

こちらはそちらのスケジュールに柔軟に対応できますよ。

We will adopt your idea this time.

今回はそちらのアイデアを採用します。

I will leave it to you.

あなたにお任せします。

☞ここでの leave は「任せる」という意味です。「(業務などを)あなたに残しておきますね」というイメージです。

質問をする／質問に答える

May I ask you a question?

`ていねい`

質問してもよろしいでしょうか？

☞質問をする前にこのフレーズを使うとマナーがいい印象を与えることができます。

I would like to ask you something.

`ていねい`

お尋ねしたいことがあるのですが。

I have a question.

質問があります。

☞同僚や親しい間柄ではこのようにシンプルに言うこともできます。

Let me answer the question for you.

その質問にお答えします。

Let me answer your question.

`カジュアル`

その質問にお答えします。

I will answer your question on behalf of Mr. Yuan.

ユアンさんに代わって私がお答えします。

☞on behalf of は「～に代わって」の意味です。

Excuse me. Please say that again.

すみません、もう一度お願いします。

Is my understanding of this correct?

これについての私の理解は正しいでしょうか？

Sorry to interrupt you.

お話に割り込んでしまってすみません。

☞interrupt は「～を邪魔する、中断する」です。話に割り込むときには、このフレーズを使うといいでしょう。

Let me summarize what we have discussed so far.

これまで話し合ったことを要約させてください。

☞summarize は「～を要約する」で、「要約」は summary です。

人事

track [33-08]

They accepted the position.

採用を受けてくれました。

Shall I show you their résumés?

彼らの履歴書を見せましょうか？

☞résumé は「履歴書」のことです。curriculum vitae とも言います。

One is on the reserve list.

1人だけ補欠リストにあがっています。

☞reserve list はもともと「スポーツの補欠選手のリスト」のことですが、このような場合にも使われます。waiting list という言い方もあります。

Mr. Forsythe is a new addition.

フォーサイス氏が新採用です。

We have two vacancies.

空きのポジションが 2 つあります。

We had 150 applicants.

150 名の応募がありました。

☞apply が「申し込む」なので、applicant は「応募者」です。job applicant とも言います。

好き嫌いを言う

track [33-09]

It feels right to me.

それで間違っていない気がします。

☞feel はこの場合「〜のような感じがする」という意味になります。right の他にも good、wrong、strange などが使えます。

I don't like that situation very much.

その状況があまり好きではありません。

☞「あまり好きではない」と言うときに便利なフレーズです。

If you asked me if I loved this product or hated it, my answer would be "I love it!"

私がこの商品を好きか嫌いかと聞かれれば、その答えは「大好き」です。

Do I like this product? Of course I do!

カジュアル

この商品が好きかと言われれば、もちろんそうです。

☞1 つ前のフレーズもそうですが、英語では意見を言うときに自問自答式で答えるレトリックがよく使われます。

There is nothing I hate more.

カジュアル

これ以上嫌いなものはありません。

☞「他に嫌いなものがない程嫌い」という意味です。hate は強い表現なので、ジョークとしてはともかく、真剣なトーンで人や誰かのアイデアに対して使うとその人を傷つけてしまう可能性があります。使い方には気をつけましょう。

相手の話が理解できないときの確認方法 track [33-10]

Could you explain it to me more specifically?

もっと具体的に説明していただけますか？　<ていねい>

Could you put it in simple terms, please? <ていねい>

もう少しやさしい単語で言い換えていただけますか？

☞term は「用語」や「言い方」のことです。分からないことがあれば、なるべくその場ではっきりさせておきましょう。

Some of the terminology is very technical; could you please explain it to me in plain English? <ていねい>

用語がとても専門的なので、もう少しやさしい英語でご説明いただけますか。

検討したいと伝える track [33-11]

Please give me some time to consider it.

これについてはもう少し考える時間をください。

I'll check with my boss.

一度上司に確認してみます。

04 トラブル

対面でもリモートでも会議にトラブルはつきものです。状況を把握し、相手に伝えましょう。時間だけが経ってしまい焦ることもありますが、落ち着いて対処することで相手の信頼を得るチャンスにもなります。

きほんの き

→まずは何が起こっているのかを相手に伝えましょう
→ときには言い訳も必要です
→待ってくれている相手に対して感謝や謝罪を述べましょう

会議に遅れる・移動中 　　　　　　　　　　　　　track[34-01]

Sorry. I am going to be late for the meeting.
すみません、会議に遅れます。

It looks like Ms. Suzuki has not arrived yet.
まだ鈴木さんが来ていないようですね。

🎧 I'm on my way right now, so I'm taking part by cell phone.
今移動中なので、スマホで参加しています。

☞cell phone はアメリカ英語で、mobile phone はイギリス英語でよく使われます。be on one's way は「向かっている途中だ、移動中だ」のこと。

Sorry if I get disconnected.
切れたらごめんなさい。

☞sorry if ... は「…だったらごめんなさい」という便利な表現です。ていねいに言いたい場合は I apologize ... を使いましょう。

The reception is pretty bad here.
ここは電波が結構悪いです。

☞reception は「電波の受信状況」のことです。connection でも通じます。

Chapter
5

会議

I deeply apologize for not bringing the handouts from my office. ていねい

申し訳ございません。オフィスから配布資料を持ってくるのを忘れてしまいました。

I'm afraid we don't have enough copies of the handouts.

申し訳ないですが、配布資料の部数が足りません。

I forgot my pen. Can I borrow one?

ペンを忘れたので貸してくれませんか？

☞「〜を借りる」は borrow です。「〜を貸す」は lend や loan といった単語が辞書を引くと出てきますが、これらは金銭が関わる場面で使われることが多いようです。自分のものをそのときだけ誰かに無料で貸すときは You can use my ...（私の…を使ってください）がよく使われます。

パソコン設定のトラブル　　　　　　　　　　　　　　track[**34-03**]

It's taking a while to boot up my computer.

コンピューターの立ち上がりに時間がかかっています。

☞「（パソコン）を起動する」は boot up です。

The virus check system has been activated on my computer.

コンピューターのウイルス探知のシステムが起動してしまいました。

☞「（システムや装置などを起動させる」は activate です。

This connector doesn't match with my PC.

このコネクターは私のパソコンに合わないです。

May I reboot my laptop? ていねい

パソコンを再起動してもよろしいでしょうか？

☞reboot で「〜を再起動する」です。laptop は「ノートパソコン」のことです。机に置くデスクトップ（desktop）に対して、膝（lap）の上に乗せて使うからです。

♪ Zoom のリンクが見つからない

track[**34-04**]

Would you send me the Zoom link again? I can't find your message. ていねい

Zoom のリンクが見つからないので再度送っていただけますか？

♪ 音声の乱れ

track[**34-05**]

Your voice is choppy. I can't hear you well.

音声が途切れて聞こえませんでした。

☞「〜を切り刻む」という意味の動詞 chop の形容詞 choppy を使うことで、声が途切れ途切れであることを言い表せます。

Your voice is echoing. I can't hear you very well.

声が反響して聞きづらいです。

♪ 映像の乱れ

track[**34-06**]

For some reason the network is unreachable right now.

今、なんらかの原因でネットワークにつながりません。

The video was frozen.

映像がフリーズしてしまいました

☞日本語で「フリーズする」と言いますが、英語から来た表現ですね。frozen は freeze（凍る）の形容詞です。

The video froze, so I couldn't see things very well.

映像がフリーズしていてよく見えませんでした。

Let's pretend we didn't see it.

今のは見なかったことにしてください。

Chapter
5

会
議

185

I'm sorry I accidentally shared something inappropriate.

不適切なものを共有してしまって申し訳ありません。

☞ここで重要なのは accidentally（偶然に）という副詞です。「故意に」は intentionally になります。

I didn't mean to share it with you.

これを共有するつもりはありませんでした。

🎧 画面共有ができない／重くなる track[34-07]

I can't share my screen.

画面がうまく共有できません。

The file is too large and too heavy.

ファイルが大きく、重くなってしまいました。

The file is too large to open.

ファイルが大きすぎてうまく開けません。

トラブルに対する謝罪 track[34-08]

Excuse me.

失礼しました。

It was my bad. カジュアル

私のせいです。

☞もっとカジュアルに言いたいときは My bad. だけでも通じます。It was my fault. でもいいですが、より責任を認めた印象になります。

My apologies for the inconvenience.

ご不便をおかけして申し訳ございません。

☞システムがうまく使えないときや資料がないときなど、汎用性の高いフレーズです。接客業でもよく使われています。

Thank you very much for your patience. （ていねい）

お待ちいただきありがとうございます。

☞patience は「辛抱」ですので、「あなたのご辛抱に感謝いたします」ということにな
ります。

Chapter

5

会
議

05 会議のひと言フレーズ

このセクションでは会議で使えるひと言フレーズを紹介します。議論が白熱すると、自分の感情や意見を慎重に相手に伝える必要がでてきます。肯定的な発言だけではなく、ときには相手を批判することもあるでしょう。自分の気持ちを伝えられるさまざまな表現を試してみてください。

きほんの き

→まずは短くて覚えやすいフレーズから試してみましょう
→イントネーションが大事なので音声もぜひ聞いてください
→言い方によってはケンカ腰に聞こえるフレーズもあるので注意しましょう

やる気を引き出す
track [35-01]

Let's go over this again.

このことについてもう一度考えてみよう。

Any takers? / Any volunteers?
カジュアル

やってみたい方はいますか？

☞taker は「リスクをおかす人」、volunteer は「自発的な人」という意味です。

Everyone, we have to stay focused.

みんな、気持ちを集中させましょう。

☞「みんな」を表すカジュアルな言い方では you guys（男性も女性も含めて）もよく使います。stay focused は「集中を切らさない」です。

Let's take a shot at it!

やってみましょうか!

Let's give it a try.

やってみましょう。

☞give ... a try という表現はよく使われます。たとえば、スカイダイビングに挑戦してみたいときに、I want to give skydiving a try. と言えます。

You sometimes have to take chances.

時には賭けに出なくては。

☞take chances は「(よい結果を望んで) 賭けに出る」という意味です。

Take your time.
カジュアル

焦らないで。

Allow yourself some time.
カジュアル

じっくりやって。

It's worth a shot.

やってみる価値はあります。

Go for it!
カジュアル

がんばれ!

☞日本語ではよく使われる「がんばれ」ですが、まったく同じニュアンスの英語はありません。go for it は比較的「がんばれ」に近い表現ですが、「気にせずやってみて」の意味もあります。

Nothing is ever 100 % guaranteed.

100% などあり得ません。

☞直訳すると「何も 100% ではない」ということです。

努力する
track [35-02]

We make the utmost effort.

最大限の努力をしましょう。

☞utmost は「究極の、極限の」、effort は「努力」です。

We will make our best effort.

最善の努力をしましょう。

Let's do our best.

最善を尽くしましょう。

うまくいくことを祈る

track[**35-03**]

It will work for us.

きっとうまくいくでしょう。

☞work はシンプルな単語ですが、たくさんの意味があります。そのなかの一つが「うまくいく」です。人間関係のほか、状況、事柄、物にも使えます。

Nothing can go wrong.

失敗する訳がありません。

☞go wrong は「うまくいかない」という意味です。反対に、うまくいくときは go well です。Everything goes well. は「すべてうまくいく」になります。

It will work out.

きっとうまくいきます。

☞いろいろな場面で使えるフレーズです。「大丈夫でしょう」や「それでいいと思う」のような意味でも使えます。

Let's hope for the best.

最善を祈りましょう。

We'll see.

様子を見ることにしましょう。

☞We'll see と言うことで「そのうち見える、分かる」という意味になります。

心配ない

track[**35-04**]

There is nothing to worry about.

懸念は何もないです。

不安を感じる

track[**35-05**]

I have a bad feeling about this.

このことがどうも気になります。

☞「なんとなく嫌な予感がする」というニュアンスです。

I'm concerned about this case.

今回の件が気になっています。

☞動詞 concern は「〈人〉を心配させる」という意味で、名詞 concern は「心配事」や「懸念」の意味。

I feel so uneasy.

とても不安に感じています。

☞心理的な不安を表現したい場合は uneasy の他にも、I feel so anxious. のように anxious も使えます。

お願いする

Help.

助けて。

カジュアル

Help me.

私を助けて。

カジュアル

Help me out.

ぜひ助けて。

カジュアル

Fill me in.

説明して。

カジュアル

Don't bother.

気にしないで。

カジュアル

Chapter
5

Do me a favor.

お願いがあります。

カジュアル

会議

I need a favor.

お願いがあるのです。

Believe me.

信じて。

カジュアル

Trust me.

信用して。

カジュアル

Am I asking too much?
お願いしすぎかな？

It that too much to ask?
お願いしすぎてますか？

It's your call.
あなたが決めて!

Keep it straight.
はっきりさせよう。

Keep your eyes on me.
見てて!

Keep your eyes open.
しっかり（目を見開いて）見てて。

I can't hear you.
聞こえません。

Speak up!
はっきり言って。

Will you speak louder?
大きな声で言ってくれる。

Keep your voice down.
小さな声で。

Let's be honest.
正直に。

Listen.
よく聞いて。

Listen to me closely.
しっかり聞いていてね。

Listen to me carefully.
よく聞いていてね。

Tell me you did.
あなたがやったと言って。

Tell me you didn't.
やらなかったと言って。

Go ahead.
お先にどうぞ。

You go first.
どうぞ。

After you.
お先に。

I insist!
ぜひお願いします。

Picture it!
想像してもみてよ!

I need to take a moment.
時間をください。

I need a few more minutes.
少し時間をください。

Let me finish.
最後まで言わせてください。

I'm asking.
こうして頼んでるでしょ。

I said, "Please."
「お願い」って頼んでますよね。

Leave it to me.
私に任せて。

Let me.
私にやらせて。

緊張している

I have butterflies in my stomach.
緊張しています。

☞これは映画などでもよく聞くフレーズです。「お腹のなかに蝶がいます」なんて面白い表現ですね。悪い意味だけではなく、恋をしているときのドキドキ感などを表すときにも使われます。

I feel so nervous.
とても緊張しています。

同意する
track [35-08]

Probably. カジュアル
たぶん。

Perhaps. カジュアル
おそらく。

Of course. カジュアル
もちろん。

Actually. カジュアル
実際に。

Definitely. カジュアル
絶対に。

Certainly. カジュアル
確かに。

194

Absolutely.
カジュアル
もちろん！

Could be.
カジュアル
そうかもね。
☞Can be. より可能性の低い表現。

Can be.
カジュアル
そうかもね。

Maybe.
カジュアル
たぶんね。

Ditto.
カジュアル
同感だよ。

Me, too.
私も。

Right.
本当。

Uh-h.
カジュアル
だね。

OK.
カジュアル
オーケー。

Yeah.
カジュアル
そう。

YUP.
カジュアル
うん。

Seems so.
カジュアル
そうかも。

You could say that.
だろうね。

I can live with it.

それなら大丈夫。

☞直訳すると「それとともに生きていける」になります。

I should say so.

そうかもしれません。

If you say so.

そういうなら。

Sure. Whatever you say.

確かに。おっしゃる通り。

☞決定権を相手に委ねています。

I couldn't agree more.

まったく同感です。

I'm with you.

あなたの意見に賛成。

Probably will.

多分そうなるね。

That certainly is a possibility.

可能性はあるね。

That's my point.

それが私の言いたい点。

That's what I wanted to say.

それが言いたかった。

納得する

track [**35-09**]

I'm convinced.

納得しました。

☞convince は「〜を納得させる」です。相手の言ったことに対して、It's convincing.（説得力がありますね。）とも言えます。

It's possible.
あり得ますね。

It's reasonable enough.
十分妥当です。

納得しない track[35-10]

I'm not convinced.
納得がいきません。

☞前述したフレーズ I'm convinced. の否定形です。

You don't sound convinced.
納得がいかないように聞こえますが。

☞convinced は形容詞で「納得している」なので、「納得していないように聞こえる」ということになります。

優先順位を決める track[35-11]

We must determine our priorities.
優先事項を決めましょう。

We could let it wait for a while.
その件ならしばらくは大丈夫です。

Let's get this over with first.
まずはこれを片付けましょう。

☞get something over with は「(面倒なこと) を早くやってしまう、終わらせる」という意味です。

損得を伝える track[35-12]

It's a win-win situation.
両者が満足のいく状況ですね。

☞日本語でも「ウィンウィン」とよく言います。

This is a great deal.

とてもお得ですよ。

We can take advantage of that.

それを利用できますよ。

☞「(機会など)を利用する」という意味の take advantage of ですが、人に対して使うと「〜に付け込む、(悪い意味で)〈人〉を利用する」といった意味になります。

内密にする
track[35-13]

This is a private meeting.

これは私たちだけの会議です。

We need to speak in private.

内密の話があります。

Can I speak to you off the record?

ここだけの話をしたいのですが。

☞日本語では「オフレコ」と略されて使われていますね。「非公式の」という意味にもなります。

タイミングがよいことを伝える
track[35-14]

Good timing!

よいタイミングです。

You came at the right time.

ちょうどいいタイミングで来たね。

タイミングが悪いことを伝える
track[35-15]

Now would not be a good time.

今はちょっと無理なのですが。

☞Now is not the best time. より少しニュアンスが柔らかくなります。

Now is not the best time.

今はベストなタイミングではありません。

確認する

track [35-16]

Are you OK with this?

この件についてはこれでいいですか？

Making any progress?

進展はありますか？

☞progress は「進展」です。

Can I get that in writing?

書面でいただけますか？

☞後で揉めることのないように書面で残すことはビジネスの基本ですね。

Just for the record, ...

念のため言っておきますが、…

☞あらためて何かを確認したいときに使ってみましょう。

情報を公開する

track [35-17]

Let's lay it all out on the table.

すべてをさらけ出しましょう。

☞「テーブルの上にすべてを並べて置く」ということで、「情報をさらけ出しましょう」ということですね。

相手の考えに従う

track [35-18]

You're the boss.

カジュアル

あなたに従います。

☞言い方によっては投げやりに聞こえますので十分注意してください。諦めた感じにも聞こえます。決定権はあなたにありますよ、ということを冗談めかして伝えたいときなどに使えます。

I'm at your service.

ていねい

かしこまりました。

☞「なんなりとお申し付けください」というニュアンスです。

I have no particular objection.

特に異論はありません。

Chapter
5

会議

199

As you say.

おっしゃる通りに。

If you say so.

あなたがそうおっしゃるなら。

I don't really care.

【カジュアル】

どうでもいいです。

☞これもよく使われますが、「別に構いません」と相手に従うカジュアルな表現にもなりますし、上の訳のようにとても投げやりな感じにもなります。言い方とタイミングがすべてです。

話題を変える／会話を終わらせる

track【35-19】

Let's wrap this up.

まとめましょう。

☞この他にも wrap up は「（仕事など）を終える」という意味としても使われます。

Let's change the subject.

話題を変えましょう。

☞気まずい話題になったときにこのフレーズはとても便利です。にこやかに言ってみましょう。

I won't keep you long.

すぐに終わります。

There is nothing to discuss.

話し合うことなど何もありません。

☞このフレーズは使い方によっては高圧的にもなりますし、「議論の余地はありません」という意味にもなります。

That's final.

それで決まりです。

よくない状況であることを伝える

track [**35-20**]

It's going too far.
少しやり過ぎでは。

☞直訳すると「遠くに行きすぎている」ということです。

There is no quick fix.
簡単には解決できそうにありません。

後回しにする／決断を待つ
track [**35-21**]

Don't make any hasty decisions.
決断を急がないでください。

☞hasty は「性急な」です。

Let's save that for the next time.
それは次回にとっておきましょう。

Not so fast.
カジュアル

焦らないで。

☞前述の Don't make any hasty decisions. の hasty を使って、Don't be hasty. でも「焦らないで」となります。

We are not there yet.
まだまだですね。

☞「まだそこにはたどり着いていません」ということです。

For now, we should reserve judgment.
ここは決断しないでおきましょう。

☞ここでの reserve は「(判断) を保留する」という意味になります。

Chapter
5

会議

新たな視点を提案する
track [**35-22**]

Look at the big picture.
大局をとらえて。

Think outside the box.

常識にとらわれずに考えて。

☞「箱の外」つまり「既成概念の外で考えよう」ということですね。

Think of it this way.

こう考えてみてはどうでしょう。

☞どういう考え方がいいと思うかを続けます。

Let me give you a hypothetical.

こういう風にも考えられますよね。

☞hypothetical は「仮説の」「仮定の」です。

問題点の明確化 track[35-23]

Online is in, but in person is out.

オンラインはOKですが、対面はダメです。

☞in と out で「よい」と「悪い」を表現できます。「流行している／していない」という意味にもなります。

The design's not the issue, the budget is.

問題はデザインではなく、予算です。

☞このような表現を使うことによって何が問題なのかを明確に伝えることができます。

相手に自分の発言を聞いてもらう track[35-24]

大きなニュースがある、噂話をする、あらためて自分の考えを主張したいなどさまざまな状況で使えます。どれも表情や声のトーンなどで大きく印象が変わるフレーズです。

Listen. `カジュアル`

いい？

I have something to tell you. `カジュアル`

話があります。

OK? `カジュアル`

いい？

Let me tell you.
カジュアル
いいですか？

自分が正しい／正しかったことを主張する
track[35-25]

I'm telling you.
カジュアル
（信じられないかもしれないけど）本当だよ。
☞文脈によっては「私のことを信じてください」「あなたに教えてあげていますからね」
というような意味合いにもなります。

That's not what I said.
カジュアル
そんなことは言っていません。

I told you!
カジュアル
言った通りでしょ。
☞I told you so! とも言います。日本語でも同じですが、タイミングと言い方によっては
相手の揚げ足を取るような発言になりますので、気をつけてください。

お礼を言う
track[35-26]

Thanks.
カジュアル
ありがとね。

Thank you.
ありがとう。

Thank you so much.
本当にありがとう。

Thank you very much.
本当にありがとうございます。

Thanks a lot.
本当にありがとう。

Thanks a bunch.
カジュアル
本当にありがとう。

Chapter
5

会
議

Thanks a million.

カジュアル

この上なくありがとう。

Thank you so very much.

最高にありがとう。

That was very thoughtful.

ご配慮をありがとうございます。

I appreciate your time.

お時間をありがとうございます。

Thank you for your time.

お時間をありがとう。

Thank you for taking your time.

お時間を使わせてしまいました、ありがとう。

お礼への返事

track [35-27]

Anytime.

いつでも。

You're welcome.

どういたしまして。

You're more than welcome.

どういたしまして。

Thank YOU.

こちらこそ、ありがとう。

☞相手から Thank you. と言われて、「こちらこそ」というときの表現です。

You bet!

カジュアル

もちろん。

Sure.

はい。

Yes, likewise.

どういたしまして。

Same to you.

こちらこそ、ありがとう。

You made my day!

おかげでいい一日になりました。

相手の提案・考えを賞賛する

track [35-28]

Nice combination.

いい組み合わせですね。

That's a great idea!

素晴らしいアイデアです。

☞単に「よいアイデア」と言いたいときは good idea です。

That's a brilliant idea!

とても素晴らしいアイデアです。

I hadn't thought of that.

思いつきませんでした。

☞「あなたに言われるまで、そんなことを考えたことがありませんでした」という意味に
なります。

It's revolutionary!

これは革命的ですね。

☞「革新的な」と言いたいときは innovative です。ビジネスの場面で日本語でもよく使
われますね。

That's what I'm talking about.　カジュアル

そうそう、それですよ。

Very impressive!

感動的ですね。

Chapter
5

会
議

205

You're smart.

頭がいいですね。

☞「とても頭がいい」と言いたいときには brilliant を使ってください。おおげさに言いたいときには genius（天才）です。

This should solve the problem.

これで解決できますね。

No problem for me.

なんの問題もないですよ。

I think it's just right.

ちょうどいいと思います。

This is easy to do.

これなら無理なくできますね。

☞It's not difficult to do.（難しくないですね。）も同じような意味として使えます。

We can save a lot of money.

かなり節約できますね。

☞We can save time.（時間が節約できます。）や We can save space.（スペースが節約できます。）などもよく使われます。

It's economical.

経済的ですね。

☞economic（経済の）と間違えないように。

It's eco-friendly.

環境に優しいですね。

☞相手の提案や考えがどういいのかを具体的に表現できる単語を増やしていきましょう。

It's a great way to help people.

人助けにもなりますね。

Our boss will be pleased.

上司も喜ぶと思います。

This way is more practical.

この方法の方が実用的ですね。

☞practical は「実用的」です。realistic は「現実的」、appropriate は「適切な」に
なりますので応用してみてください。

It's going to work.

うまくいきそうですね。

This will be in time.

これなら間に合いますね。

☞in time は「間に合う」です。just in time は「ちょうど間に合う」です。

That's professional.

プロの仕事ですね。

It's your own unique idea.

あなたならではのアイデアですね。

相手の行動や発言をたしなめる　　　　　　　　　track [35-29]

Stop it!　　　　　　　カジュアル

やめ！

Cut it out!　　　　　　　カジュアル

やめて！

Chapter
5

Say no more.　　　　　　　カジュアル

発言はそこまで！

☞日本語でもそうですが、これら 3 つの表現をビジネスの場面で使うことは頻繁にはな
いでしょう。特に最初の 2 つは親が子どもを叱るときによく使われます。強い表現な
ので、状況によってはとても効果的なフレーズです。

会
議

Don't be silly.　　　　　　　カジュアル

ふざけるのはやめて。

☞相手が突拍子もないことを言い出したら笑いながら言ってみましょう。

This is as far as you can go.

このくらいにしておきましょう。

Just a word of caution. <small>カジュアル</small>

警告しておきます。

Save it. <small>カジュアル</small>

黙っていて。

☞相手の話をもうこれ以上聞きたくないと言うときに使う強い表現です。

Watch your mouth. <small>カジュアル</small>

発言には気をつけて。

☞映画ではこの発言をきっかけに、2人がより険悪になるシーンがよく出てきますね。

You miss the point. <small>カジュアル</small>

ピントがずれています。

☞直訳すると「要点を逃していますよ」という意味になります。

You lost me. <small>カジュアル</small>

何を言っているのか分からない。

☞「(あなたの)話についていけなくなった」というニュアンスです。

Don't panic! <small>カジュアル</small>

パニクらないでください。

☞相手がパニックになったら優しく言ってあげましょう。

Calm down. <small>カジュアル</small>

落ち着いて。

Don't disappoint me. <small>カジュアル</small>

がっかりさせないでください。

What happened to you? <small>カジュアル</small>

どうしちゃったの?

☞どちらかと言えば相手を心配する気持ちが込められています。「大丈夫?」のような
　意味合いです。

What's wrong with you?

カジュアル

どうしちゃったの？

You are on her side, aren't you?

カジュアル

彼女の味方をする訳ですね。

☞「〜の味方をする」は be on someone's side です。I'm on your side. で「あなたの味方です」の意味です。

He blew it.

カジュアル

彼のせいで台無しです

☞blew は blow の過去形で、「吹き飛ばした」つまり「台無しにした」と言う意味です。かなり相手を責めているニュアンスです。

You must be wrong.

カジュアル

違いますよ。

You must be mistaken.

勘違いではないですか。

☞これは一見したところ be mistaken が受動態に見えますが、be 動詞＋形容詞（mistaken）で「間違っている」になります。You must be wrong. より少していねいな言い方です。

Open up your mind.

カジュアル

心を開いてください。

☞形容詞に open-minded があります。

You're pushing yourself too hard.

無理をしすぎですよ。

Use your head.

カジュアル

頭を使ってください。

☞このフレーズは、うんと年下の部下などに諭すように軽く言うシチュエーションなどで使えます。上司や同僚に対して使うことはまずないでしょう。日本語にも言えますが、TPO を間違えるとケンカになるので注意してください。

Chapter
5

会議

Understood?

カジュアル

分かった？

☞上司が部下に対して確認しているイメージです。

Get the picture?

カジュアル

お分かり？

Is that clear?

分かった？

You got the message?

言いたいことが分かった？

You know what I'm saying?

言っていること分かった？

You know what I mean?

言いたいこと分かった？

Get the whole picture?

全体像は見えた？

You get it?

カジュアル

分かった？

You got it?

カジュアル

分かった？

Got it?

カジュアル

分かった？

Do you understand?

理解できた？

You got the point?

要点が分かった？

Meaning?

カジュアル

何を言っている？

☞相手の発言の内容が分からないときに使います。

What are you getting at?

何が言いたいの？

☞相手の発言の意図が分からないときに使います。

What are you talking about?

何を言ってるの？

☞耳を疑うような発言を聞いたときに使います。

What are you trying to say?

何を言いたいの？

☞相手の言っていることが理解できないときに使います。

What's on your mind?

何を一体考えているの？

☞相手の発言の意図を確認する表現です。

What are you thinking?

何を考えてるの？

What are you thinking about?

何について考えているの？

Chapter
5

会
議

What is that about?

それは何についてのこと？

☞相手の発言を聞いたものの、内容が何に関することか分からないときに使います。

What's that?

何と言いましたか？

☞相手の発言が聞き取れず、もう一度言ってもらいたいときに言います。

What does that tell you?

それはつまり？

☞相手の発言の意図を尋ねる表現です。

Did you mean what you just said?

今言ったこと本気？

☞ mean は、I mean it.（本気で言っています。）のように「本音を言う」に近いニュアンスがあります。

How come?

なんで？

<カジュアル>

What about it?

〜がどうした？

You're thinking what I'm thinking.

私と同じこと考えてますね。

情報を信用する

track[35-32]

I heard this from someone I trust.

信頼できる人からの話です。

It's official.

公式な情報です。

☞ official が「公式な」で、unofficial が「非公式な」です。

You can trust this.

信用できますよ。

☞「〜を信用する」にはこの他に似たようなニュアンスで count on や rely on があります。

情報を信頼しない

track[35-33]

I don't buy that.

そんなこと信じません。

<カジュアル>

☞ buy はこの場合「〜を買う」ではなく、「(話)を信じる」という意味になります。

There is no basis for it.

なんの裏付けもありません。

I had the floor.
発言する機会がありました。

☞the floor は「床」ではなく、「発言権」のことです。

Maybe we should speak up, too.
私たちも発言した方がよさそうです。

Do we have a say in this?
これについて発言権はなさそうです。

☞have a say で「発言権がある」という意味になります。

Let's just listen to them this time.
今回は聞くだけにしましょう。

Chapter
5

会
議

オンサイト・オンライン混合の問題

　オンライン会議では、1人一台のデバイス（スマホ、タブレット、パソコンなど）を使って参加しましょう。各自がカメラの前に座れば、表情が分かりやすく、それを見ている相手には画面を通して皆さんの様子を確認できます。マイクも同様に、目の前にあるので、相手にも発言がはっきりと伝わります。1人一台だと、基本的に静かなところで作業する環境が整っていることが多く、うるさくなったときには、マイクをオフにすれば静寂さが保たれます。

　ところが、本社にいる数名がオンサイトでオンライン会議に参加することも多々あります。そのような場合、外付けマイクを使って声を拾うようにしますが、リモートで参加している人は、外付けマイクが意外と多くの生活音を拾ってしまうことに時としていら立ちを感じます。その逆に、本社で参加している担当者はどのような音がリモートで働いている人に伝わってしまうか意外と気づかないようです。

　紙の資料を目の前に広げて見る人は、紙をめくる音をマイクにかなり明瞭に拾われています。また、発言している人以外の参加者が、別の参加者とひそひそと打ち合わせをする声が雑音として聞こえてしまいます。オンサイト参加者の全員をカメラで撮っていると、誰が話しているのか、声を頼りに想像するしかありません。また、オンサイト参加者同士のコミュニケーションは取りやすくなるので、オンサイト参加者の間だけで話題が盛り上がり、リモート参加者を置いてきぼりにしてしまうこともあります。そうならないように、オンサイト参加者も発話者はカメラを通して発言するようにしましょう。

Column
10

リモートワークに使われるオンラインツール

　リモートワークが叫ばれるようになり、オンライン会議ツールに対する需要が急激に高まりました。当初は、さまざまな企業や教育機関が手探り状態で、どのツールにしようかと不安が募るばかりでした。アメリカのニューヨーク教育局が、セキュリティーの脆弱性を理由に Zoom の使用に警告を発したのは強く記憶に残っています。Google Hangout Meets や Microsoft の Teams を活用する決定が企業や教育機関から発表され、さて、うちはどうしようと組織のIT・ICT 担当者は相当、頭を痛めたことでしょう。

　時間の経過とともに、オンライン会議ツールのスピンオフ版も続々と登場してきました。従来のツールでは難しかったネットワーキングに便利なもの、音声のみのやりとりで会員制のもの、自分がアバターとなり VR 空間へ参加できるものなど、今後もできては消え、消えてはできの繰り返しとなるのは必至です。ツールによって使い勝手に多少の違いはありますが、会議の形態そのものがさして変わらないのであるとすれば、Zoom をはじめどのツールを選んだとしても、ビジネスの効率性にさほどの差はでないでしょう。

　オンライン会議ツールと同時に SNS を補助的に活用すると、オンラインイベントの円滑な開催に想像以上の効果を発揮することがあります。ぜひ試してみてください。

　オンライン会議ツールのほか、ビジネスの主たるツールとしては相変わらずメールを使う人が多いようです。メールでオンライン会議の開催を依頼し、議案や資料を送り、議事録も、と何から何までやりとりをメールで済ませることができる一方、あまりにもメールが多くなったため、メールを管理するツールが今度は欲しくなってきました。

英語でジョークを言うには

　私が高校1年生のときです。通っていた高校の主催する夏期語学研修で、米国ネブラスカ州に1カ月ほどホームスティをする機会に恵まれました。滞在の様子をできるだけ記録しようと、当時流行っていた小型ビデオカメラを荷物に詰めて、訪れた先々で回していました。ある日、遠足でネブラスカ大学のフットボールスタジアムを見学することになり、そのビデオカメラで巨大スタジアムを撮影していたのですが、ふと、大きなゴミ箱が目に入り、何気なくゴミ箱の中身も撮っていました。見えたのは大量のハンバーガーの包み紙やコーラの空き缶。するとそれを見た現地受け入れ高校の米国人の先生が "Why are you recording that?" と不思議そうに聞いてきました。そこで私がとっさに言った一言が "American culture"。先生は大きな笑い声をあげて、その瞬間、私は生まれて初めて英語で人を笑わすことに成功したのでした。そのときの嬉しさと満足感、今でも忘れていません。

　ここで何をお伝えしたいのかと言うと、英語でジョークを言うには単語力や文法力がないと伝わらないわけではないということです。当時の私は、ホストマザーに "How old are you?" と聞かれて "I'm 16 o'clock." と緊張して言い間違えてしまうほどの英語力でしたから、英語で誰かを笑わすことができるなんて、自分では思ってもみませんでした。このように、中学校レベルの英語力でも十分、タイミングさえ合えばジョークを言って相手を笑わせることができるのです。

　ジョークはビジネス相手との緊張をほぐし、距離感を一気に縮めるのに有効なコミュニケーションの手段です。ポリティカル・コレクトネスに気をつけたうえで、ウケないことを覚悟で、英語でのジョークにチャレンジしてみましょう！

プレゼンテーション

01 イントロダクション

まずは、参加してくれた方へのお礼を述べてください。そして、いきなり本題に入るのではなく、概要と全体の流れを説明すると、参加者が安心して聞くことができます。冒頭で質疑応答の方法を説明しておけば、プレゼンター主導で進行できます。

きほんの き

→はじめに、参加してくれたことへのお礼を伝えます
→冒頭に概要や構成を説明すると、参加者に安心して聞いてもらえます
→質疑応答の方法についても説明しておきましょう

準備
track[**36-01**]

Everyone, please set your mic and video off.
皆さん、マイクとビデオはオフでお願いします。

☞リモートで行うプレゼンテーションの冒頭で頻繁に使われます。人数にもよりますが、聞いている人は、ビデオはオンでもマイクはオフにしておくことが多いでしょう。

Can you hear me?
聞こえますか？

お礼
track[**36-02**]

Thank you for attending my presentation today.
本日は、私のプレゼンテーションに参加していただきありがとうございます。

Thank you for coming to my presentation today.
本日は、私のプレゼンテーションにお越しいただきありがとうございます。

Thank you for your time today.
本日は、お時間をちょうだいしありがとうございます。

I would now like to talk about my company.

弊社のことについてお話しいたします。

☞talk about は「〜の話をする」の意味。

Today, I am here to talk about my company.

本日は、弊社のことについてお話しするためにここにいます。

I have divided my talk into three parts.

話の内容を3つに分けております。

☞プレゼンテーションは Introduction、Body、Conclusion の3つで構成されます。

First, I will give you an overview of my company.

まず、弊社の概要についてお話しいたします。

☞overview には、summary（overview に近く、全体をまとめたもの）、outline（全体の流れをまとめたもの）、digest（全体のまとめをさらに凝縮したもの）などの類似単語があります。

Then, I will introduce my company's business performance.

2つ目に、弊社の業況についてご紹介いたします。

Lastly, I will discuss the value of the company.

最後に、弊社の価値について説明します。

質問について

Please feel free to interrupt me at any time.

いつでも遠慮なく割り込んでください。

☞Please feel free to *do* の類似表現に Please don't hesitate to *do*（〜することをためらわないでください）があります。interrupt は「〜の話をさえぎる」の意味。

Questions will be accepted at the end.

質問は最後に受け付けます。

☞英語でプレゼンテーションする際、途中で質問されると回答に詰まったり、質問後のプレゼンテーションがうまくいかなかったりすることがあります。プレゼンテーションが終わってから質問を受け付けるようにするために、冒頭でこのように説明しておくとよいでしょう。

∩ Please ask any questions in the chat.

質問はチャットであげてください。

☞チャット機能を使って質問を受け付けます。プレゼン側に複数の担当者がいる場合、1人が質疑応答を担当して1人がプレゼンをすれば、チャット機能を使ってプレゼンテーションの最中でも質疑応答ができるのでとても便利です。

はじまり

Now, let's get started.

それでは始めたいと思います。

Shall I go ahead and talk about our action plan?
　　　　　　　　　　　　　　　　　　　　　　　ていねい

それでは、アクションプランについてご説明いたします。

02 会社紹介

会社紹介は事実を伝えるだけでなく、自社アピールの機会と捉えてください。自社の何がアピールポイントになるかを決め、フレーズに盛り込みます。再編も企業にとっては重要なターニングポイントになります。ここではさまざまな業種のフレーズを集めました。

きほんの き

→会社と再編は自社アピールの絶好の機会になります
→フレーズを組み合わせて、自分なりの会社紹介をつくりましょう

ホテル   track [**37-01**]

We offer a variety of services to our guests from overseas.

当ホテルは、海外からのお客様に、さまざまなサービスを提供しています。

☞variety は「種類、多様さ」という意味です。さらに強調するなら、a wide variety of と言いましょう。overseas は複数形のみで使われます。

Our hotel is located in the center of Kyoto, the most beautiful city in Japan.

当ホテルは、日本で最も美しい町、京都の中心に位置しています。

We have received many awards for excellence as well as for our highly rated service.

当旅館はこれまでに、評価の高いサービスはもちろん、卓越性からさまざまな賞を受賞しております。

和菓子店

We are the only Japanese confectionery in this town.

この町で唯一の和菓子店です。

☞なお、confectionery は「菓子店」で、「和菓子屋」と言いたいときは Japanese を前につけます。「オンリーワン」は和製英語です。

オンラインショップ

Our online shop sells traditional items from Kyoto.

当オンラインショップでは、京の和雑貨を販売しております。

インテリア

We have offered a wide range of products, including interior goods and furniture, since launching our business.

当社は、創業以来、インテリアグッズや家具といった幅広い商品を扱っております。

☞range は「範囲」の意味。

家具

We provide stylish, yet functional interior furniture.

当社では、スタイリッシュでありながら機能性に富んだインテリア家具を提供しております。

☞yet には「だが、それでも」と逆接（but）の意味もありますが、ここでは「スタイリッシュでさらに機能性に富んだ」という強調のニュアンスが込められています。

観光案内所
track [37-06]

We provide visitors with tourist information about Kagawa Prefecture.

当観光案内所では、観光客の皆様に香川県の観光情報を提供しています。

☞ provide〈人〉with〈物〉(〈人〉に〈物〉を提供する)の構文です。

ダンススクール
track [37-07]

At Terada dance school, each course is taught by highly experienced instructors.

寺田ダンススクールでは、どのコースも経験豊富なインストラクターがダンスのご指導をいたします。

☞ highly は、very、extremely などと言い換えられます。ただし、すべての文脈で置き換えができるわけではありませんので、コロケーションには注意してください。

伝統工芸
track [37-08]

Our store has a collection of various traditional crafts from Yamanashi Prefecture.

当店には、山梨県のさまざまな伝統工芸品がそろっています。

専門商社（コーヒー豆）
track [37-09]

We specialize in buying and selling coffee beans.

弊社は、コーヒー豆の売買を専門にしております。

☞ 日本語では「販売・買取」ですが、英語では buy and sell と順序が逆になります。

リサイクル track[**37-10**]

We specialize in environmentally friendly recycling of bicycle parts.

当社は、環境に優しい自転車部品リサイクルを専門としています。

☞earth-friendly（地球に優しい）、user-friendly（ユーザーに優しい）など friendly がつく語の使用が増えています。

車販売 track[**37-11**]

We sell passenger cars and trucks.

乗用車とトラックの販売を行っております。

パーツ track[**37-12**]

We also buy and sell used parts.

中古パーツの販売・買取もしています。

自動車 track[**37-13**]

If you have any questions about automotive products, please contact us.

自動車関連の商品に関することなら何でも、われわれにご相談ください。

精密機械 track[**37-14**]

We are one of the most advanced precision equipment manufacturing companies in Japan today.

弊社は日本で今一番先を進んでいる、精密機器製造会社の一つです。

スーパーマーケット track[**37-15**]

We are unique among the local supermarkets.

地域のスーパーのなかでも、弊社は唯一無二の存在です。

不動産

We continue to play a major role in the real estate field.

弊社は不動産分野において重要な役割を担い続けます。

レストラン
track[37-17]

We are a family restaurant offering fresh foods.

弊社は、新鮮な料理を提供する、家族向けのレストランです。

☞offer は provide で言い換えられます。

製薬会社
track[37-18]

We are a new pharmaceutical company providing safe and reliable products.

弊社は安全で信頼性の高い商品を提供する、新しい製薬会社です。

☞「安全性」（safety）と「信頼性」（reliability）はともに、医薬品に強く求められる
「基準」（criteria）です。このように関連する語彙をまとめて知ることも大切です。

IT
track[37-19]

We provide business solutions to our customers.

弊社はお客様にビジネスソリューションを提供します。

金融
track[37-20]

We offer a wide variety of financial products

弊社はさまざまな金融商品を提供しています。

225

ツール

We offer highly productive development tools.

弊社は、生産性の高い開発ツールを提供します。

We are committed to helping our customers find solutions to their business challenges.

弊社は、顧客のビジネスの問題解決に全力を注いでおります。

Our company's strategy is to leverage its core technologies.

弊社の企業戦略は、中核となる技術を活用していくことです。

☞動詞の leverage には「（てこの原理を応用して）～の力を高める」という意味があり、名詞には「てこの作用」という意味があります。synergy effect（シナジー効果）と同様の意味です。LBO（leveraged buyout）は、買収先企業の資本を使って行う買収です。

サービス全般

track[**37-22**]

We have been providing products to overseas customers since our establishment in 1992.

1992 年の創業以来、海外のお客様に商品を提供しています。

☞establishment の代わりに foundation も使えます。

We consider providing customer service to be our greatest pleasure.

お客様サービスが弊社の最大の喜びと考えております。

We always strive to provide better services and products.

より質の高いサービスと商品を心がけております。

☞strive には「努力する、他社と競争する」などの意味があります。

Our goal is to support our customers to the best of our ability.

弊社の目標は、全力でお客様をサポートすることです。

☞to the best of one's ability は「できる限り」、to the best of one's knowledge は「知っている限りでは」、to the best of one's recollection は「思い出せる限りでは」の意味。

バイリンガルスタッフの在籍   track[**37-23**]

Our bilingual staff are always available to answer your questions.

弊社のバイリンガルのスタッフがいつでもご質問に答えます。

無料体験   track[**37-24**]

We offer free trial lessons anytime.

いつでも、無料体験を実施中です。

創立   track[**37-25**]

We started our business as a dye works in 1980.

当社は、1980 年に染色工場として創立されました。

M & A   track[**37-26**]

We will become independent from our parent company at the end of March 2021.

2021 年 3 月末をもちまして、当社は親会社より分離独立いたします。

Our company has decided to merge with Yume, Inc. in September 2021.

2021 年 9 月に当社とユメ社が合併することが決定しました。

☞M&A は merger and acquisition（合併と買収）の頭字語（アクロニム）です。

We are pleased to announce that we have formed an R&D partnership with Seina.

当社は、研究開発の分野でセイナ社と提携したことを発表します。

☞R&D は research and development（研究と開発）の頭字語（アクロニム）です。

The NINA company is a joint venture between Sheena, Inc. & Aina, Ltd.

NINA 社はシーナ社とアイナ社の合弁会社です。

We work closely with SEINA, Inc.

弊社はセイナ社と協力関係にあります。

We have formed a strategic relationship with Shakujii Bank.

弊社は石神井銀行との戦略的関係を築きました。

事業概要 track [**37-27**]

We operate in Tokyo, Nagoya, and Osaka.

東京、名古屋、大阪で事業を行っています。

We manage a total of 34 branches nationwide.

全国 34 の支店を展開しております。

Our headquarters are in Kobe, Hyogo Prefecture.

本社は兵庫県の神戸にあります。

☞headquarters は HQ と略されます。headquarters と常に複数形となることに注意。

We are a subsidiary of NINA, Inc.

弊社はニーナ社の子会社です。

☞subsidiary のアクセントに注意（səbsídiəri）。

We currently employ 531 people.

現在 531 人の従業員を抱えています。

The plant in Higashi Osaka specializes in meat processing.

東大阪の工場では肉の加工処理を専門に行っております。

03 ボディー（本論）

業況を手短に説明するのは意外と難しいものです。この場面では、前期比・前年同月比など、前の年と比較して上昇・横ばい・減少を明らかにします。新製品・サービスの紹介はプレゼンテーションの真骨頂です。一目で理解できる資料を、分かりやすく説明できるように準備しておきましょう。

きほんの き

→業況を具体的に報告できるようにしておきましょう
→製品・サービスの特長を宣伝できるようにしておきましょう
→聞いている人にとって分かりやすい資料の提示を

需要

track[**38-01**]

According to this table, demand has decreased.

この表によると、需要は減少しています。

☞table は「表」の意味です。demand & supply（需要と供給）は経済の根本的な考え方の一つで、価格を決定する関数です。

海外売上高

track[**38-02**]

This chart shows our company's overseas sales last year.

このグラフは、弊社の昨年の海外の売上高を示しています。

☞chart は「図表、グラフ」などを表す単語です。flow chart（フローチャート）は「作業の流れを記述した図」の意味。売上（sales）は、企業規模を表す指標です。

売上

track[**38-03**]

Our sales increased 25% from the previous year.

売上は前年に比べて 25% 上昇しました。

---

the japan times *alpha*

「The Japan Times Alpha」は
ジャパンタイムズが発行する英語
学習者のための週刊紙です。
その週に起きた重要なニュース、
世界中のトレンドなどの英文記事を
無理なく読み切れるボリュームで掲
載。和訳・解説付きなので、辞書
をひく手間を省いて効率的に英語表
現をインプットし、日本や世界の「今」
を語る英語力をつけるのに最適です。

● 毎週金曜日発行　● タブロイド判 24頁(標準)

下記からの
お申込みで

定期購読が **10%OFF**

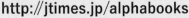

Our sales decreased 20% from the previous year.

売上は前年から 20% 減少しました。

回復

FY2021 was another record-setting year.

2021 年度もまた記録更新の年となりました。

☞FY は fiscal year（会計年度）の頭文字です。日本では 4～3 月ですが、暦年
（calendar year）を採用する国が多くなっています。日本の課税年度（tax year）
は 1～12 月となっています。

In the latter half of fiscal year 2021, we began to see signs of a recovery.

2021 年度下半期には、回復の兆しが見え始めました。

財務諸表

The financial statements clearly show that our company is doing very well.

財務諸表から、弊社の業績が好調であることが分かります。

☞財務諸表の三表とは、貸借対照表（B/S、Balance Sheet）、損益計算書（P/L、
Profit and Loss Statement）、キャッシュフロー計算書（C/F、Cash flow
Statement）です。

As our balance sheet shows, we have already invested a substantial amount of money this year.

貸借対照表が示す通り、弊社は今年すでにかなりの額を投資しています。

グラフ

The X axis shows the amount of money, and the Y axis shows the month.

X軸は金額を、Y軸は月を表しています。

☞Unit is month.（単位は月です。）と説明することもできます。

The horizontal axis shows the number of people, and the vertical axis shows the product.

水平軸は人数、垂直軸は製品を表しています。

利益

track[38-07]

Profits have increased this year.

今年は利益が増加しました。

Profits have decreased this year.

今年は利益が減少しました。

Profits have stayed constant.

今年は利益が横ばいとなりました。

☞stay constant は「同じ状態のままである」という意味で、利益が昨年と変わらなかった場合などに使える表現です。

コスト

track[38-08]

Costs have increased this quarter.

今四半期はコストが上昇しました。

☞quarter は「四分の一、四半期」の意味です。

費用

track[38-09]

Our costs are divided into two main categories: R&D and marketing.

コストは、研究開発とマーケティングの 2 つの主要なカテゴリーに分けられます。

支出

track[38-10]

Total expenditure was five million yen.

合計支出は 500 万円でした。

☞10 万の単位は間違えやすいので要注意です。10 万は hundred thousand、1 万は ten thousand、100 万は million。

供給

track[**38-11**]

Supply has increased recently.

最近は供給が増えています。

株価

track[**38-12**]

The stock price has skyrocketed this week.

今週は株価が急騰しました。

The stock price went down slightly this month.

今月は株価が少し下落しています。

株関係の英語	
東京証券取引所	**Tokyo Stock Exchange**
東証株価指数	**Tokyo stock price index**
日経平均株価	**Nikkei stock average**
ニューヨーク証券取引所	**New York Stock Exchange**
ダウ平均株価	**Dow Jones Industrial Average**
ナスダック総合指数	**NASDAQ Composite Index**

原因

track[**38-13**]

This is thanks to an increase in demand.

これは需要の増加のおかげです。

☞thanks to は、好ましい原因のときに使われます。

This is because of a decrease in demand.

これは需要の低下が原因です。

☞because of は、よい意味でも悪い意味でも原因全般に使われます。

This is thanks to a decrease in competition.

これは競争の沈静化のおかげです。

☞competitor は「競合他社」、competitive は「競争の激しい、競争力のある」の意味。

This is thanks to an increase in the value of the yen.

これは円高のおかげです。

☞the yen は、Japanese yen とも言います。

This is due to a decrease in advertising.

これは広告費の減少が原因です。

資料提示 track [**38-14**]

Please take a look at this.

こちらをご覧ください。

Let's take a look.

見てみましょう。

I don't have to go into detail.

詳細には触れません。

Here is a summary of our research findings.

これが調査結果のサマリーです。

This is the formula for calculating service fee estimates.

これがサービス料金の見積もりの計算式です。

Here is the list of candidates.

これが候補者リストです。

This is the very latest list.

これが最新のリストです。

The information is the same as last time.
前回と同じ情報です。

That's the update.
最新情報です。

Next, we will receive an update on our industrial report.
次は、業界レポートについての最新情報です。

Will you be going through the document?
文書を詳細に確認しますか？

☞go through は、「〜を詳細に検討する」という意味です。

新製品の発表 track[38-15]

It is my great pleasure to announce the launching of our new state-of-the-art product.
最先端技術を駆使した製品の販売開始を発表することができて大変嬉しく思います。

新サービスの発表 track[38-16]

We are proud to announce that Rap, Inc. has begun manufacturing and distributing a new product.
ラップ株式会社は新製品の製造・販売の開始を発表します。

☞distribute は「流通させる」、distribution は「流通」です。

No other company has produced anything like this.
このような製品を他社は製造しておりません。

I can't think of another company that does that as well as we do.
弊社と同等なことができる他社は思いつきません。

This product is state-of-the-art in the medical field.

この製品は医療分野で最先端のものです。

☞state-of-the-art は「最新の、最先端の」という意味です。

I'm very excited about this product.

この製品に対する期待で胸を膨らませています。

I'm happy to be able to share with you just how excited I am about this product.

この製品に対する期待感を皆様と共有することができて嬉しいです。

The purpose of this product is to provide customers with the best possible solutions.

この製品の目的は、最善のソリューションをお客様に提供することです。

You will see this product in many places.

この製品をいろいろなところで見かけるでしょう。

You will be impressed with its easy operation.

簡単な操作性に驚かれるでしょう。

Let me briefly demonstrate how this product works.

この製品がどのように動くかの簡単なデモをお見せいたします。

If you can think of any ways to improve the product, please let me know.

この製品を改善する方法を思いついたら、ぜひお知らせください。

The new service will simplify the payment process.

この新サービスで支払いプロセスが簡素化されます。

We provide a new platform for centralized management of information.

情報を一元管理できる新しいプラットフォームを提供します。

The new service will better meet the needs of our customers.

新サービスはお客様のニーズに、よりよくお応えします。

A presentation of the new service will be held tomorrow at 1 p.m.

新サービスの発表会が明日の午後 1 時から行われます。

This new service is being touted as an innovation in the transportation industry.

この新サービスは運輸業界のイノベーションだと評判になっています。

☞tout A as B は「A が B だとほめちぎる、もてはやす」という意味です。tout には「〜をしつこく売り込む」という意味があり、「勧誘する、宣伝する」といった押しの強いマーケティングを想像させる単語です。

Your company's new service is making a great contribution to society.

御社の新サービスは社会に大きく貢献しています。

With this new service, your family members can also use it for free.

この新サービスによって、ご家族の方も無料でお使いいただけます。

We have started renting our products as a new service.

新サービスとして弊社の商品のレンタルを始めました。

As a new service, you can now earn miles when you use our products.

新サービスとして弊社の商品をご利用いただくとマイルが貯まるようになりました。

☞mile は「搭乗距離によって得られるポイント」を表しています。

Free shipping is available for a limited period.

期間限定で送料は無料です。

The new service is based on an existing service.

新サービスは既存のサービスが基になっています。

We're working on the development of a new service now.

現在、新サービスを考案中です。

オンライン／新生活様式 track [38-17]

We will provide new services adapted to needs of a post-COVID world.

ポストコロナ社会のニーズに合った新サービスを提供いたします。

Services offered only in person can now be provided online.

これまで対面でのみ提供していたサービスがオンラインでも可能になりました。

☞in person は face to face と言い換えられます。

We have launched a new service that allows you to easily consult online.

オンラインで手軽に相談できる新サービスを開始しました。

04 コンクルージョン（締め）

用意した内容を伝えただけで安堵してはいけません。ポイントとなる内容を再度ここで強調しておきます。そして、すべてが終わった段階でお礼の言葉を述べましょう。

きほんの き

→話の要点を簡潔にまとめます
→聞いている人たちへのお礼を伝えます
→招待された講演の際には開催者へのお礼も忘れずに

まとめ
track［**39-01**］

I would like to summarize what I discussed in my presentation today.
本日のプレゼンテーションでお話しした内容をまとめます。

☞discuss は talk about で言い換えられます。

That's a quick summary of our business performance.
簡単ですが業況のサマリーです。

Next, I will be presenting my conclusion.
次に結論をお話しします。

お礼
track［**39-02**］

Thank you for listening.
ご静聴ありがとうございました。

Thank you very much for your time today.
本日はお時間をいただきありがとうございました。

Thank you for your interest.

関心を持っていただきありがとうございました。

It was a pleasure to be here today.

今日ここにいられたのはとても光栄でした。

☞プレゼンテーションの最後に使ってください。現在形にすると、プレゼンテーションの冒頭のあいさつで使えます。

Thank you for your interest in our products.

弊社の商品に興味を示していただきありがとうございます。

I'm honored to have been invited to such a wonderful event.　ていねい

このような素晴らしいイベントにご招待いただき光栄です。

☞招聘を受けてプレゼンテーションをした状況です。

05 質疑応答

準備不足は、質疑応答のときに露呈してしまいます。あらかじめ質問を洗い出し、それに備えることでプレゼンする側の理解も深まります。うまく回答できない場合は、無理をせず、その旨を素直に伝えましょう。次回のプレゼンに向けてアンケートを取り、情報を入手しておくのもよいでしょう。

きほんの き

→質問は登壇者が理解を深めるためにも参考になります
→質問に対するお礼と回答は手際よく行いましょう
→アンケートを取ると、今後の参考になる情報を得ることができます

質問　　　　　　　　　　　　　　　　　　　track [**40-01**]

If you have any questions, please ask them right now.

それでは、ご質問があれば、どうぞお尋ねください。

I'll take one more question.

あと 1 人質問を受け付けます。

☞残り時間が少なくなったときに便利な表現です。

お礼　　　　　　　　　　　　　　　　　　　track [**40-02**]

Thank you for your question.

ご質問をありがとうございます。

Thank you for your helpful questions.

参考になるご質問をありがとうございました。

☞登壇者だけではなく他の参加者にとっても参考になる質問を受けた場合に使います。

質問内容を褒める

track[**40-03**]

That's a good question.
いい質問ですね。

That's a very important question.
とても重要な質問ですね。

You pointed that out nicely.
鋭い指摘です。

I've never considered that perspective before.
その視点についてはこれまで考えたことがありませんでした。

☞perspective は「考え方、観点」の意味で、viewpoint と言い換えられます。

Well, that's a new perspective.
なるほど、新しい視点ですね。

質問が的外れだった場合

track[**40-04**]

I don't know if I can answer your question properly, but let me try.
うまく質問に答えられるか分かりませんが、試しに答えてみましょう。

It doesn't really suit the requirements of today's presentation, but I will keep it for future use.
今回のプレゼンテーションの要件には沿いませんが、今後参考にします。

回答

track[**40-05**]

Let me answer your question.
質問にお答えします。

I will answer your question briefly because we are running out of time.
時間がなくなってきましたので、簡単にお答えします。

Since we are running out of time, I will save your question for later at the reception.

時間がないので、後で懇親会のときにお答えいたします。

☞save は「〜をとっておく」という意味で、「懇親会のときまでとっておいてそこで質問に答える」ということです。

質問にうまく答えられたか分からない場合　　track [40-06]

Does that answer your question?

質問の答えになっていましたか？

Did I answer your question?

ご質問に答えていましたか？

アンケート記入の依頼　　track [40-07]

Please fill out the survey form for me.

アンケートの記入をお願いいたします。

We would like to ask for your cooperation in completing a brief survey. ［ていねい］

簡単なアンケートの記入にご協力お願いします。

Please fill out the questionnaire if you have time.

もし時間があればアンケートにお答えください。

You can answer our survey online.

アンケートはオンラインでもご記入いただけます。

Is anyone looking for a pen?

ペンのない方はいらっしゃいますか？

It will take about three minutes to answer the survey.

アンケートの回答には 3 分程度かかります。

言語や文化によって異なる非言語コミュニケーション

　ある年の夏、夫と私はスリランカ人の友達に会いに、ゴールという街を訪問していました。ある日友達の実家に招待されたのですが、ちょうどPoya（ポヤ）と呼ばれる仏教徒のための法事が家で開かれるとのこと。私たちもその法事に興味津々で参加しました。シンハラ語での読経が終わり、お坊さんたちに食事を振る舞う時間になりました。私たちも配膳を手伝うことになったのですが、適量を確かめるために "Would you like some more?" と尋ねても、全員、無言で頭を左右にユラユラ〜と小刻みに揺らすのです。YesかNoか分からず、これには困りました。何度尋ねてもユラユラ〜と返されるだけです。夫と顔を見合わせながら、何となく切り上げるしかありませんでした。このジェスチャーは Head Bobble と呼ばれ、基本的には Yes の意味なのですが、文脈によっては No にもなるのです。YouTube でその解釈動画を見ることができるほどです。

　これに似たような話をどこかで聞いたことはありませんか？　ジェスチャーを含む言語以外のコミュニケーションは「非言語コミュニケーション」という専門用語で呼ばれています。これにはジェスチャーのような身体動作に加え、時間、空間、距離の概念、他者との接触行動、環境要素なども含まれます。そしてインターネット上でも非言語コミュニケーションは影響を与えていると言われています。どんなプロフィール写真や絵文字が使われるのか、時間外のビジネスメールに対する対応など、あらゆる側面で言語や文化の違いが表れます。ビジネスの場面でもし相手と誤解が生じたとき、それは言語だけが原因ではないかもしれませんね。

『異文化コミュニケーション論―グローバル・マインドとローカル・アフェクト』
（松柏社、八島智子、久保田真弓、2012）

Column
13

誤解はここで起こる

　母語話者同士であっても誤解は生じますが、母語以外の外国語で話していると誤解の可能性はさらに高まります。三単現のsがないとか、過去形が間違っているとか、文法上の単純な間違いはさておき、誤解を生むような間違いはどこで起こるのでしょうか？

　数字の間違いはビジネスには禁物です。整数でも特定の位、たとえば10万の位をとっさに英語にするのは難しいものです。100,000で、読み方はone hundred thousandです。（必ずしもそうだとは限りませんが）新卒者の初任給の位がone hundred thousandだと覚えるようにしています。単位が違っている（mileは1.6km、摂氏32度が華氏0度）場合には、頭の中が混乱してしまいます。少数や分数をはじめ、公式などは読むだけで一苦労です。いざというときのために、数字には強くなっておきたいものです。

　次に、誤解を生むのは慣用句関連の係り方です。To file the information with the Department of Revue,... という文章があったとしましょう。「国税局に関する情報をファイルするには」では完全な勘違いです。正しくは、file A with B「AをBに提出する」をあてはめ、「情報を国税局に提出するには」としなければいけません。fileを「ファイルする」ことかと勘違いに端を発し、慣用句で使われている前置詞withが提出先を表している（fileがwithに係り、提出先を表している）ことにまで頭が回らなくなってしまったようです。

　日本人はハイコンテクスト文化なので直截的にものを言わない。そう指摘されるわりに、日本人が間違う表現の一つにI want you to give me a copy of the book. があります。何を言いたいかが過剰に直截的に相手に伝わり、依頼を受けた本人は少し驚くかもしれません。Will you ...? や Could you ...? とすれば、ていねいな表現になります。

カンファレンス・ワークショップ・研修

01 参加・開催準備

さあ、準備を始めましょう！　参加や開催の準備を英語で行うのは、最初は慣れずに緊張するかもしれませんが、一度流れが分かれば、2回目以降は楽になるはずです。ここで紹介するフレーズを使って、イベントの参加や開催を成功させましょう。

きほんの き

→主催者に情報を問い合わせるときは分かりやすく伝えましょう
→音声を聞いて疑問文の抑揚を確認してください
→基本情報やキャンセルポリシーなどは正確に把握します

案内　　　　　　　　　　　　　　　track[41-01]

We are proud to announce the release of ABC app.
〔ていねい〕

弊社はアプリ「ABC」の発売を発表します。

☞release は「（新商品などの）発売」の意味です。「最新の製品」は latest product です。late がそもそも「遅い」という意味なので紛らわしいですが、latest は「最新の」の意味です。

The seminar will be held at our head office on December 1.

セミナーは弊社本社にて 12 月 1 日に開かれます。

☞be held at は「〜で開催される」です。at の後には場所や時間が入ります。

The functions and features of the product will be demonstrated and explained.

製品の機能と特徴の紹介を行います。

☞function は「機能」、feature は「特徴」です。demonstrate は「〜を実演する」の意味。です。同じ意味で give a demonstration も使えます。

Refreshments will be served after the seminar.

セミナー終了後に軽食をご用意いたします。

☞refreshments は「軽食」のことです。

Due to limited space, please reserve your seats today.

数に限りがありますので、席のご予約は今日中にどうぞ。

If you have any questions, please call us at 03-1234-5678.

ご質問は、03-1234-5678 までお電話ください。

☞「〜番に電話をしてください」と言いたいときには call us at〈番号〉となります。「〜
宛てにメールを送ってください」は send an email at〈メールアドレス〉。

We look forward to seeing you at the seminar.

セミナーでお会いできるのを楽しみにしております。

☞look forward to doing はよく使われるイディオムです。参加者も開催者も使える表現
です。

参加申し込み / 申し込み後の依頼　　　　　　track[41-02]

My name's Shinobu Nakayama and I'd like to register for your product seminar.

中山忍と申します。御社の製品セミナーへの参加を希望します。

Do you accept applications online only?

申し込みはオンラインのみですか？

How many people can be admitted per invitation ticket?

招待券 1 枚で何名まで入場できますか？

☞be admitted はこの場合「入場を認められる」という意味になります。

Can I get a discount for an early bird registration?

参加費の早割はありますか？

☞「早割」は英語で early bird discount です。early bird はもともとは「早起きの人」という意味です。ちなみに「夜遅くまで起きている人」のことは night owl と言います。

I'd like to make reservations for two to attend the seminar.

セミナーには2名の参加の予約をお願いします。

How can I update our company information on the exhibition website?

展示会のウェブサイトにある弊社の情報を修正したいのですがどうすればよいですか？

☞申し込みをした後、運営側に掲載してもらった自社の情報が間違っていて修正をしたいときに使ってください。

How can I cancel my registration?

参加のキャンセルは、どうしたらよいですか？

I'd like to know your policy for refunding registration fees.

参加費の返金のポリシーを教えてください。

☞policy は応用できる単語です。たとえば cancellation policy は「キャンセルポリシー」、insurance policy は「保険証書」です。

参加への期待 track[41-03]

会場で会う予定の相手に、イベントに参加することを楽しみにしていると伝えましょう。ちょっとしたコミュニケーションの工夫で好印象になります。

I learned about your products from a third party.

御社の製品については第三者から聞きました。

I am so glad to have the chance to see it with my own eyes.

直接この目で見る機会を得られて嬉しいです。

This is the first time to learn of the product directly from the manufacturer.

メーカーの方から直接製品のお話を聞くのは初めてです。

It's great to have a chance to see the product demonstrated.

製品デモが見られるのは嬉しいです。

I have heard many good things about your products.

御社の製品についてよい話をたくさん聞いています。

キャンセル

track[**41-04**]

一度申し込みをしたものの、残念ながらキャンセルせざるを得ない状況はよくあります。その際、相手には残念な気持ちをていねいに伝えましょう。

My apologies, but I will be unable to attend your seminar next week.

大変申し訳ないのですが、来週のセミナーに参加することができなくなりました。

I have to make an unexpected business trip.

急遽、出張に出かけることになりました。

☞unexpected は「予期せぬ」の意味。

Please keep the fee for the tickets.

チケット代についてはそのままで結構です。

We wanted very much to go.

本当に参加したかったです。

☞want very much to *do* は「〜したくて仕方がない」という意味になります。過去形にしていることで、「本当は参加したかった」と残念に思っていることが伝わります。

251

We are so disappointed because it promised to be such an exciting time.

刺激たっぷりの機会になるはずでしたが、とても残念です。

☞be disappointed は「失望している、がっかりしている」という意味。

Can I get a refund for my registration fee?

登録料は返金されますか？　　　　　　　　　　　　　　　　　　　　　　カジュアル

☞refund は「返金」です。もう少し硬い単語に reimbursement があります。

資料請求

track 41-05

Please send me the seminar program.

セミナーのプログラムをお送りください。

Please send us a catalog of your recommended products.

おすすめの製品のカタログをお送りください。

☞catalog の代わりに brochure も使えます。brochure は「小冊子」のことで、フランス語を語源としています。booklet や pamphlet も「小冊子」のことですが、何かを宣伝するカタログのような冊子については brochure がよく使われます。

Can you send me some material on your products?

製品に関する資料をお送りいただけますか？

☞reference（参考文献）も似たような意味で使えます。

Could you please send me the spec sheets for the products you will be presenting?　　ていねい

あなたがプレゼンする製品の仕様書をお送りいただけますか？

Please send us two copies of the seminar material set.

セミナーの資料セットを 2 部お送りください。

A list of nearby hotels and restaurants would also be greatly appreciated.

会場近くのホテル、レストラン情報もお送りいただけるとありがたいです。

☞be greatly appreciated によって感謝の気持ちを伝えることができます。

宿泊・荷物

track [41-06]

Are you staying at a hotel near the conference site?

会場近くのホテルにお泊まりですか？

☞conference site は「カンファレンスの場所」という意味です。ちなみに on site は「現場で」という意味になり、知っておくと便利です。

Are there any accommodation facilities near the conference site?

会場近くに宿泊施設はありますか？

☞accommodation は「宿泊（施設）」で、hotel よりも広義になります。

Where are you and your colleagues staying?

御社の方々はどちらにお泊まりですか？

Are there any luggage and parcel delivery services available?

荷物を送るサービスはありますか？

☞展示会などでブースを出すときに、自社のパンフレットや関連物品を会場から送ることはよくあります。parcel は「小包」です。

I sent a parcel the other day. Where can I pick it up?

この間、小包を送りました。会場のどこで受け取ればよろしいでしょうか？

☞pick up は「〜を受け取る」の意味ですが、人を（車で）迎えに行くときにも使えます。荷物の受け取りは receive や get でも通じます。

What is the cheapest postal service?

一番安い郵送サービスは何ですか？

☞postal service には公的サービスのニュアンスが含まれています。delivery service だと民間サービスも含まれます。

講演を誰に依頼するかによってカンファレンスの雰囲気が大きく変わります。探すのは大変ですが、参加者が期待を寄せる一番のポイントと言っても過言ではありません。目的やスケジュール、理由などをはっきりさせ、ていねいに依頼しましょう。

I am looking for someone to speak at our annual conference.

年次大会でお話しいただける方を探しています。

☞annual は「1 年ごとの」、biennial は「2 年ごとの」、triennial は「3 年ごとの」です。

We are in search of candidates to conduct a workshop at our annual conference next year.

来年の年次大会でワークショップをご担当いただける方を探しています。

Our committee is looking for a keynote speaker for our seminar.

セミナーの基調講演でご登壇いただく方を委員会で探しています。

☞keynote speaker は「基調講演者」です。その業界のことを知り尽くしたエキスパートや革新的なアイデアを持った人が基調講演者になることが多いようです。

Our conference will be held the second weekend in November.

カンファレンスは 11 月の第 2 週の週末に開催されます。

We will be holding our seminar the last weekend in May.

セミナーは 5 月の最後の週末に開催されます。

I understand you are the authority on the subject.

あなたはこのテーマの権威だと伺っております。

☞authority は「権威」です。the authorities にすると「当局、関係機関」という意味になります。

I have learned that you are the leading expert in the field.

この分野の第一人者だと伺っております。

☞leading は「最も重要な、優秀な、最先端をいく」の意味。

We would very much like to invite someone from your company to address our group on the issue of AI. ていねい

御社から AI についてお話しいただける方をお招きしたいのですが。

☞address は一般的に「住所」という意味で知られていますが、この場合は動詞で「〜に講演をする」という意味になります。

We have heard of your company's progressive views on AI.

御社が AI について革新的な意見を持っていると伺っています。

☞progressive は「進歩的な」です。progress は名詞・動詞で「進歩（する）」の意味。

I will contact your company again next week to see if there is anyone who wishes to speak to us.

ご講演いただける方がいらっしゃるか来週また御社にご連絡いたします。

Could you please recommend a couple of people? ていねい

2、3名の方を推薦していただけないでしょうか？

☞recommendation は「推薦状」のことです。

Your expertise and advice will be most appreciated. ていねい

専門知識とアドバイスをお伺いできると大変ありがたいです。

I would be most thankful for any assistance you can provide. ていねい

どんな形でもご支援を賜れるとさいわいです。

☞assistance は「支援」や「援助」という意味。直訳すると「どのようなご支援でもいただければ大変ありがたく存じます」といった感じでしょう。

はじめ

ここでは受付や席の確保などイベントの始まりで使うフレーズを紹介します。主催者は、あいさつや講演者の紹介、イベントの概要説明など参加者に伝えなければならない情報が盛りだくさんです。参加者に来てよかったと思ってもらえるよう、温かい歓迎のあいさつもお忘れなく。

きほんの き

→歓迎のあいさつは、笑顔とジェスチャーを添えると気持ちが伝わります
→スピーチや司会は、ていねいさとフレンドリーさのバランスが要です
→セミナーや研修などでは、はじめに目的や進め方を参加者に伝えます

受付

track[**42-01**]

Where is the reception?

受付はどこですか？

☞「受付」は reception です。カンファレンス会場だけではなく、会社やホテルの「受付、フロント」の意味でも使える単語です。

Do you have a program booklet?

プログラムは持っていますか？

☞program だけでも通じますが、小冊子になっている場合は booklet もつけた方が正確に伝わります。

Where can I get a program booklet?

プログラムはどこでもらえますか？

☞これは対面でもオンラインでも使えます。対面では受け渡し場所を教えてくれるはずですし、オンラインであればリンクやファイルを送ってくれるはずです。

Where can I get the latest exhibition information?

展示会の最新情報はどこで見られますか？

Where can I get a map for the conference venue?

会場の案内図はどこでもらえますか？

☞venue は「会場」です。コンサートや競技会のような大規模なものから会議室のような小規模のものまで表すことができます。

名札

I forgot to put my name tag on.

名札をつけるのを忘れていました。

Where can I get a name tag?

名札はどこでもらえますか？

Where can I find a pen?

ペンはどこですか？

☞名札に名前を書くときにペンが必要になることがありますね。名刺を入れる方法もありますが、見えにくい場合があるので、特に小規模なワークショップなどで他の参加者と話す場合は手書きの方が見えやすいかもしれません。

席

Let's go grab seats up front.

前の方の席を取りましょう。

I can't see very well from here.

ここからはよく見えませんね。

I can see an acquaintance sitting over there.

あそこに知り合いが座っています。

☞「知り合い」は acquaintance で、「同僚」は colleague です。

Well, most seats are already taken.

ええっと、座席がほとんど埋まっていますね。

☞最初に well を加えることによって、「ええっと」のような戸惑いの感情を表現することができます。

I saved this seat for you.

もう席を取りましたよ。

☞save はよく「～を救う」という意味で使われますが、「～を確保する」という意味でも使われます。

Have a seat here.
カジュアル

こっちに座ってよ。

That seat is still available.

あそこの席がまだ空いていますよ。

☞available は「利用可能な」という意味です。スケジュールが空いているときにも available を使うことができます。

Excuse me, could you please move over a little bit?
ていねい

すみません、ちょっと詰めていただけますか？

☞move over は「席を詰める」というイディオムです。車内や長椅子や列などいろいろなところで使えます。

I can move my bag. Have a seat, please.

鞄をどけますので、どうぞお座りください。

カンファレンスの司会
track [42-04]

My name is Akiko Kubo and I will be your MC for today.

本日の司会をする久保明子です。

☞MC は司会のことです。Master of Ceremonies の略語です。

I'm honored to be the MC.

司会をさせていただくことを名誉に感じています。

I am glad to see you all. My name is Muneki Kawahisa and I am one of the organizers of today's event.

皆さんにお会いできて嬉しいです。主催者の川久宗樹です。

☞主催者は参加者に簡単なあいさつと自己紹介をしましょう。もちろん笑顔で堂々と。

Thank you very much for attending the conference today.

本日のカンファレンスにお越しくださり、ありがとうございます。

Thanks to online platforms, many people are able to attend the conference.

オンライン開催のため、多くの方にカンファレンスにご参加いただけます。

☞online platform は「オンラインのサービスや環境」のことを意味します。

Despite the inconvenience caused by the differing time zones, quite a few people are able to attend the conference.

一部の国では不便な時間帯にもかかわらず、たくさんの方にカンファレンスにご参加いただけました。

☞長いフレーズですので、必ず音声も確認し、イントネーションやポーズ、強弱を確認してください。

I hope this moment will be valuable for everyone participating in the conference.

会議に参加された一人ひとりにとって実り多い時間になることを願っています。

This is the very first conference.

今回が初めての開催となりました。

This year marks the conference's 10th anniversary.

このカンファレンスは今年で 10 年目になります。

☞ここで使われる動詞の mark は「（記念日）に当たる」という意味。

I hope you will enjoy the conference.

カンファレンスをどうぞ楽しんでください。

The organizers have spent the entire year preparing for the conference. Finally, the day has come.

丸 1 年間、カンファレンスの開催準備をしてきて、ようやくこの日を迎えました。

☞カンファレンス開催までに多くの準備を必要としたことを参加者に伝えると、より期待感が高まります。

講演者の紹介

track [42-06]

I would like to introduce you to the symposium's next speaker, Mr. Tumble. ていねい

シンポジウムの次の講演者であるタンブルさんをご紹介します。

Dr. Shiori Abe is an associate professor of the Department of Law at the Ooizumi Gakuen University.

阿部しおり先生は、大泉学園大学法学部の准教授でいらっしゃいます。

☞日本語では「〜博士」と呼ぶことはなく、「先生」が一般的です。一方英語では、博士号を持っている人に対しては、「先生」とは呼ばずに Dr. をつけて呼ぶことが多いです。「准教授」は associate professor、「教授」は professor。

She has many years of experience working for a trading company.

彼女は商社での長年の勤務経験があります。

She will be giving a talk under the title of "New Trends in the Distribution Industry."

彼女には「流通業界の新トレンド」のタイトルでお話しいただきます。

☞under the title of で「〜のタイトルで」という意味になります。「講演を行う」はこの give a talk がよく使われます。

Please welcome Dr. Michael Barton.

それでは、マイケル・バートン博士、どうぞ。

Please offer a warm round of applause to Ms. Elizabeth Vu.

それでは、エリザベス・ヴーさんを、温かい拍手でお迎えください。

☞applause はこの場合「拍手」です。他に「賞賛」という意味もあります。「一斉に湧き起こる拍手」は a round of applause と言います。

セミナー紹介

This seminar covers negotiating techniques.

このセミナーは、交渉術を扱います。

☞名詞の「交渉」は negotiation、動詞の「交渉する」は negotiate で、形容詞の「交渉の余地がある」は negotiable です。いずれもビジネスでよく使われる単語です。

We have invited specialists to spend the next two days with us.

専門家をこの 2 日間にわたってお招きいたしました。

Business professionals must have up-to-date information on business methods.

ビジネスのプロは、ビジネス手法について常に最新の情報を知っていなければいけません。

☞up-to-date は「(情報が)最新の」で、他にも advanced((技術などが)最先端の)などが似たような意味で使えます。

Their bookkeeping methods are widely recognized for their effectiveness.

彼らの簿記の手法の有効性は広く認められています。

☞「簿記」は bookkeeping です。book は「帳簿」を指しています。

I would like to offer some tips as to how you can get the most out of the seminar. ていねい

セミナーから最大限のものを得るためのコツをご紹介しましょう。

☞tip は「ちょっとした助言」のことです。

Your active participation in this seminar is essential to its success.

セミナーが成功するには、皆さんの積極的な参加が欠かせません。

Don't just sit back and observe. カジュアル

ただ座って、観察しているだけではいけません。

☞ときには参加者に積極性をうながす必要もあるでしょう。場を盛り上げるためにこのフレーズを使ってみてください。

Please do the activities, ask questions, and get involved, by all means.

アクティビティーをやって、質問して、とにかく参加してください。

☞get involved は「関わる、参加する」、by all means は「どうにかして、とにかく」という意味。

Now, let me turn the seminar over to Pedro.

それでは、ペドロさんにバトンを渡したいと思います。

ワークショップ・研修の司会 track [42-08]

OK, everyone. カジュアル

それでは、皆さん。

☞このフレーズはざわついている会場や活動のはじめなどで参加者の注意を向けるために使ってください。教室でもよく教員が学生に対して使うフレーズです。

Attention, please.

ご注目ください。

☞会場がざわついていたら、前のフレーズとともに使ってみましょう。参加者は「お、始まるな」と思うはずです。

If I could I have your attention, please. ていねい

ご注目いただけますでしょうか。

☞前のフレーズをとてもていねいに伝えるときはこのように言ってください。

Thank you for being on time.

時間通りにお集まりいただきありがとうございます。

☞on time は「時間通りに」。ちなみに in time は「間に合って」という意味です。

I would like to get started.

それでは始めます。

I am Kanato Takayama and I will be your facilitator for today.

私は高山奏人と申します。本日のファシリテーターを務めます。

☞ファシリテーターは日本語でもよく使われますが、「活動の進行役」のことです。

We have a lot to do in today's training.

本日の研修ではたくさんのことをしていきます。

☞「研修」は training です。

Let's stay focused.

集中していきましょう。

☞stay focused は「集中を切らさない」です。stay focused on で「〜にずっと集中する」になります。

Let's get through all of the material.

用意したすべてのことをやり終えましょう。

☞get through は「(仕事や活動)をやり切る、やり終える」という意味です。

The purpose of today's training is to learn the programming language for the development of the new system.

本日の研修は、新システムを開発するためのプログラミング言語の習得を目的としています。

First, I will give you an overview of our new system.

まず、新システムの概要についてご説明します。

☞overview は「概要」です。summary や outline も同様の意味で使えます。

Then we will do some practice activities.

次に、実際にアクティビティーをやります。

☞practice activity は「実践活動」のことです。ワークショップなどでよく使われる表現です。

Finally, I will talk about the future of our company.

最後に、弊社の将来像についてお話します。

Feel free to let me know if there is anything you don't understand.

分からないことがあったら、いつでもお知らせください。

03 参加中

参加中は他の参加者と情報交換をしたり、開催者に質問をしたりと発言の機会が何かと多くなります。主催者もイベントの流れやスケジュールの変更などを参加者に説明することがあるでしょう。適宜必要なフレーズを使って、イベントを充実した時間にしてください。

Chapter 7

研ワカ
修|ン
クフ
シァ
ョレ
ッン
プス
ス・

きほんの き

→参加中は積極的に情報交換をして時間を有効に使いましょう
→オンラインイベントの場合は機能や手順を分かりやすく伝えます
→分からないことがあれば積極的に質問しましょう

イベント参加

track〔43-01〕

Which workshop interests you the most?

どのワークショップに一番興味がありますか?

Out of all our services, which one caught your attention the most?

すべてのサービスのなかで一番興味が湧いたサービスはどれですか?

☞out of で「～のなかで」、catch someone's attention で「〈人〉の注意を引く」という意味です。

Why are you attending this workshop? カジュアル

今回の参加の目的は何ですか?

☞もう少していねいな聞き方だと、What is your goal for attending this workshop? になります。

How many people from your company are attending the event?

御社からは何人参加されていますか?

Which workshop are you going to attend?

どのワークショップに参加されますか?

Are you going to attend both the morning and afternoon sessions?

午前と午後、両方のワークショップに出席されますか？

☞session は「集まり、活動」のことで、勉強会、講習会、授業、説明会などさまざまな種類の集まりを表現できます。

Have you had any encounters with new technologies?

新しいテクノロジーとの出会いはありましたか？

☞encounter は「出会い」です。動詞では「（人やもの、できごと）に出会う、遭遇する」という意味になります。

We have set up a booth at this conference every year.

弊社は毎年このカンファレンスでブースを出しています。

☞日本語でも「ブース」と言いますが、英語の booth（[bu:θ]）は最後が th の発音なので、booze（[bu:z]）にならないように注意してください。booze は「お酒」の意味。

May I make an appointment to discuss business opportunities?　ていねい

商談の予約をさせていただきたいのですが。

☞イベント参加において一番重要なフレーズになるでしょう。May I make an appointment to *do* で「〜する予約をさせていただけますか」というていねいな言い方になるので、活用してください。

These are our corporate giveaways.

こちらは弊社のちょっとした記念品です。

☞giveaway は「記念品、おまけ」のことです。

That workshop was very intriguing.

あのワークショップはとても興味深かったです。

☞intrigue は名詞では「陰謀」という意味ですが、動詞では「〜の興味をそそる」という意味にもなります。

Do you know the keynote speaker?

基調講演の方、知っていますか？

I learned a lot from the keynote speech.

基調講演はとても勉強になりました。

Keynote speeches are good because you get a lot of information at one time.

基調講演は一度に多くの情報が得られてよいですね。

☞at one time は「一度に」です。

🎧 BOR   track [**43-03**]

BOR は〔breakout room〔ブレイクアウトルーム〕〕の略で、小さいグループに分かれて他の参加者と話ができる機能のことです。Zoom などで利用できます。

I'm not familiar with how to run breakout rooms.

ブレイクアウトルームのやり方に慣れていません。

☞これは主催者側が初めてブレイクアウトルームを実施するときに使えるフレーズです。参加者側が言いたいときには I'm not familiar with how to participate in breakout rooms. と言いましょう。

The co-host can assign participants to breakout rooms.

共同ホストも参加者をブレイクアウトルームに割り当てることができますよ。

☞assign は「〜を割り当てる」です。

I will split you into 20 sessions automatically.

20 のセッションに自動で振り分けます。

☞この文の you は 1 人ではなく、参加者全員を指しています。

You can select and enter breakout rooms as you like.

お好きなブレイクアウトルームを選んで入ることができます。

I'll go around each session.

私はブレイクアウトルームを回りますね。

☞主催者が様子を見るために各ルームを回っていくときに使ってください。

Since the button is grayed out, it looks like it's been locked.

ボタンが灰色になっているので、どうやらロックされているみたいです。

☞この gray は「灰色になる」という動詞です。白髪になることも His hair is grayed out due to age. のように言うことができます。

Manually assigning participants to breakout rooms takes time.

手動で参加者をブレイクアウトルームに割り当てるのは時間がかかります。

☞manually が「手動で」、「自動で」は automatically です。

The breakout rooms will automatically end after ten minutes.

10 分後にブレイクアウトルームは自動的に終わります。

Change the screen name you display to other participants like this: name@affiliation.

他の参加者に見えている自分の名前の表示を「氏名 @ 所属」に変えてください

☞参加者一覧の表示形式は統一されていた方が、一瞬で司会者やホストと参加者を見分けたり、発言する参加者を見つけたりしやすくなりますので参考にしてください。

アクティビティー

track [43-04]

I would like you to work in groups of three.

3 人 1 組になっていただけますか。

☞work in groups は「グループで作業する」という意味です。group of 〈数字〉で、何人グループかを表現できます。

Choose a group leader.

グループのリーダーを決めてください。

☞命令形になっていますが、英語では手順は命令形で説明するので、失礼にはなりません。

Your group leader will present the results of your activity.

グループのリーダーがアクティビティーの結果を発表します。

Please read the instructions for the activity.

アクティビティーの説明をお読みください。

Do you understand what you have to do in the activity?

アクティビティーで何をすればいいかご理解いただけましたか？

Are there any questions?

質問はありますか？

I didn't understand the procedure. Can you please explain it one more time? ていねい

手順がよく分かりませんでした。もう一度ご説明いただけますか？

☞速くて聞き取れなかったり、手順が複雑だったりした場合は思い切って聞いてみましょう。他の人も同じことを聞きたかったかもしれません。

This is an interesting activity.

このアクティビティー、面白いですね。

☞「興味深い」は interesting で、「楽しい」は fun です。funny になると「なんだか変な」という意味になるので注意してください。

It was a very enlightening activity.

とても気づかされることが多いアクティビティーでした。

☞enlightening は「教える、導く、啓蒙する」という意味になります。学ぶこと、気づくことがあったときに使える単語です。

I once attended a workshop similar to this one.

以前、似たようなワークショップに参加したことがあります。

Let's take a look at the results of the activity together.

アクティビティーの結果を全員で見ていきましょう。

☞主催者がアクティビティーのまとめの際に使えるフレーズです。

It looks like all of the sessions scheduled for tomorrow have been canceled.

明日の会合はすべてキャンセルになったようですよ。

☞it looks like をつけることで、「～みたいですね」というニュアンスを表現することができます。いろいろな場面で使えるのでぜひ使ってみてください。

All of the activities scheduled for tomorrow have been canceled.

明日は全日程中止になりました。

The workshop will take place tomorrow as scheduled.

明日のワークショップは予定通り開催されます。

☞as scheduled は「予定されたように」という意味になります。

Details of tomorrow's schedule changes can be found on our website.

明日の予定の変更はホームページで詳細を確認できます。

☞「ホームページで」は on the website でも構いません。

04 おわり

イベントもおわりに近づいてきました。主催者は、参加者に締めの言葉を感謝とともに伝えます。業界の明るい未来につながるようなひと言を添えると、参加者が気持ちよく会場を後にできるでしょう。アンケートの実施は次回のイベント開催のために有益です。回収方法や結果の取り扱いについて参加者に分かりやすく伝えましょう。

Chapter 7

研修 ワークショップ・カンファレンス・

きほんの き

→イベントの盛況を参加者に SNS などで広めてもらうこともお忘れなく

→we を主語に使って、参加者との一体感を高めましょう

→英語では最後に開催中のトラブルを謝罪することはあまりありません

主催者あいさつ

track[**44-01**]

On behalf of all the members of our staff, I would like to tell you how glad we are to have so many participants today. ていねい

こんなに多くの方々に来ていただいて、スタッフ一同とても喜んでいます。

☞on behalf of は「〜を代表して」という意味になります。「スタッフを代表して、参加者の方々に喜んでいる気持ちを伝えます」というニュアンスです。

I hope you will be able to expand your network through new opportunities.

新たな機会を通して皆様の人脈が広がることを願っています。

☞「(人脈など)を広げる」は expand という動詞で表現できます。

Thanks to the cooperation of all of you, we were able to successfully conclude the conference. ていねい

皆さんのご協力のおかげで、無事カンファレンスを終えることができました。

All of the scheduled programs have been completed.

予定していたすべてのプログラムがこれで終了しました。

☞complete は「〜を完了する」という意味です。

Let's finish the training here.
カジュアル

このあたりで研修を終えることにしましょう。

We would really appreciate it if you could post conference photos on social media.
ていねい

このカンファレンスの写真を SNS にあげていただけるとありがたいです。

☞SNS という略語はあまり英語では使われません。social media が一般的です。参加者への依頼なのでていねいに伝えましょう。

Please pass along to your colleagues the information you received during the conference.

このカンファレンスで得た情報を同僚に話してください。

☞pass along A to B は「A を B に伝える」という意味です。ここでは、A が長いので B の後に置かれています。

I hope to be able to work together with you to make the industry a better place.

皆さんと一緒にこの業界を盛り上げていければいいなと思います。

Let's open a new era together!

新しい時代を一緒に作っていきましょう。

☞era は「時代」です。open a new era で「新時代を開く」という意味になります。

This concludes this year's conference.

これで今年のカンファレンスを終了とします。

☞conclude は「〜を締めくくる」ですが、「〜を終了する」という硬い表現にもなります。

I look forward to seeing you all again next year.

また来年お会いしましょう。

We have come to the end of the symposium.

シンポジウムもおわりとなりました。

☞come to the end は「終了する」という意味になります。

We have seen some fabulous presentations from the speakers.

講演者の皆さんによる、すてきなプレゼンテーションを目にすることができました。

I hope you have gained a lot from this symposium.

このシンポジウムから多くのことを得られたと願っております。

☞gain は「（情報、技術、能力など）を手に入れる、得る」という意味。

I would like to thank everyone for making this event a success.

このイベントを成功させてくれた皆さまにお礼を申し上げます。

Thank you all for your time.

お時間をちょうだいしありがとうございました。

アンケート   track [44-02]

Please complete the attached questionnaire and return it to us via email.

添付のアンケートにご回答いただき、メールでお送りください。

☞questionnaire は「アンケート」のことです。survey は「（研究などにおいての）調査」という意味ですが、この単語が使われることもあります。satisfaction survey（満足度調査）という表現も便利です。

We are conducting a questionnaire on the quality of our workshop.

ワークショップの質に関してアンケートを取っております。

☞「（アンケートなど）を取る」というときには conduct が動詞としてよく使われます。

The survey should take less than ten minutes to complete.

アンケートのご回答に要する時間は 10 分程度です。

☞このようにアンケートに回答する時間がどれくらいなのかを提示しておくと、回答者数が増えるでしょう。

We would greatly appreciate any additional comments you could provide in the section labeled "Other."

`ていねい`

「その他」の欄は自由記述ですので、ご自由にお書きください。

☞アンケートの回答欄にある「その他」の欄は other で表すことができます。

All questionnaire responses will be kept confidential.

アンケートのご回答内容は部外秘となります。

☞ビジネスでよく使われる confidential は「内密の、機密の」の意味です。

The results of the questionnaire will be posted on our website next week.

アンケート結果は来週ホームページに掲載いたします。

☞「ホームページに掲載される」は be posted on our website です。

The staff want to improve the quality of the workshop.

スタッフ一同、ワークショップの質の向上を目指しております。

Thank you very much for your time and cooperation.

お時間とご協力に感謝申し上げます。

Column
14

マーケティング翻訳とは

　ある言語から別の言語へ変換することを翻訳（または通訳）と呼ぶことはご存じでしょう。その際、翻訳前の言語と後の言語との意味（可能であれば単語や文章構造なども）が同じでなければならないこともよく知られています。ところが分野によっては、前と後との間の等価性をうまく保てない（あるいは、意図的に保たない）こともあります。その典型例がマーケティング翻訳です。

　日本の夏の風物詩「カルピス」は、英語圏では CalPico として販売されています。カルが cow、ピスが piss に、つまり「牛のおしっこ」に聞こえるため商品名が変更されました。

　日本のビジネスの基幹産業である自動車業界。関西に拠点を置くマツダは、英語では Mazda と表記されます。ゾロアスター教からくるようですが、純粋に言語的に見てみても Matsuda では日本風でその読み方すら分からないと指摘されそうなところ、Mazda だったら発音も何となくできそうで、しかも、Ma と da が z（強そうな文字）を挟み込みシンメトリーで安定感すら言葉の印象として与えてくれます。

　三井住友銀行は、英語にすると SMBC です。勘の鋭い方ならすぐお分かりでしょう。そうです、日本語と英語で三井と住友が見事逆転しています。以前、アメリカのカリフォルニア州に住んでいた頃、超がつく高級エリアの土地が住友マネーによって買収されたことを知りました。海外では三井よりも住友のネームバリューが高いようです。

　翻訳ジャンルには、一語一句漏らさず訳さなければならない条約、契約書、特許などがある一方で、字数制限があるためどうしても省略せざるを得ない字幕翻訳、そして今回ご紹介したマーケティング翻訳などもあります。

　はたして AI 翻訳は今後、マーケティング翻訳をすることができるようになるまで進化していくのでしょうか？

Chapter 8

懇親会

01 司会

カンファレンスなどで決まって開かれる懇親会は、人脈を広げるための大切な機会です。話しかけやすい雰囲気を作りましょう。まずは参加してくれた方への感謝の気持ちを、次に、懇親会で何をしてほしいかを進行内容に沿って伝えます。最後はしっかりと締めてください。

きほんの き

→集まってくれたことに対する感謝の気持ちを参加者に伝えます
→参加者に行ってもらいたいことをはじめに伝えます
→しっかりおわりのあいさつをして懇親会を締めましょう

はじめ
track [**45-01**]

Thank you for joining us at the reception.
懇親会に参加していただき、ありがとうございます。

☞join us at は take part in や participate in で言い換えることができます。

Please enjoy!
どうぞ楽しんでください。

☞enjoy はこの文では自動詞として使われています。一方、Please enjoy it to the end.（最後までお楽しみください。）のように他動詞として使うこともできます。

I hope this will be a golden opportunity to expand your network.
人脈を広げる最高の機会になることを願っています。

☞このフレーズでは名詞として使われている network を動詞として使い、network with attendees（参加者と交流する）と言うこともできます。また、golden は「貴重な、素晴らしい」の意味。スポーツ競技で誰もが金メダル（gold medal）を欲しがるように、golden opportunity と言うと「最高の機会」という意味になります。gold には名詞と形容詞の意味がありますが、golden は形容詞としてのみ使います。

We hope that this opportunity will help you to develop your business.
この機会が御社のビジネスの発展につながるよう願っています。

Please enjoy it to the end.

最後までお楽しみください。

The president will say a few words.

社長よりひと言ごあいさつを申し上げます。

おわり

track [45-02]

I'm afraid that the time to say good-bye is approaching.

残念ながら、お別れを言う時間が近づいてきました。

☞approach が「近づく」という意味の自動詞として使われる場合は、この文のように
現在進行形になることが多いです。

Did you enjoy the reception?

懇親会を楽しんでいただけましたでしょうか？

I look forward to seeing you all again sometime soon.

また皆様と近いうちにお会いできることを楽しみにしています。

Please have a safe trip, wherever you go!

どちらへお帰りになるとしても、帰途の旅が安全でありますように。

Please take all your personal belongings with you before you leave the room.

お部屋を出られる際には、お荷物をすべてお持ち帰りください。

☞belong to は「〜の所有物である」という意味で、その名詞形 belongings は「所
有物」のことです。

Chapter
8

懇
親
会

乾杯

乾杯の場面では長く話す必要はありません。司会者なら登壇者を紹介し、登壇者なら話は短めに。グラスの準備など、参加者への指示は的確にはっきりと行います。そして、準備が整ったら、普段以上に大きな声で乾杯のひと言を発しましょう。

きほんの き

→食事が待ち遠しい参加者もいるので話は短めに切り上げます
→いつもより大きな声で発声しましょう

乾杯のスピーチ
track[**46-01**]

Ms. Yamada will propose a toast.
山田様に乾杯のご発声をお願いいたします。

☞「乾杯の発声の前のひと言」は toast speech と言います。

Now, let me say a few words before the toast.
それでは乾杯の前に簡単なごあいさつをさせていただきます。

Please pour yourself a drink.
グラスにめいめいで飲み物を注いでください。

☞日本では互いのグラスに注ぎ合う習慣がありますが、自分の飲み物は自分で注ぐのが海外では一般的です。一方、Pour me a glass of wine, please.（ワイン 1 杯を注いでください）という表現の通り、ワインは自分で注がないのがマナーです。

Please raise your glasses.
グラスをお持ちください。

☞glass は「ガラス、コップ、グラス」などの意味があります。複数形 glasses には「眼鏡」の意味もあります。

Cheers!

乾杯!

☞「乾杯」は必ず複数形になります。cheerleader(チアリーダー)という単語があるように cheer は「声援を送る、応援する」の意味。同じく、お祝いの言葉 Congratulations!(おめでとう!)も複数形です。

To your health! Cheers!

皆様の健康に! 乾杯!

Here's to our friends!

友情に乾杯!

Let's drink to our project!

プロジェクトに乾杯!

☞I'll drink to that.(大賛成です、そうだといいですね)という慣用句も覚えておくと便利です。

食事のはじまり

track [**46-02**]

Now, everyone, let's dig in!

皆さん、お食事をどうぞ!

☞Bon appétit!(ボナペティ)は、「召し上がれ」というフランス語ですが、英語でも使われます。

Chapter
8

懇親会

03 歓談中

最終目標は人脈づくり（ネットワーキング）です。できるだけたくさんの人に積極的に話しかけてください。食べることも人脈づくりのためだと考え、ネタに尽きたら食事をきっかけに参加者に話しかけてもいいですね。ただし、それで終わらせず、必ずビジネスに話題をつなぎ、今後のビジネスチャンスをつかみ取りましょう。

きほんの き

→積極的に話しかけて人脈づくりのきっかけを作ります

→何気ない話題で始めてから本題に移りましょう

→今後のビジネスにつながるように話を終えます

話のきっかけ
track [**47-01**]

Is this your first time attending this event?

このイベントに参加したのは初めてですか？

I met you before at the same event.

同じイベントで以前お会いしましたね。

Are you having fun?

楽しんでいますか？

☞少し直接的で言いづらい表現かもしれませんが、懇親会のような場に慣れていなさそうな参加者にはこのように声をかけてみましょう。

I have a question about your company.

御社について質問があるのですが。

May I have your business card, please?　ていねい

名刺をいただけますか？

☞名刺交換から始まるあいさつは日本のビジネスに特有のものです。相手がそのことを知らず名刺交換をしていなければ、今後連絡を取るために相手から名刺をもらっておきましょう。

イベントの感想（肯定的）

The event was of great interest to me.

今回のイベントはとても興味深かったですね。

The event proved to be a very valuable opportunity for us.

今回のイベントは我が社にとってとても実り多い機会となりました。

☞invaluable も valuable と同じく「計り知れない価値のある」という意味です。

I was able to expand my network.

人脈を広げることができました。

I was able to achieve more than I expected.

期待していた以上の成果を得ることができました。

Chapter
8

懇
親
会

I enjoyed it to the fullest!

とても楽しかったです!

☞「心の底から」は、I love you from the bottom of my heart.（心の底からあなたを愛しています。）のように、from the bottom of my heart と言うこともできます。

I learned a lot.

勉強になりました。

I made so many new discoveries.

新たな発見がとても多かったです。

I would absolutely participate again.

またぜひ参加したいと思います。

☞意味を強調する副詞をフル活用しましょう。absolutely の類似表現に certainly（確かに、きっと）、definitely（確かに、間違いなく）などがありますが、文脈によって言い換え可能かどうかを判断する必要があります。

イベントの感想（否定的）

I wasn't able to achieve the kinds of results I had expected.

思っていたような成果は得られませんでした。

I feel that the last event was much better.

前回のイベントの方がずっとよかった気がします。

It was a disappointment.

期待はずれでした。

☞It was disappointing. とも言います。I was disappointed at（～にがっかりしました）はよく知られた表現です。

None of the products appealed to me very much.

特に心を惹かれた商品はありませんでした。

☞appeal to me 以外にも、catch my attention（注意を引く）とも言います。

誰かを紹介する

track [47-04]

This is Ms. Kim from the Sales Department.

こちらは営業部の金さんです。

☞人の紹介、電話でのあいさつなどには This is ... を使います。人を紹介するのに this を使うのは何となく変に感じるかもしれませんが、日本語で「こちらは～さんです」と人を紹介するのと同じと考えてください。

He is an excellent salesperson.

彼はとても優秀な営業さんです。

☞近年、表現におけるジェンダーの区別をなくそうとする動きがあり、ここでも salesman を salesperson と表記しています。

I'm sure you two will have a great conversation.

お二人はきっと話が合うと思います。

☞「仲良くする」は get along with each other、「気が合う、相性がよい」は have good chemistry です。

紹介を依頼する

Could you refer me to a salesperson from ABC Corporation?

ていねい

私を ABC 社の営業の方にご紹介いただけますか？

☞「人を（ある人）に専門的な知識を得たりするため引き合わす」という場合には、introduce（〜を紹介する）の代わりに、このフレーズのように refer を使います。

Would you mind referring me to him/her?

ていねい

差し支えなければ、あの方に私を紹介していただけませんか？

What kind of reputation does he have?

彼の評判を教えてください。

☞ビジネスを一緒にしたり、採用する人材の評判を口コミで（by word of mouth）確認したいときの表現です

Chapter
8

懇
親
会

飲み物・食べ物をすすめる

What would you like to drink?

何を飲まれますか？

☞アルコール、ソフトドリンクの区別なく、使える表現です。

Have you eaten yet?

もうお食事はされましたか？

☞立食の場合、食事がおろそかになることが多いので、お互いに気を使いながら食事も楽しみたいものです。また、食事をきっかけに話を始めることを狙ってもいます。

Let's grab some food.

何かつまみましょう。

☞食べ物をすすめる表現です。話を切り上げる口実としてこの表現を使うこともできます。さらに話を切り上げる意図を伝えたい場合には、I will grab some food. と言えばいいでしょう。grab は「〜を急いで食べる／飲む」という意味。

The dishes on that table look delicious.

あそこのテーブルにある料理は美味しそうですね。

Do you drink?

アルコールは飲まれますか？

☞drink は「アルコールを飲む」という意味でも使われます。

アレルギー・宗教による食事制限を確認する　　track[47-07]

Are you looking for Halal food?

ハラール食をお探しですか？

☞ハラール食は、イスラム法にのっとった食材を使った料理です。

Would you like to see the pork- and alcohol-free menu? ていねい

豚肉やアルコールを含まないメニューをご覧になりますか？

☞free は「自由な、無料の」に加え、「〜がない」という意味でも使われます。ここでは、「豚肉とアルコールが使われていないこと」を指しています。

Would you rather eat beef-free dishes? ていねい

牛肉が使われていない料理の方がよろしいですか？

おすすめの観光地　　track[47-08]

Are there any places I should visit?

訪れるべき場所はありますか？

Where do you recommend to visit?

おすすめの観光地はどこですか？

Which tours do you recommend?

どのツアーがおすすめですか？

レストランを尋ねる・すすめる　　track[47-09]

Do you have any restaurants you can recommend?

おすすめのレストランはありますか？

Are there any seafood restaurants you can recommend?

シーフードがおいしいお店はありますか？

Please let me know if there are any reasonably priced and delicious restaurants.

安くて美味しいお店があれば教えてください。

☞「安い」というと cheap が思い浮かぶかもしれませんが、日本語でも「安かろう悪かろう」と言われるように、cheap にはあまりよいニュアンスがありません。製品などに cheap を使えば、すぐに壊れそうな印象になるのでマーケティングでは使いません。

We are looking for a restaurant suitable for business dinners.

ビジネス用の会食に適したレストランを探しています。

I think that restaurant is worth visiting.

あのレストランは行く価値があります。

☞worthy は「価値がある」で、「〜する価値がある」は worth *do*ing です。

The restaurant serves excellent food.

そのレストランは素晴らしい料理が楽しめます。

That restaurant is popular with the locals.

そのレストランは地元の人に人気です。

充電器の場所を尋ねる・教える   track [47-10]

Where can I charge my phone?

どこで電話を充電できますか？

☞charge はビジネスでは、サービス料金を請求する際などにも用いられます。

You can charge your mobile phone over there.

あそこで携帯を充電できます。

トイレの場所を尋ねる・教える

track [47-11]

Where is the restroom?

お手洗いはどちらでしょうか？

☞公共の施設のトイレはアメリカ英語では rest room（restroom）、bathroom、カナダ
英語では washroom、イギリス英語では toilet です。

The restroom is on the second floor.

お手洗いは 2 階にあります。

☞イギリス英語では second floor は「3 階」のことです。イギリスでは「1 階」を
ground floor と言い「2 階」は first floor と、アメリカや日本とは 1 階分ずれます。

The restroom is a bit of a walk from here.

トイレはここから少し歩かなければいけません。

I will walk you to the restroom because it's hard to find.

トイレの場所は分かりにくいのでご案内します。

☞他動詞の walk で、「一緒に歩いて（人）を案内する」という意味です。

今後の予定を尋ねる・教える

track [47-12]

When are you leaving?

いつお帰りですか？

What is your schedule for tomorrow?

あなたの明日の予定はどうなっていますか？

Are you going to attend the session tomorrow, too?

明日のセッションも参加されますか？

There will be a presentation tomorrow by our company.

明日は弊社のプレゼンテーションがあります。

Are you going to attend the event next time?

次回もイベントに参加されますか？

I fly home the day after tomorrow.

明後日の便で帰る予定です。

I have a meeting with a salesperson from KU Corporation tomorrow.

明日は KU 社の営業部の方とお会いする予定です。

I would be grateful if you could spare some time to discuss things in more detail sometime soon.

ていねい

この件については近いうちにお時間をいただいて、詳細をお話しできれば嬉しいです。

Chapter
8

懇
親
会

レストランで

懇親会で話し足りなかった場合は、2 次会に誘いましょう。少人数で話すことでお互いのことをよく知ることができます。注文や支払いの仕方について事前に確認しておくことで、後々の余計な手間を省くことができます。

きほんの **き**

→さらに話をしたい相手がいれば 2 次会に誘いましょう
→支払い方法なども事前に確認しましょう

誘う   track [**48-01**]

Networking at social gatherings is not my forte.

懇親会で人脈を広げるのは得意ではありません。

☞forte は「強み、得意」の意味です。

I can't eat much at receptions.

懇親会ではあまり食べられません。

Will you go to the reception after-party?

2 次会に行きませんか？

Free for lunch?   カジュアル

お昼でも一緒にどう？

☞Are you free for lunch? の略で、free は「時間がある、暇な」の意味です。

入店   track [**48-02**]

There will be four of us.

（今は 3 人ですが、後で 1 人来るので）4 人です。

Could we have a table by the window? ていねい

窓際のテーブルをお願いできますか？

☞by は「～の近くに」の意味です。前置詞 by の最も基本的な用法です。

Can I have a table with a nice view?

眺めのいいテーブルはありますか？

Could we eat outside? ていねい

外の席で食べられますか？

Happy hour is until 5 p.m.

ハッピーアワーは 17 時までです。

Their happy hour is great; drinks are just a dollar each!

ここのハッピーアワーは最高ですね。ドリンクが 1 杯1ドルですから!

It's on me. カジュアル

おごりますよ。

My treat. カジュアル

私のおごりです。

注文 track [48-03]

Can I have the menu, please? ていねい

メニューをいただけますか？

There are many dishes on the menu.

料理のメニューが豊富ですね。

What do you recommend?

何かおすすめは？

Does the dinner come with rice?

ディナーはライス付きですか？

We're ready to order.

注文します。

Say when.

（チーズ、こしょうなどをかけるときに）好きなところで「そこまで」と言ってください。

When.

そのくらいでいいです。

☞店員：“Say when.” 客：“When.” というやりとりです。

Just a sip.   カジュアル

一口だけ。

☞お酒などを一口だけ飲みたいときに便利な表現です。

May I have a second plate?   カジュアル

おかわりをいただけますか？

I'm full.

お腹いっぱいです。

☞食事がおわりに近づいて、ウエイトレス／ウエイターから How's everything?（お食事はいかがでしたか？）と聞かれ、「お皿を下げてください」と言う代わりに使うことができます。May I take your plate?（お皿をお下げしましょうか？）と聞かれたら、Yes, please. と答えます。まだ食べている最中なら、I'm still working on it. と言います。

支払い   track[**48-04**]

Check, please!

勘定をお願いします。

Separate checks, please.

会計は別々でお願いします。

Drinks are on me.   カジュアル

飲み物は私におごらせてください。

Do you accept JCB cards?

JCB カードは使えますか？

Does this total include tax?

税込み価格ですか？

Is the tip included?

チップは含まれていますか？

Excuse me, I forgot the tip.

すみません、チップを忘れました。

☞支払いの際、店員さんの顔つきからチップを忘れたかどうかがすぐに分かりますので、その際に言い添えてください。

Until what time are you open?

ここは何時まで開いていますか？

☞店内の客数が減ってきた、また来店したいので閉店時間を確認したい、といったときに使えるフレーズです。

Chapter
8

懇
親
会

05 メール

ビジネスではさまざまな場面で、懇親会などのイベントを開催する機会があり、その都度、参加者を募るための案内をします。目的、日時、食事の有無、ドレスコード、予約制かどうかなど、参加者から質問を後からたくさん受けないよう、あらかじめ詳しく説明をしておきましょう。ここでは、メールに使えるフレーズをご紹介していきます。

きほんの き

→集まる趣旨をはっきりと伝えます
→食事の有無、ドレスコード、予約についてあらかじめ伝えます
→参加を促すため、表現を工夫しましょう

新会社設立パーティー   track[49-01]

You are cordially invited to celebrate the founding of our new company at 5 p.m. on Friday, July 5.　　ていねい

7月5日（金）17時より開催する弊社の新会社設立祝賀パーティーにご招待いたします。

☞cordially は「心から、心を込めて」という意味です。

Congratulations on the establishment of your new company!

新会社設立おめでとうございます。

☞「おめでとう」の Congratulations! は常に複数形です。

落成記念パーティー

track [**49-02**]

You are cordially invited to our opening ceremony, with a reception to follow, to celebrate the completion of our new building. ていねい

弊社の新社屋の落成記念式典とその後の懇親会にご招待します。

☞ceremony, with a reception to follow は、A reception follows the ceremony.（式典の後に懇親会があります。）と言い換えられます。follow は「〜の後に続く」という意味で、to 不定詞は未来を表します。 follow を使ったほかの表現に English follows Japanese.（英語は日本語の後に続く。）があります。メールで日本語の後に英語訳が続く場合などに使える表現です。

Your presence is requested at a ceremony to celebrate the completion of our new building. ていねい

新ビル落成記念式にご参加ください。

☞Your presence is requested at a ceremony の直訳は、「あなたが式に参加することが要請されている」です。

Congratulations on the completion of your new building!

新社屋の完成おめでとうございます。

Chapter
8

懇
親
会

創立記念日

track [**49-03**]

A special anniversary ceremony will be held in the Main Hall.

メインホールにて創立記念日の特別式典を行います。

☞日本語の「アニバーサリー」は結婚記念日という印象が強いですが、英語の anniversary は結婚記念日に限らず、さまざまな記念日に使えます。

Come celebrate the birthday of our company!

弊社の創立記念日をお祝いしましょう！ カジュアル

☞会社を擬人化した表現です。

Congratulations on your 30th anniversary!

創業 30 周年おめでとうございます。

プロジェクトの打ち上げ
track [**49-04**]

A banquet will be held to thank all of you for your effort in completing the project.

プロジェクト完了のためご尽力いただいたことへの感謝を込めて、食事会を開きます。

☞banquet は、「食事が供される会、祝宴」です。

退職祝い
track [**49-05**]

Please plan to attend his retirement party.

彼の退職祝いパーティーへの参加をお願いします。

懇親会の案内
track [**49-06**]

There will be a reception immediately following the ceremony.

式典に引き続き懇親会が行われます。

The ceremony will be by invitation only.

セレモニーは招待制です。

We are organizing an invitation-only party.

招待制のパーティーを計画しています。

Please bring the invitation card you will be receiving soon by post.

じきに郵送で届く招待状を持参してください。

The date, time, and location will be announced shortly.

日時と場所は近いうちにご連絡差し上げます。

☞shortly は soon で言い換えられます。

Light refreshments will be served.

軽食が用意されます。

Hors d'oeuvres and beverages will be served.

オードブルと飲み物が用意されます。

Beer, wine, and appetizers will be served.

ビール、ワイン、前菜が用意されます。

A dessert reception will immediately follow the ceremony.

式に引き続きデザート懇親会が開かれます。

服装　　　　　　　　　　　　　　　track[**49-08**]

Formal attire is requested.

正装でお願いいたします。

☞attire は「(フォーマル) な装い」を意味する単語です。

Men require a jacket.

男性はジャケットをご着用ください。

Please refrain from wearing jeans and T-shirts.

ジーンズやTシャツの着用はお控えください。

Please dress casually.

軽装でお願いいたします。

返事　　　　　　　　　　　　　　　track[**49-09**]

R.S.V.P. to me by email.

ご回答は私宛にメールを送ってください。

☞R.S.V.P. は、フランス語の Répondez s'il vous plaît.（お返事をお願いします。）の
略です。

予約

I would like to make reservations for two to attend the ceremony.

式典に 2 名参加で予約をお願いします。

結句

Your attendance will be greatly appreciated.

ぜひともご参加ください。

Please be sure to come!

カジュアル

ぜひ来てね!

Spread the word.

カジュアル

広めてください。

Mark your calendars!

カジュアル

カレンダーに記入しておいてください。

会の種類	
忘年会	year-end party, forget-the-year party
新年会	new year party
歓迎会	welcome party
送別会	farewell party
誕生会	birthday party
新製品発表会	new product orientation
株主総会	stockholders meeting
役員会	executive meeting
取締役会	board meeting
竣工式	dedication ceremony

Column
15

フレーズの対話論

　「対話」という言葉にどのようなイメージを持っていますか？　多くの人は、「会話」よりは硬いニュアンスで、より公的な場面で使われる表現という印象を持っているのではないでしょうか。領土問題などの外交に関して要人が「我が国の対話の扉は開かれています」と発言するなど、日々のニュースでよく耳にする言葉ですね。

　「対話論」（Dialogism）いう考え方があります。「声」を鍵概念として社会の事象を読み解くものです。いくつかの流派の一つ、社会構成主義では、「社会的現実は私たちのコミュニケーション（具体的には、会話）によって構成される」と考えられています。会話の最小単位は「発話」（utterance）とされ、発話には話すことだけではなく、書くことも含まれています。

　対話論では、私たちが日常の場面で何気なく声を用いて発話することが社会を築き上げ、私たちの発話も、私たちの声が築き上げた社会によって影響を受けていると言われています。対話論の考え方は、ビジネス論やリーダーシップ論などでも広く参照されていて、課題解決に新たな視点を提示しようとしています。

　本書をビジネス英語フレーズの単なる寄せ集めと思われるかもしれません。しかし、対話論の考え方を応用すると、本書のフレーズを使った皆さんの発話により、私たちのビジネス社会が（再）構成されていくのです。「たかがフレーズ、されどフレーズ」。新たなビジネス社会を切り拓いていくためのフレーズ集です。フレーズを使うとき、そんなことを思い出してみてください。

『ダイアローグ・マネジメント』（ディスカヴァー・トゥエンティワン、ケネス・J・ガーゲン＆ロネ・ヒエストゥッド伊藤守、2015）

Chapter **9**

雑 談

01 家族・ペット

取引先との会話でも家族のことが話題にのぼる場合があります。相手との意外な共通点が見つかると距離が縮まるきっかけになります。ペットや家計、住宅事情に加え、家族の話を避けたい場合のフレーズも用意したので、状況に合わせて使ってみてください。

きほんの き

→相手と会話の流れから家族の話になることもあります
→共通点が見つかったら、共感の言葉を使いましょう
→プライベートな話題を避けたい場合はさらりと次の話題に移りましょう

シングル

track[**50-01**]

I'm single.

独身です。

☞ここでは「独身」と訳しましたが、配偶者だけではなく特定の相手がいない場合も single と言います。

I'm enjoying being single.

独身生活を満喫しています。

I'm looking for a marriage partner.

婚活中です。

☞marriage partner の代わりに future husband/wife（将来の夫 / 妻）と言うこともあります。

I'm a single parent.

1人で子どもを育てています。

☞parents が「両親」なので、単数の parent になります。

配偶者・パートナー

track[**50-02**]

I'm married.

結婚しています。

I have a partner.

パートナーがいます。

I live with my partner.

パートナーと住んでいます。

My wife works at the same company as me.

妻も同じ会社で働いています。

My husband works in a different industry.

夫は別の業界で働いています。

My wife is a homemaker.

妻は専業主婦です。

☞homemaker とは主に「家事を担う人」のことです。子どもがいてもいなくても使えます。

My husband is a stay-at-home dad.

夫は専業主夫です。

☞「専業主夫／主婦」を意味する househusband/housewife という単語もありますが、子どもがいる場合は stay-at-home dad/mom という呼び方が好まれます。

My wife (husband) and I both work.

共働きです。

☞日本語には「共働き」という言葉がありますが、英語では「妻（夫）も私も両方働いています」と言います。

子ども   track [**50-03**]

I have two children.

子どもが 2 人います。

I have a twin.

双子がいます。

☞「双子」は twin で「三つ子」は triplet です。

親

Both of my parents are in good health.
両親は健在です。

My mother wanted to know how I'm doing at work.
母は、私の仕事の様子を知りたがっていました。

I grew up in a single parent family.
ひとり親の家庭で育ちました。

親戚

I get along with my cousin.
いとこと仲がいいです。
☞「いとこ」は cousin で、「親戚」は relative です。

I run a business with my relatives.
親戚と一緒に会社を経営しています。

祖父母

My grandfather founded this company.
祖父が設立した会社です。
☞「～を設立する」は found で、「設立者」は founder です。

My grandparents are still alive.
祖父母は存命です。

離婚

I am in the middle of a divorce.
現在、離婚協議中です。

My family name changed following my divorce.

離婚して苗字が変わりました。

☞理由の「離婚して」を言いたくなければ、changed で文を終わらせましょう。

Finally, I got divorced.

ようやく離婚しました。

I have lived and worked away from my family for a long time.

長い間、家族と離れた場所に住み、仕事をしています。

I will be a dad in a month.

1 カ月後に父になる予定です。

☞「何カ月後」と未来について言いたいときは前置詞 in を使いましょう。「数時間後」(in a few hours)、「数分後」(in a few minutes) という表現でも同じく in です。

Chapter
9

雑
談

Congratulations! Get your sleep while you can.

おめでとう。寝られるときに寝ておきましょう。

I'll be taking maternity leave next month.

来月から産前産後休暇をとります。

☞maternity leave は母親の「産休」という意味で父親の「育休」は paternity leave です。

I'm going to take parental leave for about two weeks.

2 週間ほど、育児休暇をとる予定です。

☞parental leave は男女関係なく使えます。

Please accept my condolences.

お悔やみ申し上げます。

☞condolences は「哀悼の意、お悔やみ」の意味です。

I would like to offer my condolences on the loss of your mother.

お母様のご逝去を慎みお悔やみ申し上げます。

Thank you for offering your condolences.

お悔やみの言葉をありがとうございました。

Thank you for the flowers you sent to my father's funeral.

父の葬儀の際、お花をいただき、ありがとうございました。

ペットの飼育
track [**50-10**]

I have a dog.

犬を飼っています。

I used to have goldfish.

昔、金魚を飼っていました。

Is a permit required for owning an iguana?

イグアナを飼うのに許可は要りますか？

Do you have a pet?

ペットはいますか？

ペットの好み
track [**50-11**]

I am a cat person.

猫派です。

☞「犬派」は a dog person です。person は「～が好きな人」の意味。

I hate snakes.

ヘビは大嫌いです。

インコ	**parakeet**
ハムスター	**hamster**
うさぎ	**rabbit**
ハリネズミ	**hedgehog**
フクロウ	**owl**
ミニブタ	**mini-pig**
リスザル	**squirrel monkey**
やぎ	**goat**
カピバラ	**capybara**
フェレット	**ferret**
カエル	**frog**
かめ	**turtle**
ヘビ	**snake**
カブトムシ	**beetle**
めだか	**killifish**

子育て

track [**50-12**]

Juggling working and being a mom is extremely difficult.

仕事と子育ての両立は本当に大変です。

☞juggling（ジャグリング）は複数のボールを空中に投げて受ける曲芸のことです。動詞 juggle は、「（複数のものごと）を同時にやりくりする」ときに使う表現です。

I need to drop my daughter off at school.

娘を車で学校まで送っていかなければなりません。

☞直訳すると「娘を学校で車から降ろす必要があります」になります。

I've got to go. It's time to pick my son up from school.

そろそろ息子の迎えに行かなければなりません。

☞it's time to *do* で「〜する時間です」という意味になります。

I'd like to take the day off today because my son has a fever.

息子が熱を出したので今日はお休みを取らせていただきます。

I'm bringing my daughter to work today. Please excuse her if she is noisy.

今日は娘を連れて出社します。うるさくてもご容赦ください。

☞excuse は目的語に me 以外をとることもできます。ここでは「（彼女のこと）を大目にみてください」、「ご容赦ください」の意味です。

I helped my son with his homework yesterday.

昨日は息子の宿題を手伝いました。

It'll be a long week since my husband is away.

今週は夫がいないので長い週になりそうです。

Is your son taking any lessons?

息子さんは何か習い事をされていますか？

☞「習い事をする」はよく take a lesson と表現されます。

I work sometimes while my son is having his lesson.

息子の習い事の間に仕事をすることもあります。

Ballet improves one's posture and provides a musical education.

バレエは姿勢がよくなりますし、音楽教育にもいいですね。

☞posture は「姿勢」のことです。

習い事の一覧	
ダンス	dancing
水泳	swimming
英語	English
そろばん	abacus
サッカー	soccer (football)
野球	baseball
ラグビー	rugby

体操	**gymnastics**
プログラミング	**programming**
リトミック	**music and movement class**
塾	**cram school**

介護

track[**50-13**]

I look after my mother.

母の介護をしています。

☞「〜の介護をする」は take care of でも表すことができます。

I have a meeting with the care manager that day.

その日はケアマネージャーとの打ち合わせが入っています。

住宅

track[**50-14**]

I am considering buying an apartment.

マンションの購入を検討しています。

☞英語で mansion は多くの場合「豪邸」のことなので、apartment か condominium を使ってください。

I got a 30-year mortgage at a 1.2% interest rate.

金利 1.2% の 30 年ローンです。

☞mortgage は「住宅ローン」で、housing loan とも言います。interest rate は「金利」のことです。

Now is the best time to buy real estate property.

今は不動産の買い時ですよ。

☞real estate property は「不動産」です。real estate だけでも通じます。

I am looking for a house near my workplace.

職場から近い家を探しています。

Chapter
9

雑
談

Do you have any neighborhoods you can recommend?

住むのにおすすめの地域はありますか？

☞ここでの neighborhood は「地域、地区」のことです。

I have cut down on my food expenses.

食費を抑えています。

I have a limited amount of money at my disposal each month.

うちは毎月お小遣い制です。

☞子どもに対しては「お小遣い」として allowance や pocket money という単語を使いますが、大人ではあまり使いません。直訳すると「毎月自由に使える決まった額のお金を持っています」となります。

I'm still repaying my student loans.

今も奨学金を返済しています。

☞repay は「（借金）を返済する」という意味です。

I want to consult my wife before making any purchasing decisions.

妻に毎回相談して購入を決めたいです。

Education expenses are too high.

教育費が高いですね。

☞expenses は「費用」のことです。「学費、授業料」は tuition です。

College tuition has been increasing year after year.

大学の授業料は年々上がるばかりです。

Same here.

うちも同じです。

Don't worry. It happens all the time.
大丈夫。よくあることですよ。

We're in a similar situation.
状況が似ていますね。

I know exactly how you feel.
お気持ちはよく分かります。

話題を変えたい track[50-17]

On a different note, I met up with Mario yesterday.
話は変わりますが、昨日マリオに会ってきました。

☞ on a different note の代わりに同じ意味の on another note や、「ところで」という
意味の by the way も使えます。

Let's change the subject.
カジュアル

話題を変えましょう。

I'd rather not say. That's a bit too personal.
個人的な話になるのであまり答えたくありません。

☞相手が気まずい思いをしないように、軽いトーンで言ってみましょう。

I'd rather not talk about it.
それについてはあまり話したくありません。

Things are a little complicated.
いろいろと複雑な事情があります。

Chapter
9

雑
談

02 仕事

あいさつの後や懇親会では、仕事に関する踏み込んだ会話になることもあります。TPO もありますが特に、お酒が入ったり、親しい人の前だったりすると、ポロッと本音を言ってしまいたくなるものです。率直にコメントしたいときに、このセクションのフレーズを使ってみてください。

きほんの き

→仕事の話は、英語の雑談でも使える話題です
→短く感情が伝わるフレーズを使いましょう
→転職を考えている場合は、信頼できる人に思い切って伝えてみましょう

相手の仕事について尋ねる   track[51-01]

How's your job?
仕事はどうですか？

Are your colleagues supportive of you?
同僚はちゃんとサポートしてくれていますか？

☞英語ではあまり先輩、後輩と分けて呼ぶことがないので、まとめて colleagues（同僚）を使ってください。

If you have any questions, please feel free to ask me anytime.
何か分からないことがあったら、いつでも気兼ねせず聞いてくださいね。

職場環境   track[51-02]

I've been productive lately.
最近、仕事がどんどんはかどります。

I've been learning a lot at this company.
学ぶことが多い会社です。

I have great colleagues.
いい同僚に恵まれています。

I'm very busy, so I don't get bored.
とても忙しくしているので、飽きないです。

Now that we have some time off, I am very glad to have some time for myself.
今は休みを取れるようになったので、自分の時間が持てるととても嬉しいです。

This is the ideal workplace with one exception.
一点を除けば完璧な職場です。

☞「完璧な職場です」とだけ伝えたいときは workplace で文を終わらせます。

Everybody works too much.
みんな働きすぎです。

I'm new to this, so I'm often confused.
初めてなので、戸惑うことが多いです。

There are still some things I don't quite understand.
まだよく分からないことがあります。

It's completely different from my last job.
前の仕事とまったく違います。

同僚のうわさ話
track [51-03]

My boss is not very friendly.
上司はちょっととっつきにくい感じです。

That person is a troublemaker.
あの人はトラブルメーカーです。

He's so good at his job.

彼はとても仕事ができる人ですよ。

☞他にも He's so professional.（彼はとてもプロ意識が高い。）も同じような褒め言葉になります。

I had worked with her once before.

彼女とは前に一度仕事をしたことがあります。

転職 track [**51-04**]

I'm thinking about changing my career.

転職を考えています。

☞my career は my job と同じ意味です。

My job is not rewarding.

仕事にやりがいを感じません。

☞rewarding は「価値がある、甲斐がある」の意味です。

If you know any good recruiters, please let me know.

いい転職エージェントがいたら教えてください。

---

03 趣味

家族の話と同じく、ふとしたことから趣味の話になることがあります。趣味を知ってもらうと、相手に覚えてもらいやすくなります。このセクションではさまざまな趣味のトピックを用意しました。自分の趣味を英語で伝えてみましょう。

きほんの き

→自分の趣味の話をした後は相手にも尋ねてみましょう
→共通点を探して話を盛り上げましょう
→「しません」「苦手です」と言うためのフレーズも覚えておきましょう

スポーツ

track [**52-01**]

ヨガ

I just started practicing Yoga recently.

最近ヨガを始めました。

☞do Yoga でも「ヨガをする」という意味になります。

Where do you practice Yoga?

ヨガはどこでしているのですか？

I take Yoga lessons once a week.

ヨガのレッスンを週 1 回受けています。

Yoga makes you feel better.

ヨガをすると気持ちよくなります。

☞makes you となっていますが、この you は「あなた」というより「(一般的な) 人」というニュアンスです。

フットサル／サッカー

I play on a futsal team.

フットサルチームに入っています。

Chapter
9

雑
談

315

How many players does it take for a game of futsal?

フットサルは何人でプレイするのですか？

Futsal is played by two teams of five players each.

フットサルは5人組の2チームで試合をします。

Futsal is played on a court, smaller in size than a soccer pitch.

フットサルはサッカー場より狭いコートでプレイします。

ゴルフ

Shall we play golf sometime soon? ていねい

今度、ゴルフに行きませんか？

What is your handicap?

ハンデはいくつですか？

テニス

I've played tennis since junior high school.

テニスは中学のときからしています。

My tennis elbow hurts more at night.

夜の方がテニス肘が痛みます。

☞「テニス肘」は英語でも tennis elbow と言います。

How can I book a tennis court at Oji Park?

王子公園のテニスコートはどうやって予約するのですか？

水泳

Swimming is good for the whole body.

水泳は全身運動になります。

Which stroke do you prefer: doggy paddle, back stroke, freestyle, sidestroke, breast-stroke, or butterfly?

犬かき、背泳ぎ、クロール、横泳ぎ、平泳ぎ、バタフライのうち、どの泳ぎ方が好きですか？

☞泳ぎ方の英語名称を確認しましょう。

The freestyle is also called the crawl.

自由形はクロールとも呼ばれます。

I like to swim in hotel pools.

ホテルのプールで泳ぐのが好きです。

ランニング

Where do you usually run?

いつもどこでランニングしますか？

Running is the best exercise for burning calories.

ランニングは、カロリーを消費するには最高のエクササイズです。

How far do you run every day?

毎日どのくらいの距離を走りますか？

☞距離を尋ねるときは how far を使います。

I jog when I go on business trips.

出張先でもジョギングをしますよ。

登山

What's the best time of the year for mountain climbing?

山登りに最適な季節はいつですか？

I've never climbed Mt. Fuji.

富士山に登ったことがありません。

Mountain climbing is tough and dangerous.

登山は大変で危険を伴います。

☞tough の代わりに、challenging（大変な）を使っても表現できます。

野球

Which is more popular among children: baseball or soccer?

野球とサッカー、どちらの方が子どもに人気ですか？

I'm a big Hanshin Tigers fan.

阪神タイガースの大ファンです。

☞a big fan は「大ファン」という意味です。

Playing baseball requires expensive equipment.

野球をするには高額の道具が必要になります。

ジム・筋トレ

I've been going to the gym lately.

最近ジムに通っています。

I'll be quitting the gym pretty soon.

ジムをもうすぐ辞めようと思っています。

I'm into strength training.

筋トレにハマっています。

☞strength training は「筋トレ」です。「有酸素運動も含む運動」は workout です。「ハマっている」「夢中になっている」は be into です。

スポーツ全般

I used to play sports when I was a kid.

子どもの頃はスポーツをやっていました。

I like watching sports.

スポーツを見るのが好きです。

I always quit exercising.

いつも運動をやめてしまいます。

☞quit は「〜をやめる」で、quitter（すぐ諦める人）という単語もあります。

Ball games are not my thing.

球技全般ダメです。

☞my thing で「私の好み」や「私が得意なこと」という意味になります。

I am not good at sports.

スポーツは苦手です。

冬季スポーツ	
アルペンスキー	**alpine skiing**
バイアスロン	**biathlon**
ボブスレー	**bobsleigh**
クロスカントリースキー	**cross-country skiing**
カーリング	**curling**
フィギュアスケート	**figure skating**
フリースタイルスキー	**freestyle skiing**
アイスホッケー	**ice hockey**
リュージュ	**luge**
ノルディック複合	**Nordic combined**
ショートトラックスピードスケート	**short track speed skating**
スケルトン	**skeleton**
スキージャンプ	**ski jumping**
スノーボード	**snowboarding**
スピードスケート	**speed skating**

オリンピック種目	
アーチェリー	**archery**
アーティスティックスイミング	**artistic swimming**
陸上（トラック競技、フィールド競技）	**athletics (track & field)**

バドミントン	**badminton**
野球	**baseball**
バスケットボール	**basketball**
ビーチバレーボール	**beach volleyball**
BMX フリースタイル	**bmx freestyle**
BMX レーシング	**bmx racing**
ボクシング	**boxing**
カヌー (スラローム、スプリント)	**canoe (slalom, sprint)**
自転車競技 (ロード)	**cycling (road)**
サイクリング (トラック競技、フィールド競技)	**cycling (track)**
飛び込み	**diving**
馬場馬術	**dressage**
総合馬術	**eventing**
フェンシング	**fencing**
サッカー	**football**
ゴルフ	**golf**
体操競技	**gymnastics**
ハンドボール	**handball**
ホッケー	**hockey**
柔道	**judo**
障害馬術	**jumping**
空手 (型、組手)	**karate (kata, kumite)**
マラソンスイミング	**marathon swimming**
近代五種	**modern pentathlon**
マウンテンバイク	**mountain bike**
新体操	**rhythmic**
ライフル	**rifle & pistol**
ボート	**rowing**
ラグビー	**rugby**
セーリング	**sailing**
クレー	**shotgun**
スケートボード (パーク)	**skateboarding (park)**
スケートボード (ストリート)	**skateboarding (street)**
ソフトボール	**softball**
スポーツクライミング	**sport climbing**
サーフィン	**surfing**

競泳・水泳	**swimming**
卓球	**table tennis**
テコンドー	**taekwondo**
テニス	**tennis**
トランポリン	**trampoline**
トライアスロン	**triathlon**
バレーボール	**volleyball**
水球	**water polo**
ウエイトリフティング	**weightlifting**
レスリング（フリースタイル、グレコローマン）	**wrestling (freestyle, greco-roman)**
３×３バスケットボール	**3×3 basketball**

音楽

track[**52-02**]

I listen to music from all sorts of genres.

音楽はジャンルを問わず何でも聞きます。

I often listen to J-Pop.

J-Pop をよく聞きます。

☞J-Pop でも通じますが、もし伝わらなければ Japanese pop music と説明してください。

I play the drums in a band.

バンドでドラムをやっています。

I'm not familiar with music.

音楽はあまり詳しくありません。

旅行

track[**52-03**]

I want to travel abroad at least once a year.

年に１回は海外に行きたいです。

I love traveling overseas.

海外旅行は大好きです。

Going on a private trip is more relaxing than making a business trip.

プライベートの旅行は出張に比べて気が楽です。

☞「気が楽な」は relaxing で言い表すことができます。

I often travel around Japan.

国内旅行によく行きます。

I don't like to travel very much.

旅行はあまり好きではありません。

映画 track [**52-04**]

Have you watched any movies recently?

最近映画を見ましたか？

What's a movie that's popular in India?

インドで人気の映画は何ですか？

My favorite movie is Mad Max.

私の好きな映画は『マッドマックス』です。

How much is a movie ticket in your country?

あなたの国では映画はいくらぐらいで見られますか？

食べ物 track [**52-05**]

What is your favorite food?

どんな食べ物が好きですか？

Do you cook?

料理はしますか？

料理	
牛丼	**beef bowl**
ギョーザ	**Chinese dumpling**

コロッケ	**croquette**
唐揚げ	**deep-fried chicken**
焼き魚	**grilled fish**
焼肉	**grilled meat / Korean barbeque**
漬物	**Japanese pickles**
とんかつ	**Japanese pork cutlet**
味噌汁	**miso soup**
ラーメン	**ramen**
カレーライス	**rice and curry**
刺身	**sashimi**
そば	**soba**
春巻き	**spring roll**
鍋	**stew / hot pot**
肉じゃが	**stewed meat and potatoes**
寿司	**sushi**
天ぷら	**tempura**
うどん	**udon**

魚介類

ウナギ	**eel**
鮭	**salmon**
サンマ	**saury**
ホタテ	**scallop**
エビ	**shrimp**
イカ	**squid**
マグロ	**tuna**
ブリ	**yellowtail**

食感

こしのある／モチモチの	**chewy**
カリカリの	**crispy**
サクサクの	**crispy / flaky**
（クッキーなどが）ほろほろした	**crumbly**
パサパサの	**dry**
ふわふわの／ふんわりした	**fluffy**

できたての / もぎたての	**fresh**
出来立てのほやほや	**freshly cooked**
肉汁たっぷり	**juicy**
熱々の	**piping hot**
プリプリの	**plump**

野菜	
もやし	**bean sprouts**
ブロッコリー	**broccoli**
ゴボウ	**burdock**
キャベツ	**cabbage**
にんじん	**carrot**
セロリ	**celery**
白菜	**Chinese cabbage**
きゅうり	**cucumber**
大根	**daikon radish**
ナス	**eggplant**
ニンニク	**garlic**
ねぎ	**green onion**
ピーマン	**green pepper**
レタス	**lettuce**
玉ねぎ	**onion**
ジャガイモ	**potato**
カボチャ	**pumpkin**
しいたけ	**shiitake**
ほうれん草	**spinach**
さつまいも	**sweet potato**
里芋	**taro**
トマト	**tomato**
カブ	**turnip**
山芋	**yam**

果物	
りんご	**apple**
梨	**Asian pear**

洋梨	**pear**
バナナ	**banana**
さくらんぼ	**cherry**
イチジク	**fig**
ぶどう	**grape**
グレープフルーツ	**grapefruit**
キウイ	**kiwi**
レモン	**lemon**
みかん	**mandarin orange**
マンゴー	**mango**
メロン	**melon**
パパイヤ	**papaya**
柿	**persimmon**
いちご	**strawberry**
スイカ	**watermelon**

I made a bento box lunch to eat at the office.

お弁当を作ってきたのでオフィスで食べます。

☞「お弁当」は英語でも bento box で通じます。

Are food delivery services like Uber Eats popular in Egypt?

エジプトではウーバーイーツのようなデリバリーサービスは人気ですか？

What food delivery services are popular in HongKong?

香港では何というフードデリバリーサービスが人気ですか？

It's a food that's all the rage on social media.

SNS で流行っている食べ物ですね。

☞all the rage は「大流行している」という意味です。

A lot of anime is being produced in South Korea and China these days.

最近は韓国や中国でもアニメがたくさん作られていますね。

Do you read Japanese manga or watch anime?

日本の漫画を読んだり、アニメを見たりしますか？

☞「漫画」も日本語が英語でも使われるようになり、manga で通じます。

I often read manga, even now.

今でも漫画はよく読みます。

I often read manga on my smartphone.

スマホで漫画をよく読みます。

I read e-books frequently.

電子書籍はよく読みます。

☞「電子書籍」は e-book です。frequently は「よく、頻繁に」です。この他にも、頻度を表す副詞として「いつも」は always、「ときどき」は sometimes、「めったにない」は rarely、「決してない」は never が使われます。

Have you already read that bestseller?

あのベストセラーを読みましたか？

I read your president's autobiography.

御社の社長の自伝を読みましたよ。

☞「自伝」は autobiography、「伝記」は biography です。

I haven't had much time to read recently.

最近あまり本を読む時間がありません。

I'm a heavy Twitter user.

ツイッターばかり見ています。

☞I'm always on Twitter. と表すこともできます。

I'm thinking of starting my own YouTube channel.

自分の YouTube のチャンネルを開設しようと思っています。

写真 track[52-09]

I enjoy taking pictures.

写真を撮るのが趣味です。

☞My hobby is taking pictures. とも表すことができますが、実際はあまり使われません。enjoy *doing* の方がよく使われます。

Sometimes I post my pictures on Instagram.

ときどきインスタに写真をあげています。

I bought a nice digital camera.

いいデジタルカメラを買いました。

I took some pictures for my website.

ウェブサイト用の写真を撮りました。

This is my profile picture.

プロフィール用の写真です。

ギャンブル track[52-10]

Sometimes I play pachinko.

ときどきパチンコをします。

☞「パチンコ」は英語でも pachinko と言います。

I went to a casino in Macao.

マカオのカジノに行きました。

Chapter
9

雑談

I'm into horse races.

競馬にハマっています。

☞「競馬」は horse races で、「競馬馬」は race horse です。

投資

track [52-11]

I started investing in stocks.

株の投資を始めました。

☞stock は「株」、invest は「投資する」、stock market は「株式市場」です。

I lost a fortune in bitcoin.

ビットコインで大損をしました。

☞lose a fortune は「大金を失う」の意味です。「大金をもうける」は make a fortune です。

I'm interested in ESG investment.

ESG 投資に興味があります。

I make a regular contribution to an annuity.

投資型年金を積み立てています。

☞annuity は「年金投資、（個人）年金」のことです。

I monitor the stock market constantly through a smartphone app.

スマホのアプリでしょっちゅう株式市場を確認しています。

☞monitor は「（状況）を確認する」の意味。check でも同様の意味になります。「アプリ」は app です。

---

04 食事

会食をしながら取引先と重要な案件について話し合うこともあります。
会食は日本について知ってもらったり、相手の国や文化について学ん
だりする絶好の機会でもあります。体質、宗教、文化による食事の制
約に配慮し、相手がリラックスした時間を過ごせるように心がけまし
ょう。

きほんの き

→和食に慣れていない相手には、簡単に和食について説明しましょう
→相手に食事制限があるかどうか直接尋ねましょう
→自分があまり食べ慣れていない料理であれば、食べ方を聞きましょう

和食とテーブルマナー

track [**53-01**]

Japanese traditional cuisine, or Washoku as it's called in Japan, is very popular around the world.

和食は世界中でとても人気があります。

☞cuisine は「料理」で、この単語の前に国名をつけると「〜料理」を表すことがで
きます。

Washoku has been expanding into overseas markets over the last twenty years.

和食の海外市場はここ 20 年でずいぶん成長しました。

Natto is eaten around the world.

納豆は世界中で食べられています。

You can eat it with your hands.

それは手で食べられますよ。

☞相手がおにぎりやお寿司などを箸で食べにくそうにしていたら、手で食べられること
を教えてあげてください。

It's better not to put too much wasabi on it.

わさびはあまり多くつけない方がいいですよ。

Chapter
9

雑
談

I enjoyed the Japanese restaurants in London.

ロンドンで食べた日本食は美味しかったです。

The Japanese food I ate in Seattle tasted a little strange to me.

シアトルで食べた日本食は少し違和感がありました。

Many Japanese people slurp their noodles.

多くの日本人は音をたてて麺を食べます。

☞slurp は「〜を音を立てて飲む、食べる」を意味します。

I've heard Japanese dishes taste salty to people from overseas.

日本食は海外の人には塩辛いと聞きました。

☞「料理」は dishes の他に cuisine とも言うことができます。

Don't stick your chopsticks in the rice.

お箸はご飯に立てない方がいいですよ。

☞stick は「〜を立てる、を突き刺す」です。

ベジタリアン track 53-02

Is there a vegetarian restaurant near here?

この辺にベジタリアンが行けるレストランはありますか？

It would be nice if they had a vegetarian menu.

ベジタリアンのメニューがあるといいですね。

Let me ask the waiter if they have a vegetarian menu.

ベジタリアンメニューがあるかどうかウエイターに聞いてみましょう。

Would you like me to search for some halal-friendly restaurants for you? ていねい

ハラールフード対応のレストランをお探ししましょうか？

☞「ハラールフード対応の」は、halal-friendly と表すことができます。「ベジタリアン対応の」は vegetarian-friendly です。

They say there is a halal-friendly ramen shop.

ハラールフード対応のラーメン屋があるみたいですよ。

Do you know where I can get halal foods?

ハラールフードがどこで買えるか分かりますか？

I'm into cooking lately.

最近料理に凝っています。

What kind of dishes do you eat at home in Russia?

ロシアではご家庭でどんな料理を食べますか？

Chapter
9

雑
談

This is my comfort food.

これは私が子どもの頃から慣れ親しんだ料理です。

☞「子どもの頃から慣れ親しんだ料理」は comfort food と言います。

Are there any Cambodian dishes we can make using ingredients commonly available in Japanese supermarkets?

日本のどのスーパーでも売っている食材で作れるカンボジア料理はありますか？

I use recipe apps when I cook.

料理するとき、レシピはアプリで見ています。

グルテン・糖質フリー track [**53-05**]

I'm sorry. I have been trying to reduce my sugar intake.

すみません、糖質を控えています。

Gluten-free items would be great.

グルテンフリーのものの方が助かります。

☞... would be great. で、自分の好みや要求を伝えることができます。

オーガニック track [**53-06**]

I'm all about organic food.

オーガニックな食べ物にこだわっています。

☞I'm all about で「〜を重視している、〜にこだわっている」の意味。

I've heard all of the vegetables served at this restaurant are organic.

このレストランで出される野菜はすべてオーガニックのものだそうですよ。

お菓子 track [**53-07**]

What's the most popular confectionery in Turkey?

トルコで一番人気のお菓子は何ですか？

☞confectionery は「甘いお菓子」全般を指します。「パン」や「ケーキ」の場合は pastry と言います。sweets や candies（チョコレートも含む砂糖菓子）もよく使われます。

I often eat snacks at work.

会社でよくお菓子を食べています。

I only eat snacks.

お菓子ばかり食べています。

I ate too many snacks. I can't eat supper.

お菓子を食べすぎて夕食が食べられません。

I sometimes make confections.

ときどきお菓子を作ります。

To stay healthy, I try to avoid eating sweets.

健康のためにお菓子を控えています。

I haven't eaten any snacks yet today.

今日はお菓子を食べていません。

お店
track [53-08]

Where do you usually go for lunch?

ランチはいつもどこで食べますか？

What restaurants do you recommend?

おすすめのお店があれば教えてください。

A new Thai restaurant opened recently near here.

最近この近くに新しいタイ料理のお店できましたね。

エスニック
track [53-09]

How do you eat this?
カジュアル

これはどうやって食べるの？

☞ていねいに尋ねたいときは Could you tell me how to eat this? と言ってください。

I think the food at that restaurant is authentic.

あのお店は本場の味だと思います。

I've never had it before.

今まで食べたことがありません。

Spices are not really my thing.

香辛料が少し苦手です。

I ate it for the first time. I really like its taste.

初めて食べましたが、とても好きな味です。

Pho is a Vietnamese noodle soup, similar to Japanese ramen.

フォーはベトナムのスープでラーメンに似ています。

☞ベトナムの麺料理「フォー」のスペルは pho です。間違えやすいので注意しましょう。

どこで食べるか
track [**53-10**]

Shall we order some food with Uber Eats?

ウーバーイーツで何か頼みましょうか？

Shall we buy some take-out food and eat it at the office?

テイクアウトでも買ってきてオフィスで食べましょうか？

There's a restaurant near the office I can recommend.

オフィスの近くにおすすめのレストランがあります。

☞restaurant（レストラン）より気軽に食事ができる場所としては diner（食堂）という語を使ってみましょう。

Let's go to the cafeteria.

社員食堂に行きましょう。

☞cafeteria は「セルフサービスの食堂」のことです。イギリス英語では canteen という単語も使われます。両方とも「大学などの学生食堂」も意味します。

05　飲み物

懇親会やカンファレンスの休憩時間など、取引先と一緒に何かを飲む機会は食事よりも多いです。このセクションでは、お酒をはじめ、コーヒー・お茶・水などノンアルコールについてのフレーズもそろえました。

きほんの き

→世界的に人気の日本酒や日本のビールを話題にしてみましょう

→相手がカフェインを避けている場合は飲めるものを一緒に探しましょう

→日本はお茶の種類が豊富なので、簡単に説明しましょう

ワイン　　　　　　　　　　　　　　　　　　track[**54-01**]

Which wine do you like the best: red, white, rosé, or sparkling?

赤、白、ロゼ、スパークリングのうちどのワインが一番好きですか？

Red wine has antioxidants.

赤ワインは抗酸化物質を含みます。

☞anti は「反対、抗」で、oxidant は「オキシダント、酸化物質」のことです。

Tears of wine are also called "legs."

ワインの涙は、「（ワインの）脚」とも呼ばれます。

☞「ワインの涙」は、ワインをグラスに注いで傾けるとグラスの内側にできる模様のことです。

I don't know how to do wine tasting properly.

ワインのテイスティングの正しい方法を知りません。

Chapter
9

雑
談

日本酒

Japanese sake is made from rice, koji, and water.

日本酒は、米、麹、水でできています。

☞麹は日本語と同じ発音で koji で通じます。説明するとしたら It's a type of fungus made from rice.（米から作られた菌の一種です。）となります。

Japanese sake is very popular all over the world.

日本酒は世界中でとても人気です。

Would you like to visit some Japanese sake breweries?

日本酒の酒蔵に行ってみたいですか？

☞brewery は「ビール醸造所」のことなので、「酒蔵」の場合は Japanese sake brewery となります。

ビール

I like light and fruity beers.

軽めでフルーティーなビールが好きです。

This beer is good for pairing with food.

このビールは食事との相性がいいです。

☞good for pairing with で「〜と相性がいい」という意味になります。

I feel full when I drink beer.

ビールを飲むとすぐにお腹がふくれます。

アルコール全般

I like to drink.

お酒は好きです。

I can't drink at all.

お酒はまったく飲めません。

I don't want to get drunk.

酔いたくありません。

☞get drunk は「お酒に酔う」です。

I can't drink much.

お酒に弱いです。

コーヒー / お茶 track 54-05

Would you like coffee or tea? ◀ていねい

お飲み物はコーヒーと紅茶、どちらがよろしいですか？

Coffee, please.

コーヒーをお願いします。

Sorry, we only have Japanese green tea.

申し訳ないですが、日本茶しかありません。

This is barley tea.

これは麦茶です。

☞barley tea は「麦茶」、green tea は「緑茶」、roasted tea は「ほうじ茶」です。

Would you like some milk with your tea? ◀ていねい

紅茶にはミルクを入れますか？

Are you looking for some caffeine-free drinks?

カフェインが入っていない飲み物を探していますか？

雑
談

This soda is very popular in Japan.

これは日本でとても人気の炭酸飲料です。

☞「炭酸飲料」は pop の他に soda をよく使います。イギリスでは fizzy drink と言うことがあります。

There's a vending machine on the fifth floor.

5 階に自動販売機がありますよ。

☞vending machine は「自動販売機」です。

水　　　　　　　　　　　　　　　　　　　　　　　　　track[**54-07**]

Is it safe to drink the tap water?

水道水は飲んでも安全ですか？

☞「水道水」は tap water です。

Would you like carbonated or non-carbonated water?

ていねい

炭酸入りの水と炭酸なしの水、どちらになさいますか？

☞carbonated は「炭酸の」と言う意味です。「炭酸水」は water with gas、「炭酸なしの水」は water without gas とも言います。

There is a water server over there. Help yourself.

あちらにウォーターサーバーがありますので、ご自由にどうぞ。

How do you use this water server?

このウォーターサーバーはどうやって使うのですか？

---

06 日本の文化を紹介

取引先が初来日したときや、日本での展開を検討している取引先が
いる場合など、日本の文化を説明する機会は少なくありません。観光
地で素朴な疑問を尋ねられることもあるでしょう。そんなときにこの
セクションのフレーズを使ってください。季節のイベントに関しては
セクション 8 をご参照ください。

きほんの き

→相手が日本に慣れていないと質問が多くなるかもしれません
→日本の習慣や流行りを知ってもらいビジネスの成功につなげましょう

生活習慣
track [**55-01**]

In Japanese houses, there is a space at the entrance for removing your shoes.

日本の家では、玄関に靴を脱ぐスペースがあります。

☞家で靴を脱ぐ習慣がある国は日本以外にもありますが、日本のように段差のある靴
を脱ぐスペースが確保されていない場合があるので、このように説明してください。

In Japan, it's OK for the guests to drink tea first.

日本では、お客さんが先にお茶を飲んでもかまいません。

☞マレーシアなどの国ではホストがお茶を飲むまでゲストは待つことがマナーとされてい
ます。相手が待っているようなら、声をかけましょう。

In Japan, as a matter of etiquette, it is customary to share souvenirs with people.

日本ではマナーとしてお土産を渡す習慣があります。

☞etiquette（エチケット）はもともとフランス語ですが英語でも使われています。

In Japan, after receiving a souvenir, many people give a small gift in return.

日本では、お土産をもらったらちょっとしたお返しのプレゼントをする人が多くいます。

Chapter
9

雑
談

Many people in Japan bathe at night.

日本では夜にお風呂に入る人が多くいます。

☞1日に何回もシャワーを浴びる国もあれば朝だけという地域もあります。毎晩、浴槽に浸かるのは少数派のようです。

Some people eat rice and others eat bread in the morning.

朝はご飯を食べる人とパンを食べる人がいます。

Among the "dos and don'ts" in Japan, washing your body before bathing in a public bath is a most definite "do."

銭湯では体を洗ってから湯船に浸かるのが基本的なマナーです。

☞「するべきこととしてはいけないこと」の意味で dos and don'ts という言い方があります。dos は「すること、するべきこと」のことです。

Don't soak your towel in the bath.

タオルを湯船につけてはいけません。

Do you know how to use a Japanese style toilet?

和式トイレの使い方を知っていますか？

These days, toilets in Japan are for the most part electric and have multiple functions.

最近の日本のトイレは、ほぼ電動でさまざまな機能がついています。

☞「ウォシュレット」は商品名ですので、そのままでは相手には伝わりません。

社会

The birthrate is declining in Japan.

日本は少子化が進んでいます。

☞birthrate は「出生率」なので、直訳すると「日本では出生率が低下しています。」になります。

Japan is an aging society.

日本は高齢化社会です。

☞「高齢化社会」は aging society です。

Japan's health insurance system is very comprehensive.

日本の健康保険制度はとても充実しています。

☞comprehensive は「包括的、広範囲に渡る」という意味ですが、「(システムなどが)充実している」と言いたいときにも使えます。

The next generation will be the key to solve the gender gap in Japan.

次世代が日本のジェンダー・ギャップを解決する要です。

The literacy rate in Japan should be pretty high.

日本の識字率は非常に高いはずです。

University entrance exams are a big event for Japanese high school students.

日本の高校生にとって大学受験は大きなイベントです。

☞「入学試験」は entrance examination / exam です。「高校受験」は high school entrance exam になります。

Funerals in Japan are for the most part formal Buddhist ceremonies.

日本のお葬式はほとんど正式な仏教形式で行われます。

世界遺産   track[55-03]

There are more than 20 World Heritage sites in Japan.

日本には 20 以上の世界遺産があります。

Do you know the best way to visit Mt. Fuji?

富士山に行く一番いい方法を知っていますか？

Japan's shrine and temple carpenters have been added to UNESCO's Intangible Cultural Heritage list.

日本の宮大工はユネスコの無形文化遺産に登録されています。

☞「無形文化遺産」は Intangible Cultural Heritage です。tangible が「有形の」なので、否定を表す in をつけて intangible は「無形の」という意味になります。

対人関係 / コミュニケーション　　　　　　track[55-04]

It is said that Japanese don't express their emotions very often.

日本人はあまり感情を表に出さないと言われています。

We don't usually say "hello" to people we don't know.

日本では知らない人にはあまりあいさつをしません。

☞エレベーターで一緒になったり、人気の少ない道などですれ違ったりしたとき、知らない人同士でもあいさつをする国もあります。日本ではその習慣があまりないことを、このフレーズで説明できます。

Japanese people don't usually use honorifics with their parents.

日本人はたいてい両親には敬語を使いません。

In Japanese, we often express our apologies to others.

日本語では相手への謝罪の言葉をよく述べます。

☞英語でもつい I'm sorry. など謝罪の言葉を頻繁に使ってしまうとき、文化の違いがあることを説明することで納得してもらえるかもしれません。

In Japan, it is said that it is important to "read the air" in order to keep the peace.

日本では和を乱さないように「空気を読む」ことが大事だと言われています。

☞「空気を読む」は日本独自の表現なので、英語には同じ意味の表現がありません。

The Japanese phrase "kuki wo yomu" or "reading the air" means to sense the mood of the situation and to say or do what is expected of you.

「空気を読む」という日本語は、その場の雰囲気を感じ取って期待された通りの発言や行動をするという意味です。

観光

The city used to have a thriving tourism industry.

この街ではかつて観光業が盛んでした。

☞thrive は「栄える」です。prosperous も似たような意味で使えます。

This city has been attracting a lot of foreign tourists lately.

最近、この街には外国から多くの観光客が訪れています。

There are special discount train tickets available for foreign tourists.

外国人観光客にお得な電車のチケットがありますよ。

Multilingual tourist information has been showing up recently on signage.

最近、標識は複数言語での観光客向け表記が多くなっています。

There are wonderful hot spring resorts all over Japan.

日本には全国に素晴らしい温泉街があります。

☞日本語で「リゾート」と言えば洋風のホテルのイメージですが、「温泉街」は hot spring resort と言います。

The Japanese countryside is also fun to visit with each region having its own unique features.

日本の田舎は、どこも個性豊かで訪れたら楽しいですよ。

☞countryside は「田舎」です。rural area も似たような意味で使えます。

住宅事情 track [55-06]

Typical Japanese houses are too small for social gatherings.

普通の日本の家は人が集まるには小さすぎます。

The housing interest rate in Japan seems to be low compared to other countries.

日本の住宅金利は他国と比べて低いようです。

Perhaps due to the influence of social networking sites, DIY is becoming popular in Japan.

SNS の影響もあってか、日本で DIY が流行っています。

☞DIY は do-it-yourself（自分でする）で、英語でよく略語のまま使われます。

In Japan, it is not customary to invite people to your home.

日本ではあまり人を家に呼ぶ習慣がありません。

Recently, the number of people having home parties has been increasing in Japan.

最近はホームパーティーをする人が日本でも増えています。

流行り track [55-07]

What do you think will be the buzzword of the year?

今年の流行語大賞は何になると思いますか？

☞buzzword はメディアやインターネットなどで拡散された「流行語」のことです。

In Japan, tapioca was a big hit for a while.

タピオカは一時日本で大流行しました。

In Japan, Instagram and TikTok have had a huge impact on youth trends.

日本では、インスタグラムやTikTokは若者の流行に大きな影響を与えています。

That fashion seems to be all the rage in Japan right now.

あのファッションは今日本で流行っているようです。

Flashy colored clothes are not very popular in Japan.

日本では派手な色の服はあまり人気がありません。

RVs are very popular in Japan now.

今、日本ではキャンピングカーがとても人気です。

☞RVはrecreational vehicleの略で、「キャンピングカー」を指すときによく使われます。似たような意味の単語にcaravan、motor home、vanもあります。

Because of the narrow roads in Japan, some people have converted their small vans into campers.

日本は道路が狭いので小さなバンを改造してキャンピングカーにしている人もいます。

☞convertは「～を変換する、を改造する」ことです。

07 国・文化について尋ねる・コメントする

積極的に相手の国や文化について質問をすることは、興味や敬意を示すことになります。相手もきっと喜んで教えてくれるはずです。気候や自然、人口の話は当たり障りがないので最初の話題に最適です。相手の国や文化について雑談をするときのコツについてはコラム16（p.367）を参照してください。

きほんの き

→自身の海外出張と相手の来日のどちらにも対応できるようになりましょう
→クライアントだけでなく外国人の同僚に対しても使えます
→政治や宗教についても簡単に話せるようにしておきましょう

気候
track[**56-01**]

How hot is it in summer?

夏はどれぐらい暑くなりますか？

The temperature can get as high as 35°C in summer.

夏には35℃にはなることもありますね。

☞℃は Celsius の略で、「摂氏」を意味します。

How many degrees F is 35°C?

摂氏35度は華氏では何度ですか？

☞F は Fahrenheit の略で、「華氏」を意味します。

How do you convert 35°C to F?

摂氏35度をどうやって華氏に換算するのですか？

自然
track[**56-02**]

The conifers are quite beautiful, aren't they?

針葉樹がとても綺麗ですね。

☞「針葉樹」は conifer または needle-leaved tree、「広葉樹」は broadleaf tree と言います。

It's interesting terrain, isn't it?

面白い地形をしていますね。

☞「地形」は terrain または landform です。

What kind of wild animals are there in Canada?

カナダにはどんな野生動物がいますか？

I've never seen this type of bird in Japan.

この鳥は日本では見たことがありません。

人口 track [**56-03**]

What is the population of Boston?

ボストンの人口はどれぐらいですか？

☞人口はよく話題にのぼります。その地域について知りたいとき、気軽に聞いてみましょう。

The population of Ankara is about one-half that of Tokyo.

アンカラの人口は東京の 2 分の 1 ぐらいですね。

Has the population of Singapore changed over the last decade?

シンガポールの人口はこの 10 年で変化しましたか？

☞decade は「10 年」のことです。

雑
談

産業 track [**56-04**]

What is Brisbane's number one industry?

ブリスベンで一番の産業は何ですか？

Have there been any changes in the Australian fishing industry over the past few years?

オーストラリアの漁業はここ数年で何か変化しましたか？

Could you tell me more about China's automotive industry?

ていねい

中国の自動車産業についてもっと詳しく教えてください。

☞Could you elaborate on China's automotive industry ? と言い換えられます。elaborate on は「～について詳しく述べる」の意味。

The tourism industry in Luang Prabang is expected to expand in the future.

ルアンパバーンの観光産業は今後、拡大が期待できます。

あいさつの風習

track [56-05]

How do people in the Middle East greet one another?

中東ではどんなあいさつの仕方が一般的ですか？

Let's elbow bump instead.

ここでは肘バンプにしておきましょう。

☞コロナ禍などでのあいさつの方法です。

Let's fist bump.

グータッチしましょうか。

When do you bow in Myanmar?

ミャンマーではいつお辞儀をしますか？

☞「お辞儀をする」は bow で、make a bow と名詞でも使われます。

Japanese people find it hard to figure out when to hug someone.

ハグのタイミングが日本人には難しいです。

☞「～をすることが難しい」は find it hard to *do* で言い表すことができます。when to hug で「いつハグをするか」という意味になります。

The Japanese find it next to impossible to kiss each other on the cheek when greeting one another.

チークキスのあいさつは日本人にとって至難の業です。

教育

Please tell me about the compulsory education system in Italy.

イタリアの義務教育制度について教えてください。

☞compulsory education system は「義務教育制度」です。

What is the university enrollment rate in Korea?

韓国での大学進学率はどのぐらいですか？

☞enrollment は「入学」なので、university enrollment rate は直訳すると「大学入学率」です。

Do you have school uniforms in Croatia?

クロアチアの学校に制服はありますか？

☞「制服」は school uniform と言い表すことができます。

What is the relationship between teachers and students like in Vietnam?

ベトナムの教員と生徒の関係はどんな感じですか？

Chapter
9

雑
談

差し障りのない程度の政治・宗教の話

There are various kinds of religions in Singapore.

シンガポールにはさまざまな宗教がありますよね。

Do young people go to the polls in France?

フランスの若者は投票に行きますか？

When is the most important holiday in the UAE?

アラブ首長国連邦で最も重要な祝日は何ですか？

Do people in India talk about politics?

インドの人々は政治の話をしますか？

Sorry, I am not very familiar with Malaysian politics.

すみません、マレーシアの政治をあまり知らなくて。

I studied U.S. politics in school.

アメリカの政治について学校で勉強しました。

I am interested in Icelandic politics.

私はアイスランドの政治に興味があります。

お祈り

track[56-08]

Are you looking for a prayer room?

お祈りの場所をお探しですか？

When do you pray?

お祈りの時間を教えてください。

☞たとえばイスラム教徒では（人にもよりますが）1日に5回お祈りの時間があります。
会議を招集するときに、時間が重ならないように事前に聞いてみましょう。

Let me ask them to arrange a prayer room.

お祈りの場所を確保できるように交渉してみましょう。

生活習慣

track[56-09]

When do you usually take a shower?

1日のうちでたいていいつシャワーを浴びますか？

I've heard that in Iran they go to visit graves.

イランではお墓参りをすると聞いたことがあります。

☞「お墓参りをする」は visit a grave です。grave は「個人のお墓」のことで、cemetery は「墓地」です。

Do Korean people carry handkerchiefs with them on a daily basis?

韓国の人は日常的にハンカチを持ち歩きますか？

What do you drink with your meals in the U.S.?

アメリカでは食事のときに何を飲みますか？

I was told that in Thailand, shopkeepers do not use their left hand when giving change.

タイでは、お店の人はおつりを渡すとき左手を使わないと聞きました。

文化全般 track [56-10]

Tell me about Turkish culture.

トルコの文化について教えてください。

Greek culture is vibrant.

ギリシャの文化は活力に満ちていますね。

☞vibrant は「活力に満ちている」です。似たような意味で energetic や lively なども使えます。

Asian cultures have a lot in common.

アジアの文化には共通点がたくさんありますね。

☞have a lot in common で「共通点がたくさんある」という意味です。主語を人にすることもできます。

Chapter
9

雑談

現代社会 track [56-11]

What kind of challenges has Cambodia faced recently?

最近、カンボジアはどんな課題に直面していますか？

Germany and Japan share the same problems.

ドイツと日本は同じような問題を抱えています。

☞Germany and Japan を we とひと言で言い換えることもできます。主語を we にすると、より深く課題を共有しているニュアンスがより伝わります。

The lifestyle of young people is the same everywhere.

若者のライフスタイルはどこも一緒ですね。

I had a misconception about British society.

イギリスの社会を誤解していました。

☞misconception は「誤解」のことです。反対に right impression は「正しい印象」の意味。

I think that Finnish society is excellent.

フィンランドの社会は素晴らしいですね。

Syrian society is completely different from that of Japan.

シリアの社会は日本とはまったく違いますね。

How do decisions get made in Ghanaian society?

ガーナの社会ではどのように物事が決まりますか？

☞物事が決定するプロセスは国や文化によって異なることが多いので、このような質問をしておくと、海外の取引先との仕事がしやすくなる可能性があります。

08 季節 / 健康の話題

季節の行事はよく話題にあがります。季節ごとのイベントや行事には日本独自のものもあれば、世界共通のものもあります。日本独自のものについては簡単な説明フレーズを載せています。健康も世界共通の話題です。

きほんの き

→季節のあいさつは別れ際のあいさつとしても使われます
→世界共通の行事でも祝い方が国によって異なるケースがあります
→季節・月ごとに使えるフレーズをストックしておきましょう

春 track [**57-01**]

Plum trees bloom in red and white hues.

梅は赤や白色の花を咲かせます。

In Japan, cherry trees bloom at different times in different regions.

日本では、地域によって桜の開花時期が異なります。

In spring, bamboo shoots are in season.

たけのこは春に旬を迎えます。

夏 track [**57-02**]

The summer solstice is the longest day of the year.

夏至の日は 1 年のうちで最も昼の時間が長い日です。
☞summer solstice は「夏至」のことです。

The rainy season usually ends around the summer solstice in Japan.

日本ではたいてい夏至の頃に、梅雨が終わります。

Chapter
9

雑
談

353

Breathing in the air in the fresh green forest is relaxing.

新緑の森のなかで空気を吸うとリラックスできます。

Japanese businesses send mid-year gifts to clients.

日本では取引先にお中元を送ります。

☞「お中元」は mid-year gift と表現できます。

I like shaved ice with strawberry syrup.

いちごのシロップのかき氷が好きです。

☞「かき氷」は shaved ice です。

Taiwanese and Korean style shaved ice is becoming very popular in Japan.

台湾風や韓国風のかき氷が日本で大人気になっています。

It's fun to visit the haunted house at an amusement park.

遊園地のお化け屋敷は楽しいですよ。

☞「お化け屋敷」は haunted house と言います。haunted は「お化けがよく出る」という意味です。

I can't wait to taste the first bonito of the season.

初がつおが待ちきれません。

☞bonito は「かつお」のことです。

That's the sound of cicadas.

あれは蝉の鳴き声ですよ。

☞cicada は「蝉」のことです。

How long is the summer break in Germany?

ドイツの夏休みの長さはどのくらいですか？

秋

In autumn, schools hold a field day.

秋には学校で運動会があります。

Autumn is the season for harvesting rice.

秋はお米の収穫の季節です。

☞harvest は「〜を収穫する」の意味です。

Scarecrows are set up to prevent birds from disturbing the fields.

カラスが畑を荒らさないようにかかしが立てられます。

☞scarecrow は「かかし」です。scare crow（カラスを怖がらせる）が 1 つの単語になったものです。

Farmers harvest mandarin oranges from autumn to winter.

秋から冬にかけて、農家はみかんを収穫します。

Ginkgo nuts have a unique smell.

ぎんなんは独特の匂いがします。

☞ginkgo は「イチョウ」、その実の ginkgo nut は「ぎんなん」です。gínkou（ギンコゥ）と発音します。

Let's go see the autumn leaves.

紅葉を見に行きましょう。

In autumn, matsutake mushrooms are in season.

秋は松たけが旬を迎えます。

☞「松たけ」は matsutake mushroom と呼ばれています。「しいたけ」は shiitake です。

My daughter is three years old. We visited a shrine yesterday for the "Seven-Five-Three Festival."

娘が 3 歳になり、昨日、七五三のお祝いで神社にお参りに行きました。

☞shrine は「神社」、temple は「寺」です。

Chapter
9

雑談

355

My husband likes dried persimmons very much.

夫は干し柿が大好きです。

☞persimmon が「柿」なので、dried persimmon は「干し柿」になります。

Flying kites is a traditional part of the Japanese New Year holiday.

たこ上げは正月休みに行う伝統の一つです。

When the snow piles up, we enjoy having snowball fights.

雪が積もると雪合戦ができます。

Entrance examinations are scheduled mainly from January through March.

入学試験は主に 1 ～ 3 月に行われます。

I couldn't even visit the grave or offer sweet bean cakes on the family altar this year.

今年は、墓参りをしたり、おはぎを仏壇に供えたりもできませんでした。

☞altar は「祭壇」のことです。family altar はもともとキリスト教徒が祈るために家に設置した祭壇のことです。「仏壇」は Buddhist altar とも言えます。

Employees get bonuses in December.

従業員は 12 月にボーナスをもらいます。

Japanese companies give year-end gifts to clients.

日本の会社は取引先にお歳暮を送ります。

At the end of the year, people clean their entire houses.

年末になると、みんな家の大掃除をします。

Japanese people eat year-end buckwheat noodles on New Year's Eve.

日本では大みそかに年越しそばを食べます。

Do you do anything special for the year-end?

年越しに何か特別なことをしますか？

1月

Happy New Year!

明けましておめでとうございます。

May your New Year be filled with happiness.

新年が幸せな年でありますように。

☞May から始まるお祈りの言葉は通常、書き言葉で使われます。

May your New Year be filled with health.

今年も健康でいられますように。

☞口語では I hope your New Year will be filled with health. と言うこともできます。

How did you spend your New Year holiday?

新年はどのように過ごされましたか？

When will you start working in the New Year?

新年の仕事はじめはいつですか？

I look forward to working with you this year.

今年もどうぞよろしくお願いします。

Japanese people exchange New Year's cards with relatives and friends.

日本の人は親戚や友達に年賀状を送ります。

In Japan, people throw roasted soybeans to drive out evil spirits on Setsubun, the last day of winter.

日本では節分の日に炒った大豆を投げて鬼を追い払います。

☞「大豆」は soybean で、「鬼」は evil spirit または demon です。

On Setsubun, people in different regions eat different foods.

節分の日に食べる料理は地域によって異なります。

Are there any similar events like Setsubun in Singapore?

シンガポールにも節分に似たような行事はありますか？

In Japan, girls give guys chocolates on Valentine's Day.

日本ではバレンタインデーに、女性が男性にチョコをあげます。

☞「女性」は lady や woman もありますが、くだけたトピックの場合は年齢に関係なく girl をよく使います。「男性」は man よりも guy が口語でよく使われます。

Do you do anything special for Valentine's Day in Sri Lanka?

スリランカではバレンタインデーに特別なことをしますか？

Happy Chinese New Year!

旧正月おめでとうございます。

☞「春節、旧正月」は Chinese New Year、Lunar New Year です。spring festival とも言われます。lunar は「月の」という意味です。

When is the Lunar New Year holiday?

春節のお休みを教えてください。

☞場合によっては相手の会社が休みのことがありますので、スケジュールを確認しましょう。

During the Chinese New Year holiday, people take seven days off work.

春節は 1 週間お休みになります。

Are you planning to go on a trip during the Lunar New Year holiday?

春節に旅行の計画をしていますか？

3月 track [57-07]

On March 3rd, the Doll Festival is held.

3月3日はひな祭りがあります。

To celebrate the Doll Festival, people decorate special dolls.

ひな祭りを祝うために特別な人形を飾ります。

In Japan, graduation ceremonies are held in March.

日本では、卒業式は 3 月に行われます。

March 14th is called "White Day" and guys give girls who gave them chocolates on Valentine's Day chocolates in return.

3月14日はホワイトデーと呼ばれていて、男性が女性にバレンタインデーにもらったチョコレートのお返しにチョコレートを贈ります。

4月 track [57-08]

Do you have any plans for Easter Weekend?

イースターは何か予定はありますか？

What did you do for Easter?

イースターには何をしましたか？

In recent years, Easter goodies like egg-shaped chocolates have been sold in Japan.

最近日本でも卵の形のチョコレートなどイースターのお菓子が販売されています。

On April 1st, entrance ceremonies are held for newly-hired employees.

4月1日に新入社員のために入社式が開かれます。

5月 track [57-09]

If you go to a public bath on May 5th, you can take a bath with sweet flag leaves.

5月5日に銭湯に行くとしょうぶ湯に入ることができます。

☞sweet flag は「しょうぶ」です。

You can take around a week off during Golden Week.

ゴールデンウィークに1週間程のまとまった休みを取ることができます。

Many people go on vacation overseas during Golden Week.

多くの人がゴールデンウィークに海外旅行に行きます。

6月 track [57-10]

Japanese people usually begin to wear summer clothes from the beginning of June.

日本ではたいてい6月から夏服に変わります。

7月 track [57-11]

July 7th is the day of Tanabata.

7月7日は七夕の日です。

Tanabata is also called the Star Festival.

七夕は星祭りとも言われています。

We write our wishes on strips of papers and hang them on bamboo branches.
願い事を書いた短冊を笹にぶら下げます。

I've heard that Tanabata originated in China and is celebrated in some countries in Asia.
七夕は中国由来で、アジアの一部の国で祝われているそうです。

Do you celebrate the Star Festival in Laos?
ラオスでは七夕を祝いますか？

8 月 track [**57-12**]

In Japan, people visit graves during the Obon season.
日本ではお盆にお墓参りをします。

During the Obon season, many people visit their parents' house.
お盆の期間は多くの人が実家に帰省します。

Do you have any special events in August in the U.S.?
アメリカでは 8 月に何か特別な行事はありますか？

9 月 track [**57-13**]

Students go back to school in September.
9 月に学生は学校に戻ります。

There is a Respect for the Aged Day in September.
9 月には敬老の日があります。

☞「敬老の日」は Respect for the Aged Day と表すことができます。

People visit their ancestors' graves during the Ohigan season.

お彼岸には先祖のお墓参りをします。

☞「先祖」は ancestor で「子孫」は descendant や offspring と言います。

10 月

track[57-14]

What will you be for Halloween this year?

今年のハロウィンは何になりますか？

Halloween has become very popular in Japan over the last few years.

ハロウィンはここ数年で日本でとても人気になりました。

The Halloween market has been growing bigger and bigger each year in Japan.

日本のハロウィン市場は年々大きくなっています。

The Halloween event at USJ is very popular among young people.

USJ のハロウィンイベントは若者にとても人気があります。

Do people in New Zealand wear Halloween costumes?

ニュージーランドではハロウィンの仮装をしますか？

11 月

track[57-15]

In Japan, it starts to get a little colder in November.

日本では 11 月から少しずつ寒くなってきます。

Beaujolais Nouveau will soon be released.

ボジョレヌーボーがもうすぐ解禁ですね。

☞「解禁になる」は be released と表すことができます。be uncorked（コルクが抜かれる）というユニークな言い方もあります。

November makes me feel that the year is coming to an end.

11 月になると今年もおわりだなと感じます。

12 月

The winter solstice is the shortest day of the year.

冬至は一年のうちで最も昼の時間が短い日です。

In Japan, people enjoy taking a yuzu bath on the winter solstice.

日本では冬至の日にお風呂に柚子を入れて楽しみます。

☞「柚子」は yuzu とそのまま伝えても大丈夫です。説明を求められたら、It's a kind of citrus fruit with a very nice smell.（とてもいい匂いのかんきつ系の果物です。）と答えましょう。

Merry Christmas!

メリークリスマス！

I hope you enjoy a wonderful Christmas.

どうかすてきなクリスマスをお過ごしください。

Many people eat fried chicken and Christmas cake in Japan.

日本ではフライドチキンとクリスマスケーキを食べる人が多いです。

☞海外の人にはユニークな習慣に映るようです。

Have a happy holiday!

楽しい祭日をお迎えください。

☞宗教に関係なく誰に対しても使える表現です。

I wish you a Merry Christmas and a Happy New Year.

メリークリスマス、ハッピーニューイヤー！

Chapter
9

雑
談

363

Season's greetings to you all.

ていねい

季節のごあいさつを申し上げます。

I look forward to working with you next year.

来年も一緒にお仕事できることを楽しみにしています。

Thank you for a wonderful year.

素晴らしい 1 年をありがとうございました。

Getting to know you this year has been a great experience.

あなたと知り合えたことが今年の大きな収穫でした。

☞日本語でこのように相手に伝えることはあまりありませんが、英語ではよくあります。

May happiness be with you and your family.

あなたとあなたのご家族が幸せでありますように。

ラマダーン

track[57-17]

ラマダーンは、アラビア語で「暑い月」の意味で、イスラム歴第 9 月のこと。イスラム教徒はこの 1 カ月間、日の出から日没まで断食を行う。

When is Ramadan this year?

今年のラマダーンの時期を教えてください。

☞ラマダーンの時期は毎年違うのでこのように聞いてみましょう。

How long does Ramadan last?

ラマダーンはどれぐらい続きますか?

Do you have any requests during Ramadan?

ラマダーンの間、何かご要望はありますか?

Businesswise, what should I pay attention to during Ramadan?

ラマダーンの間、ビジネスをする上で気をつけておいた方がいいことはありますか?

☞ラマダーンの間も相手と気持ちよく仕事ができるように、このように尋ねてみましょう。

Let's not have a luncheon meeting during Ramadan.

ラマダーン中は食事を含むミーティングはやめましょう。

Are there any changes to the opening hours of restaurants and other establishments during Ramadan?

ラマダーン中、レストランなどの施設の営業時間は変更になりますか？

誕生日

Happy Birthday!

誕生日おめでとうございます。

Have a wonderful day!

すてきな1日をお過ごしください。

☞Happy Birthday! とよく一緒に使われるフレーズです。

May I ask how old you are?

おいくつになられましたか？

☞英語でも年齢を聞くことは失礼になることがありますので、状況を考えて使ってください。

I just turned 40.

ちょうど40歳になりました。

How does it feel to be 50?

50歳になった感想は？

Happy 25th birthday!

25歳の誕生日おめでとう！

My blood pressure is 130 over 90.
血圧は上が 130 で下が 90 です。

☞blood pressure は「血圧」のことです。〈上の数字〉over〈下の数字〉で言い表します。

I gained a little bit of weight since my last health checkup.
前回の健康診断から体重が少し増えました。

☞gain は「〜を手に入れる、得る」ですが、「(体重)が増える」という意味もあります。

Recently, I've been riding my bicycle to the office for my health.
最近は健康のために自転車で通勤しています。

I'm not exercising enough since I started working from home.
在宅勤務を始めて運動不足になりました。

After working from home for a while, I noticed lower back pain.
在宅勤務をしばらく続けたら、腰痛になりました。

Hay fever season has just started.
花粉症の季節が始まりましたね。

☞「花粉症」は hay fever です。pollen allergy とも言います。pollen は「花粉」のことです。

Column
16

英語での「雑談力」を磨きましょう

　最近、ビジネスを成功に導くために必要な能力の一つとして、「雑談力」が挙げられることがあります。確かに、移動中や待機時間など、ビジネスの現場では相手との雑談が必要になる瞬間が必ず訪れます。仕事の話であれば内容や使用される単語などについてある程度予想がつきますが、雑談のトピックや単語は数に限りがありません。だからこそ、雑談は難しいと感じる人が多いようです。

　本書を読んでお気づきでしょうか。ビジネスに関するフレーズだけではなく、雑談のフレーズもかなり数多く掲載されています。プライベートに関する話題から文化や習慣の違い、天気や暦、差し障りのない程度の政治や宗教までさまざまなトピックが網羅されています。ビジネスにおいて、雑談はお互いをよく知り、関係を築く絶好のチャンスとなるからです。

　本書の執筆のために話を伺ったある貿易会社の社長は、取引先との雑談で心掛けていることを2つおっしゃっていました。

　・相手が密かに自慢に思っている相手の国の自然を褒めること

　・その国のタブーを知ること

　自然は天気と同じく無難なトピックです。しかも「相手が密かに」というところがここではポイントです。その国の隠れた魅力を褒めると「よく見てくれているな」好印象を与えることができるでしょう。そしてタブーを知ること、これもとても大切です。日本では思いもよらないようなことが、相手の国ではタブーとなることがあります。少しリサーチをしておくと、タブーに触れてその場が凍りつく、といった事態を避けることがです。

　本書のフレーズをうまく活用しながら、日本語に加えて英語での雑談力も磨いていってください。

Chapter **10**

ビジネス教養

01 ビジネスマナー

日本をより知ってもらうため、日本独特のビジネスマナーを話題にしてみましょう。また知識として知っていても、海外から来たビジネスパーソンがすぐにマナーを実践に移せるものではありません。必要であれば日本式マナーを相手に教えて、マナーの意味することやその重要性をアピールしてください。

きほんの き

→お辞儀の仕方やその大切さを説明して日本式マナーをアピールします
→相手が慣れていないマナーについては教えましょう

お辞儀の仕方 track[**58-01**]

In Japan, bowing is basic business etiquette.

日本ではお辞儀はビジネスマナーの基本です。

The deeper the angle of the bow, the more polite it is.

お辞儀は角度が深いほど、ていねいです。

☞the〈比較級〉, the〈比較級〉は、「〜すればするほど、〜する」という意味の構文です。politer としてしまうのはよくある間違いで、polite の比較級は正しくは more polite です。

In the hospitality industry in Japan, people often practice bowing.

日本の接客業では従業員はよくお辞儀の練習をします。

A slight bow is a light greeting gesture to make to a friend.

会釈は、友達にする軽いあいさつのジェスチャーです。

☞slight は「軽い」という意味です。

Do they bow in Turkey?

カジュアル

トルコではお辞儀しますか？

あいさつの方法

track[58-02]

In Japanese, we often use a morning greeting, but not so much afternoon and evening greetings.

日本語では、朝のあいさつはよくしますが、昼と夜のあいさつはあまりしません。

In Japan, we often say "otsukaresama" to our colleagues instead of "good-bye."

日本ではよく同僚に「さようなら」の代わりに「お疲れさま」と言います。

"Otsukaresamadesu" is used to say hi to your colleagues.

「お疲れ様です」は hi の意味で同僚に対して使われます。

In Japan, we sometimes bow and greet at the same time.

日本では会釈をしながらあいさつを述べることがあります。

☞at the same time は「同時に」の意味です。

How do you greet each other in Brazil?

ブラジルではどのようにあいさつをするのですか？

名刺の扱い方

track[58-03]

We exchange business cards standing up in Japan.

日本では名刺は立って交換します。

Chapter
10

ビジネス教養

In Japan, it's good manners for the person receiving the order to offer his business card, first.

日本では名刺は取引において受注する側から渡すのがマナーです。

☞receive the order は「受注する」です。

Japan has complex business etiquette regarding business cards.

日本には名刺に関する複雑なビジネスマナーがあります。

In Japan, when presenting a business card to someone, you use both hands.

日本では名刺を両手で渡します。

One uses both hands to receive a business card as well.

名刺を受け取るときも両手を使います。

When receiving a business card, place it onto your business card holder and keep it on the left side of the table.

受け取った名刺は名刺入れの上に置き、テーブルの左側に置いておきます。

☞place は「〜を置く」という意味です。

レディーファースト　　　　　　　　　　　　　track[**58-04**]

Japan does not really have a culture of putting "ladies first."

日本ではあまりレディーファーストの習慣は認識されていません。

In Spain, is it customary for ladies to go first?

スペインではレディーファーストが習慣になっていますか？

Go ahead.

お先にどうぞ。

After you.
お先にどうぞ。

☞I'll go after you.（私はあなたの後に行きます。）の略です。

I got it.
私がやります。

☞女性を先に通すためにドアを開けておくときの表現です。

It's OK. Thank you.
（断りの）大丈夫です。

☞レディーファーストを断るときに女性が使うフレーズです。

ドレスコード   track 58-05

Would it be better to wear formal wear to the event tomorrow?
ていねい

明日のイベントには正装の方がよろしいでしょうか？

In the office, many people dress casually.
オフィスでは、カジュアルな格好の人が多いです。

哲学

哲学はさまざまな分野の基礎となる考え方を提示してくれます。もちろん、ビジネスにも哲学の考え方を応用することができます。哲学全般のみならず、特定の哲学者の考え方も英語で説明できると便利です。そのためには、まず哲学者の英語名を知ることから始めましょう。

きほんの き

→哲学とビジネスとの関係性について論じましょう
→特定の哲学者の考え方を説明できるようにしておきます
→哲学者の名前を英語で言えるようにしておきましょう

哲学のビジネス応用

track [**59-01**]

Applying philosophy to business seems to be in vogue these days.

最近、哲学をビジネスに応用することが流行っているようです。

☞apply A to B は「A を B に応用する」の意味です。

Last Friday I participated in a philosophical training workshop.

先週の金曜日、哲学的思考を訓練するワークショップに参加しました。

Are there any books you can recommend on training oneself to think philosophically?

哲学的思考を鍛えるために何かおすすめの本はありますか?

Philosophy may offer some clues on how to live in modern society with its growing uncertainties.

不確実性が高まる現代社会で生きるには哲学がいいヒントをもたらすと思います。

☞offer a clue on は「〜についてのヒントを与える」です。

Apple and Google have been actively hiring philosophers lately.

アップルやグーグルは最近積極的に哲学者を雇用しています。

Do you think modern technology is grounded in any kind of common philosophy?

現代のテクノロジーの基礎となる共通した哲学があるとお考えですか？

哲学者とビジネス track [59-02]

Alexander the Great's philosophy applied to the corporate world.

アレキサンダー大王の哲学はビジネスの組織にも応用できます。

The Greek philosopher Aristotle was Alexander the Great's tutor.

ギリシャの哲学者アリストテレスはアレキサンダー大王の家庭教師でした。

The Confucian doctrine of "face" plays an important role in shaping human relations.

孔子の説いた教義「面子」は、人間関係を形成する上で重要な役割を果たします。

Dewey's instrumentalism has had a profound impact on education and business today.

デューイの道具主義は今日の教育やビジネスに大きな影響を与えています。

Chapter
10

ビジネス教養

哲学者一覧	
アリストテレス	**Aristotle**
カント	**Kant**
キケロ	**Cicero**
孔子	**Confucius**
ソクラテス	**Socrates**
デカルト	**Descartes**
ニーチェ	**Nietzsche**
ハイデガー	**Heidegger**

プラトン	**Plato**
フーコー	**Foucault**
仏陀	**Buddha**
ヘーゲル	**Hegel**
マルクス	**Marx**
デューイ	**Dewey**

03 地理

海外へ行くと、これまで慣れ親しんできた世界地図のデザインが、実は日本人のために作られた日本特有のものであることが分かります。日本が世界のどこに位置するか、地理的な特徴などを英語で説明しましょう。カタカナがむしろ意思疎通の邪魔になる国の英語名を知っておきましょう。

きほんの き

→世界地図から学べることは意外と多くあります
→日本の地理を英語で説明できるようにしておきましょう
→カタカナとは少し違う国の英語名は発音に気をつけてください

世界地図

track [**60-01**]

Take a look at the world map when you go to Europe on business.

出張でヨーロッパに行ったら世界地図を見てみてください。

☞on business は「ビジネスで」の意味。

A map of the world can help you learn more about international conflicts.

世界地図を通して国家の間の紛争についてもっと知ることができます。

☞conflict は「紛争」です。schedule conflict は「スケジュールが重なること」の意味。

Maps of the world are often drawn with one's own country shown in the center of the map.

世界地図はたいてい自分の国が中心に描かれます。

Chapter
10

ビジネス教養

Mountainous terrain accounts for 75% of the Japanese landmass.

日本は山地が国土の 75% を占めます。

☞mountainous terrain は「山地」、account for は「〜を占める」です。

Japanese territory is entirely island based.

日本の領土はすべて島です。

There are 6,852 islands in Japan.

日本には 6852 の島があります。

The largest Japanese island containing major urban areas is the island of Honshu.

大きな都市がある最も大きい島は本州です。

英語でも発音できるようにしておきたい国名	
アラブ首長国連邦	**United Arab Emirates**
アルゼンチン	**Argentina**
イギリス	**Britain, the United Kingdom**
イスラエル	**Israel**
イタリア	**Italy**
インド	**India**
エルサルバドル	**El Salvador**
オランダ	**The Netherlands**
韓国	**South Korea, Republic of Korea**
北朝鮮	**North Korea**
ギリシャ	**Greece**
クロアチア	**Croatia**
コスタリカ	**Costa Rica**
サウジアラビア	**Saudi Arabia**
スイス	**Switzerland**
タイ	**Thailand**
中国	**China**
チェコ共和国	**Czech Republic**

ドイツ	**Germany**
トルコ	**Turkey**
ハイチ	**Haiti**
東ティモール	**Timor-Leste**
ベルギー	**Belgium**
ポルトガル	**Portugal**
モンゴル	**Mongolia**
リトアニア	**Lithuania**

（出典）国連広報センター（UNIC）及び国連 (UN)HP を基に作成

政治

一国の要人を決める選挙がその後の国際ビジネス・経済の行方を左右することもあります。選挙について、相手の考え方を尊重しつつ話ができるようにしておきましょう。社会主義、全体主義の政治制度をとる国とのビジネスには、政府機関との交渉も余儀なくされます。官庁の英語名も知っておきましょう。

きほんの き

→とかく話題になる選挙については話せるようにしておきましょう
→経済と政治を関連づけて話をします
→政府の規制が強い国でのビジネスは官庁の英語名の知識が必須です

選挙   track [61-01]

The first election in Japan was held in 1890.

日本で初めて選挙が行われたのは 1890 年です。

In Japan, the right to vote has recently been granted to 18-year-olds.

日本では最近、選挙権が 18 歳から与えられるようになりました。

☞right to vote は「選挙権」、grant は「(権利など) を与える」です。

Japanese prime ministers frequently change because it's the party that matters, not individual politicians.

政治家個人ではなく党が重要視されるので、日本の首相はよく変わります。

☞matter は「重要である」という意味です。黒人に対する暴力や構造的な人種差別の撤廃を訴える運動のスローガン Black Lives Matter は「黒人の命は大事」などと訳されます。

American presidential elections are held every four years.

アメリカの大統領選挙は 4 年に一度行われます。

Politics and economics are inseparably linked.

政治と経済は切っても切り離せない関係です。

☞inseparably は「分離できないほどに、密接に」の意味です。

How will the coup affect the economy?

今回のクーデターは経済にどう影響を与えるでしょうか？

☞coup はフランス語の coup d'état（クーデター）が省略された言葉です。coup の p は発音されません。

Which industries will be most affected by this person being elected president?

この人物が大統領に選ばれたことでどの産業が一番影響を受けるでしょうか？

省庁とのつながり　　　　　　　　　　　　track[**61-03**]

You would be well advised to maintain regular contact with the relevant ministries.

関係する省庁とは定期的に連絡を取り合っておくことをおすすめします。

☞be well advised to *do* は、「〜するのが賢明だ」という意味です。

Chapter
10

ビジネス教養

省庁一覧	
内閣	Cabinet
内閣総理大臣	Prime Minister
副総理	Deputy Prime Minister
国務大臣	Minister of State
内閣官房	Cabinet Secretariat
内閣官房長官	Chief Cabinet Secretary
内閣官房副長官	Deputy Chief Cabinet Secretary
公正取引委員会	Fair Trade Commission
委員長	Chairperson
委員	Commissioner
事務総局	General Secretariat
事務総長	Secretary General

人事院	**National Personnel Authority**
総務課	**General Affairs Division**
会計室	**Accounting Office**
人事課	**Personnel Division**
国際課	**International Affairs Division**
経済取引局	**Economic Affairs Bureau**
局長	**Director General**
企画室	**Planning Office**
企画官	**Senior Planning Officer**
経済調査室	**Economic Research Office**
調整課	**Coordination Division**
国家公安委員会	**National Public Safety Commission**
警察庁	**National Police Agency**
警察庁長官	**Commissioner General**
警視総監	**Superintendent General**
警視監	**Senior Commissioner**
警視長	**Commissioner**
警視正	**Assistant Commissioner**
警視	**Superintendent**
警部	**Chief Inspector**
警部補	**Inspector**
巡査部長	**Sergeant**
巡査長	**Senior Police Officer**
巡査	**Police Officer**
金融庁	**Financial Services Agency**
消費者庁	**Consumer Affairs Agency**
復興庁	**Reconstruction Agency**
総務省	**Ministry of Internal Affairs and Communications**
総務大臣	**Minister for Internal Affairs and Communications**
法務省	**Ministry of Justice**
法務大臣	**Minister of Justice**
外務省	**Ministry of Foreign Affairs**
外務大臣	**Minister for Foreign Affairs**
財務省	**Ministry of Finance**
財務大臣	**Minister of Finance**

文部科学省	**Ministry of Education, Culture, Sports, Science and Technology**
文部科学大臣	**Minister of Education, Culture, Sports, Science and Technology**
厚生労働省	**Ministry of Health, Labour and Welfare**
厚生労働大臣	**Minister of Health, Labour and Welfare**
農林水産省	**Ministry of Agriculture, Forestry and Fisheries**
農林水産大臣	**Minister of Agriculture, Forestry and Fisheries**
経済産業省	**Ministry of Economy, Trade and Industry**
経済産業大臣	**Minister of Economy, Trade and Industry**
国土交通省	**Ministry of Land, Infrastructure, Transport and Tourism**
国土交通大臣	**Minister of Land, Infrastructure, Transport and Tourism**
環境省	**Ministry of the Environment**
環境大臣	**Minister of the Environment**
原子力規制委員会	**Nuclear Regulation Authority**
防衛省	**Ministry of Defense**
防衛大臣	**Minister of Defense**
最高裁判所	**Supreme Court of Japan**
下級裁判所	**Lower Court**
高等裁判所	**High Court**
地方裁判所	**District Court**
家庭裁判所	**Family Court**
簡易裁判所	**Summary Court**

参考：日本法令外国語訳データベース

ビジネス教養

政治体制	
共和制	**republic**
大統領制	**presidential system**
議院内閣制	**parliamentary cabinet system**

一党制	**single-party system**
君主制	**monarchy**
立憲君主制	**constitutional monarchy**
絶対君主制	**absolute monarchy**
軍事政権	**military government**

05 宗教

宗教はビジネスに直接・間接的に影響を及ぼす可能性があります。世界の宗教について、そして日本人にとって宗教とは何かというトピックで話せるようにしておきましょう。最終的な目標は、宗教の違いに影響を受けずにビジネスをすることにあります。

きほんの き

→世界の宗教の特徴を話せるようにしておきましょう
→日本人にとって宗教とは何かを説明しましょう
→宗教の違いを超えてビジネスをするには何が必要か考えてみましょう

キリスト教

track [**62-01**]

Christian congregations usually meet on Sundays.

キリスト教の信徒は普通日曜日に集まります。

☞meet は「（礼拝のために人が）集まる」の意味で使えます。

It is said that the number of Christians in Japan is about 1 %.

日本のキリスト教徒の数は 1% 程度だと言われています。

☞It is said that ... は、「～と言われている」です。They say と言い換えられます。

The Bible is the bestselling book of all time.

聖書は世界で最も売れている本です。

Jesus Christ, the Son of God, is the founder of Christianity.

神の子イエス・キリストはキリスト教の創始者です。

The Bible helps one understand American society.

聖書はアメリカ社会を理解するのに役に立ちます。

Chapter
10

ビジネス教養

385

イスラム教

Muslims pray on Friday.

イスラム教徒は金曜日にお祈りをします。

Japan's first mosque was built in 1935 in Kobe.

日本で初めてのモスクは 1935 年に神戸に建てられました。

Japan's biggest mosque is in Tokyo.

東京には日本最大のモスクがあります。

Islam was founded by the Prophet Muhammad.

イスラム教は預言者ムハンマドが創始しました。

Islam is monotheistic.

イスラム教は一神教です。

☞mono- は「単一の」を表す接頭辞です。

ユダヤ教

Judaism is the world's oldest religion.

ユダヤ教徒は世界で一番古い宗教です。

Synagogues are places of worship for Jews.

シナゴーグはユダヤ人にとっての礼拝の場所です。

仏教

Most Japanese people are Buddhist.

日本ではほとんどの人が仏教徒です。

Most Japanese funerals are held in the Buddhist style.

日本人の葬儀はたいてい仏教形式で行われます。

There are many books written by Buddhist monks that have been read.

（仏教の）僧侶が書いた本もたくさんあり、読まれています。

神道

Shinto has had a great influence on the formation of the Japanese nation.

神道は日本の国の成り立ちに大きな影響を与えています。

Shinto is a religion unique to Japan.

神道は日本固有の宗教です。

Shintoism is polytheistic.

神道は多神教です。

☞poly- は「多くの」を表す接頭辞です。

無宗教

In Japan, many people perceive themselves to be non-religious.

日本では多くの人が自分は無宗教だと認識しています。

☞atheism は「無神論」、atheist は「無神論者」です。

Chapter
10

ビジネス教養

Interfaith dialogues promote mutual understanding and respect.

宗教間対話は、互いの理解と尊敬をもたらしてくれます。

戦争／災害

今では友好国でも、歴史を紐解くと以前は敵対していたというケースもあります。戦争や災害といった悲惨な状況や歴史を知っておきましょう。歴史を通して悲惨さや敵対的関係を乗り越えてきたように、ビジネス上の問題解決にその経験を応用することができるかもしれません。

きほんの き

→戦争というトピックについて何かしら話せるようにしておきましょう
→悲惨な状況を乗り越える力をビジネスにも応用します
→災害の記憶を共有することで相手を思いやる気持ちを高めましょう

戦争
track [**63-01**]

I went to the National World War II Museum in the U.S.
アメリカで第 2 次世界大戦博物館に行きました。

I am concerned that this incident may lead to war.
今回の事件が戦争につながるのではないかと懸念しています。

テロ
track [**63-02**]

Where were you on 9/11?
同時多発テロが起きた日、どこにいましたか？
☞9/11 は September 11 のことで、nine eleven と読みます。

After 9/11, security at airports and train stations has become stricter.
同時多発テロの後、空港や駅のセキュリティが厳しくなりましたね。

The terrorist attacks in France were widely reported in Japan as well.

フランスでのテロは日本でも大きく報道されました。

偉人と戦争 track[63-03]

Sun Tzu authored "The Art of War" and influenced Japanese military strategy.

孫子は『軍事論』を著し、日本の軍事戦略に影響を与えました。

Chiune Sugihara is known as the "Japanese Schindler."

杉原千畝は「日本のシンドラー」として知られています。

難民 track[63-04]

Civil wars in Africa and the Middle East have led to a tremendous number of refugees.

アフリカや中東の内戦は非常に多くの数の戦争難民を生み出しました。

There are many reasons why Japan's refugee acceptance rate is so low.

日本の難民受け入れ率の低さには、さまざまな理由があります。

Cutting-edge technology has been utilized to support refugee camps.

難民キャンプを支援するために最先端のテクノロジーが使われています。

The digital nomad life is gaining attention because it offers hints on how to save the lives of refugees.

デジタルノマドという働き方は、難民の生活を救うヒントになるとして注目されています。

☞nomad は「流浪者」という意味です。

Chapter
10

ビジネス教養

地震

In 1995, the Great Hanshin-Awaji earthquake occurred.

1995 年に阪神・淡路大震災が起きました。

More than 15,000 people died in the 2011 Tohoku earthquake and tsunami.

東日本大震災と津波により 1 万 5 千人以上の人が亡くなりました。

Some people are still missing.

まだ行方不明の人がいます。

Tomorrow, a memorial service will be held in the city.

明日、街では追悼式が行われます。

Japan is a country with many natural disasters.

日本は自然災害の多い国です。

Do you have earthquakes in Egypt?

エジプトでは地震は起こりますか？

災害に対する気持ち

My family was OK. Thank you for asking.

私の家族は大丈夫でした。聞いてくれてありがとう。

I am very worried about my hometown.

地元がとても心配です。

I am very sorry to hear about the big earthquake.

大地震のことを聞き、とても気の毒に思っております。

I am praying for a quick recovery.

一刻も早い復興をお祈りします。

My prayers and thoughts are with the victims.

私のお祈りと思いは犠牲者の方とともにあります。

自然災害の名称の一覧	
地震	earthquake
津波	tsunami
火事	fire
山火事	forest fire
台風	typhoon
嵐	storm
竜巻	tornado
豪雨	torrential rain
集中豪雨	concentrated heavy rain
吹雪	snowstorm
猛吹雪	blizzard
雪崩	snowslide
ハリケーン	hurricane
干ばつ	drought
砂嵐	sandstorm
地滑り	landslide

07 経済

国際ビジネスを推進することを目的として設立された機関には、さまざまなものがあります。各機関の役割や現状について話せるようにしておきましょう。また、SNS はビジネスへ与えるその影響がもはや無視できないものになっているので、話題にはさほど困らないはずです。

きほんの き

→国際的な経済組織について英語で話せるようにしておきましょう
→経済とその他の分野について幅広く考えられるようにしておきましょう
→SNS のビジネスへのインパクトはとても大きいです

G20

track [**64-01**]

At the G20 summit, they discussed the energy transition.

G20 サミットでエネルギー転換について議論が行われました。

WTO

track [**64-02**]

What do you think about the WTO agreement that was signed this time?

今回締結された WTO の協定についてどう思われますか？

TPP

track [**64-03**]

Can you actually feel the impact of the TPP in the telecommunications industry?

通信業界では TPP の影響を肌で感じることはありますか？

☞TPP は Trans-Pacific Partnership の略です。

バブル経済 track[**64-04**]

How long do you think the stock market rally will last?

株高はいつまで続くと思いますか？

Japan's bubble period is said to have lasted from 1986 to 1991.

日本のバブル期は 1986 年から 1991 年まで続いたと言われています。

年収 track[**64-05**]

The National Personnel Authority found that the average annual salary in Japan is approximately 4.5 million yen.

人事院によると日本人の平均年収は約 450 万円です。

☞personnel（人事）と personal（個人の）はつづりが似ているので注意しましょう。

リーマンショック track[**64-06**]

How did the subprime mortgage crisis affect your company?

サブプライム住宅ローン危機のとき、御社に何か影響はありましたか？

☞英語では Lehman shock とはあまり言いません。

Chapter
10

The subprime mortgage crisis created a lot of unemployment in Japan.

サブプライム住宅ローン危機は日本でも多くの失業者を生み出しました。

ビジネス教養

コロナ禍

track [**64-07**]

Compared with the subprime mortgage crisis, the economic impact of COVID-19 has been incalculable.

サブプライム住宅ローン危機と比べても、新型コロナウイルスの経済的な影響は計り知れません。

☞英語では COVID-19 という言い方が定着しています。

In order to survive COVID-19, industries have been striving to develop new services.

コロナ禍で生き残るため、各業界は新しいサービスを生み出そうとしています。

SNS

track [**64-08**]

The economic impact of Instagram influencers is enormous.

インスタのインフルエンサーがもたらす経済効果は絶大ですね。

Why not try using influencers to promote our business?

私たちのビジネスを売り込むのにインフルエンサーを起用するのはどうでしょうか？

08 文学

ビジネスから最もかけ離れた分野に思える文学ですが、新たな価値を創造するという意味ではビジネスと文学は共通しています。日本だけではなく世界中で読まれている作家や作品について話を広げましょう。

きほんの き

→日本の文学作品には世界に誇るべきものもあります
→世界中で読まれている作家を話題にして話を盛り上げましょう
→経済小説から学べることもたくさんあります

世阿弥とシェイクスピア

track [65-01]

Zeami, a Japanese Noh actor and playwright, was born approximately 300 years before Shakespeare.

能役者で能作家の世阿弥はシェイクスピアのおよそ 300 年前に生まれています。

現代文学

track [65-02]

The author is from Israel. He is also very popular in Japan.

イスラエルの作家で、日本でもとても人気があります。

Korean female writers are very popular in Japan these days.

韓国の女性作家が最近日本ではとても人気です。

Chapter
10

ビジネス教養

ベストセラー

track [65-03]

What books are selling well right now in Hong Kong?

香港では今どのような書籍が売れていますか？

村上春樹

track [65-04]

Haruki Murakami's works have been translated into more than fifty foreign languages.

村上春樹の作品は 50 以上の外国語に翻訳されています。

経済小説

track [65-05]

Economic novels are categorized as subgenres of fiction.

経済小説はフィクションのサブジャンルに分類されます。

---

09 法律

法律のことを会社の法務部に任せっきりにするのはいけません。どの業界の業務にも関係がありそうな法律はおさえておきましょう。その法律で何が問題になっているのかを知り、万が一に備えて訴訟関連のことも話せるようにしておきましょう。

きほんの き

→法律の知識武装をしたビジネスパーソンは怖いものなしです
→個別の法律で何が話題になっているかを知っておきます
→明日は我が身と考えて、訴訟に備えておきましょう

特許法 　　　　　　　　　　　　　　　　　　track[**66-01**]

Article 67 (Term of Patent Right) of the Patent Law (1) Twenty years after the date of application for a patent, the term of the patent right shall expire.

特許法第 67 条（特許権の期間）（1） 特許権の存続期間は、特許出願の日から二十年をもって終了する。

☞特許法からの抜粋です。

Chapter
10

外国為替法 　　　　　　　　　　　　　　　　track[**66-02**]

How has the recent revision of the Foreign Exchange and Foreign Trade Act affected the stock market?

この度の外為法の改正は、株式市場にどのような影響をもたらしましたか？

ビジネス教養

食品衛生法

track[**66-03**]

Doesn't this additive violate the Food Sanitation Law?

この添加物は食品衛生法に抵触しませんか？

☞violate は「（法律など）を破る」の意味。

雇用対策法

track[**66-04**]

We are currently in the process of preparing the documents for notification of employment status of foreign nationals.

現在、弊社では外国人雇用状況の届け出の書類を作成中です。

法律・裁判一般

track[**66-05**]

This case may go to court.

今回の件は裁判になるかもしれませんね。

☞case は、法律用語で「判例、訴訟」の意味です。court は「裁判所」の意味。「裁判」は trial、suit と言います。

A trial is scheduled to be held next month.

来月、裁判が行われる予定です。

There is now a possibility that consumers will sue us over this defective product.

この欠陥商品をめぐって、消費者が弊社を訴える可能性がでてきました。

Does this equipment meet the standards specified by law?

この機器は法律で規定されている基準を満たしていますか？

A representative of our company was summoned to the court.

弊社の代表者が出廷を命じられました。

I would like your advice from a legal perspective regarding this contract.

今回の契約に関して、法律の観点からアドバイスをいただきたいです。

Are parallel imports legally permitted in New Caledonia?

ニューカレドニアでは並行輸入は法律で認められていますか？

Frequent use of boilerplate in contracts leads to many misunderstandings.

契約書でボイラープレートを頻繁に使うと多くの誤解を招きます。

☞boilerplate は一般条項（general articles）に使われるひな形のようなもので、業界や契約内容にかかわらず、ある程度共通して使うことができる記述になっています。

ビジネス教養

10 アート・建築

都市開発や住宅開発とともに話題になるのはアートや建築です。出張先で、美術館巡りができるぐらいの時間的余裕を持てると理想的ですね。

きほんの き

→現代アートに関する多少の知識は持っておきましょう
→出張先で美術館巡りができるぐらいの時間的余裕を持ちましょう
→都市・住宅開発に携わるなら建築や家具についても話せるように

現代アート
track [**67-01**]

It appears that Takashi Murakami is popular in the Middle East, too.
中東でも村上隆は人気のようですね。

美術館
track [**67-02**]

Visit the Mori Art Museum by all means. It has the best contemporary art exhibitions.
ぜひ森美術館に行ってみてください。現代アートでは一番の展示を行っています。

The Mori Art Museum is temporarily closed for renovation.
森美術館は改装のため休館中です。

イベント
track [**67-03**]

The Yokohama Triennale will be held starting next month.
横浜トリエンナーレは来月から開催されます。

建築家

track [67-04]

This architecture is the work of Tadao Ando.

これは安藤忠雄による建築物です。

Tadao Ando is a self-taught architect.

安藤忠雄は建築を独学で学びました。

This building was designed by Le Corbusier!

これはル・コルビュジエ設計の建物でしたか！

家具

track [67-05]

Le Corbusier chairs are very popular in Japan.

ル・コルビュジエの椅子は日本でも大人気です。

Are you looking for a light sculpture by Isamu Noguchi?

イサム・ノグチの光の彫刻をお探しですか？

Chapter
10

ビジネス教養

11 ファッション

ファッションの世界は特に流行に敏感です。関係する業界で仕事をする場合は時に、インスタグラムなどの SNS を通して、ブランドやデザイナー、価値観など、流行の最前線を常に把握しておきましょう。

きほんの き

→ブランドなどの情報については、アンテナを張っておきましょう

→デザイナーの流行り廃りにも敏感になっておきたいもの

→この業界で、インスタグラムを無視することはできません

現代ファッション
track[**68-01**]

UNIQLO is very famous all over the world.
ユニクロは、世界中でとても有名です。

What is the most popular fashion brand in Dubai?
ドバイで一番人気のファッションブランドは何ですか？

デザイナー
track[**68-02**]

Yoji Yamamoto and Rei Kawakubo are synonymous with Japanese design around the world.
山本耀司と川久保玲は世界的な日本人デザイナーです。

☞synonymous with は「〜と同義の」という意味です。

インスタグラム

track [**68-03**]

Many people use Instagram as a reference for fashion.

インスタグラムをファッションの参考にする人が多いです。

I recommend following these Instagram accounts to learn what's happening in the fashion industry.

ファッション業界で何か起きているかを知るには、これらのインスタアカウントをフォロー することをおすすめします。

Chapter
10

ビジネス教養

12 サブカルチャー

サブカルチャーほど、国の違いをいとも簡単に飛び越えられる話題は
ありません。世界中で人気のアニメやアイドルの話題で、話に花を咲
かせましょう。コンテンツ産業も多様化する時代です。メディアその
ものの多様化にも敏感になっておきましょう。

きほんの き

→日本が誇るエンターテイメント文化を話題に盛り上がりましょう
→日本特有のサブカルチャーを説明してみましょう
→多様化するメディアに敏感になっておきましょう

アニメ   track [**69-01**]

Taking cosplay photos seems to be popular when traveling to Japan.

日本に行って旅先でコスプレの撮影をするのが流行っているみたいです。

There are manga and anime museums all over Japan.

日本には全国各地にアニメや漫画の美術館があります。

They say millions of people visited the Japan Expo held in France.

フランスで開かれた日本博に何百万人もの人が訪れたということです。

宝塚歌劇団   track [**69-02**]

All of the members of the Takarazuka Revue Company are female and unmarried, and they also play male roles.

宝塚歌劇団のメンバーは全員未婚の女性で、男性の役も女性が演じます。

アイドル

Johnny & Associates created male idol culture in Japan.

ジャニーズ事務所は日本の男性アイドル文化を作りました。

Hatsune Miku is the most famous virtual idol in the world.

初音ミクは世界で一番有名なバーチャルアイドルです。

ヤンキー

It's almost impossible to explain what a "yankii" is in English.

ヤンキーを英語で説明するのは至難の業です。

"Yankii" is a word used to describe a subculture embraced by delinquent teenagers in Japan.

「ヤンキー」は日本の不良少年・少女の集団を表わす言葉です。

☞subculture は「社会の中の特定の異文化や集団」の意味。

お気に入りのコンテンツ

What's your favorite YouTube channel?

お気に入りの YouTube チャンネルは何ですか？

Have you come across any interesting movies or TV shows on Netflix lately?

最近ネットフリックスで面白い映画や TV 作品はありましたか？

I found an interesting post on Twitter and will send you the link.

ツイッターで面白い投稿を見つけたのでリンクを送ります。

Every year I wonder who will win at the Academy Awards.

毎年アカデミー賞の行方が気になります。

いつ、どうやって英語は勉強すればいい？

　仕事をしながら英語学習を続ける。これはなかなか根気と工夫がいることです。まず、いつ英語の勉強をするのかということですが「いつか空いた時間」だとそれは永遠に訪れません。自分のスケジュールのなかで、必ず英語の勉強をする時間を意図的に確保しましょう。たとえば、A 駅から B 駅への通勤移動中は必ず字幕なしで英語の番組を見る、歯磨きをしている間はアプリで英字新聞の記事を 1 つ読む、日曜日の朝食後は本書のフレーズを 3 つスムーズに読めるようにする、などです。毎日だと継続が大変なので、平日とか週末、月水金など、無理のないペースで計画しましょう。コツは、学習のタイミングと長さ、そして量を決めてしまうことです。携帯のタイマー機能も便利な道具になるでしょう。さらに勉強をした日はスケジュール帳にマークをつけたり、学んだ内容を記録したりすることで長期間に渡る自分の学習の軌跡を可視化することは、学習を継続させる工夫の一つです。

　どうやって英語の勉強をするのか、ですが、これは自分に合った学習方法を見つけることをおすすめします。音声や映像を見る、人と話す、暗唱する、小説や記事などを読む、日記やブログを書く、などから、自分が比較的得意で、続けられそうな勉強法を選びましょう。自分に合った学習法を見つけるためには、ひとまずやってみないと分かりません。いろいろな方法を試してみながら、自分のやり方を極めていきましょう。

　筋トレやダイエットと同じように、英語習得は 1 日にしてならず、です。楽しく、無理のない範囲で、でも少しだけ挑戦を必要とする、そんな英語学習をできるだけ長く続けていきましょう。

Chapter 11

ビジネス文書

ビジネスで作らなければならない文書は数限りなくあります。いざ
というときはネットで検索すれば、たちどころに豊富なサンプルが入
手できてしまいます。でもそんなとき、情報に埋もれて終わってしま
うことがありませんか。本章では、日本的な発想でそのまま英語にす
ると誤解を招くため気をつけなければならない文書を中心に、特に重
要な部分だけを解説していきます。

01 ビジネスレター

メールがようやく書けるようになって安心していてはいけません。
メール以上にスタイルを気にしなければならないビジネスレターにチ
ャレンジしてみましょう。ビジネスレターは、封筒の宛名書きとレタ
ーの2つです。

封筒

From: Nina Kosaka ❶   ❸
Kimetsu Technology
1-2-1 Shakujii
Nerima, Tokyo 160-9034
Japan

                                          To: Ms. Taylor Dance ❷
                                          TEC Inc.
By Airmail ❹   1121 Piedmont Avenue
                                          Pacific Grove, CA 91201
                                          USA

❶差出人（Return address, sender）

❷宛先欄（Mail address, addressee）

❸切手（Stamp）

❹郵便局に対する付記（Mailing notation）

❺各宛人に対する付記（Notation to addressee）

☞住所は、日本語と英語で書き順が真逆になるので注意しましょう。日本語は大小
（国➡都道府県➡市町村）、英語は小大の順となります。

410

レター

KIMETSU TECHNOLOGY ❶
1-2-1 Shakujii, Nerima,Tokyo,160-9034 Japan
Tel:+81-3-2210-xxxx E-mail:sales@kimetsu.co.jp
https://www.kimetsutech.co.jp

February 18, 2021 ❷

Ms. Taylor Dance ❸
TEC Inc.
1121 Piedmont Avenue
Pacific Grove, CA 91201
USA

Dear Mr. Biden, ❹
❺
On June 20, I will begin tackling a new assignment, managing our sales department. Though I have enjoyed working with you as accounting manager, this new assignment is a step up and it presents new and exciting opportunities. I will continue to oversee your account while my replacement is being trained, so that if anything comes up I will be able to provide support.

Thank you for all of your patience and cooperation in working with me for the past few years. Please keep in touch. ❻

Sincerely,
❽

Nina Kosaka ❾
Sales Manager
Kimetsu Technology   ❼
1-2-1 Shakujii
Nerima, Tokyo 160-9034
Japan   Tel:+81-3-2210-xxxx E-mail: sales@kimetsu.co.jp
https://www.kimetsutech.co.jp

Enclosure: ❿

❶レターヘッド（Letter head）

❷日付（Date）アメリカ英語 month/date/
　year、イギリス英語 date/month/year

❸書中宛名（Addressee's name, title and
　address）

❹敬辞（Salutation）

❺本文（Body）

❻結辞（Closing words）

❼差出人の社名（Sender's name, title and
　address）

❽差出人の署名（Signature）

❾差出人の氏名（Sender's name）

❿同封物（Enclosure）

6月20日付けで、営業部への転任が決まりました。会計担当部長として
ご一緒させていただきましたが、今回の転任は新たなステップアップであ
り、挑戦ともなります。後任者の研修中は、私が引き続き口座を担当いた
します。何かの際にはお手伝いいたします。

この数年間のご協力をありがとうございました。これからもよろしくお願い
申し上げます。

☞レターヘッドには自社のこと、③書中宛名には相手の情報を書きます。取引先よりも
自社の情報を位置的に上に書くことに、つい違和感を抱いてしまうかもしれませんが
気にする必要はありません。

02 契約書

　契約書に始まり契約書に終わる。英語でのビジネス交渉は契約書
の内容の吟味から始まると言っても過言ではありません。「見たこと
ない」では済まされない、契約書の独特な英語のスタイルをここでし
っかり確認し、その目に焼きつけておいてください。

封筒

　契約書のタイトル（Title）の直後に、契約を交わした当事者とそれ
に関する情報、契約日などが記載されます。前文（Recitals）では、
契約当事者は誰か、契約当事者間の権利・義務を規定します。定義
（Definitions）では、対象製品の特定、許諾された権利の販売地域の
限定などが規定されます。条項（Articles）では、本契約に関する特
殊な条件が記述されます。一般条項（General Articles）では、契約

に関する一般的な条項が規定されます。署名欄（Signature）には当
事者が署名をします。

頭書

　契約書の肝となる頭書です。「頭書の通りの成績を収めました」と
いう賞状に使われる表現としておなじみの頭書です。Witnesseth:
の witnesseth は古語英語で「〜を証する」という意味で、コロン以
下の記述がその対象になります。

This Agreement, made and entered into, as of May 31, 2021
(hereinafter referred to as the "Effective Date"), by and between
TEC Inc., a CA corporation with its principal office at 1121
Piedmont Avenue, Pacific Grove, CA 91201, USA (hereinafter
referred to as "TEC"), and Kimetsu Technology, a Japanese
corporation with its principal place of business at 1-2-1 Shakujii,
Nerima, Tokyo 160-9034 Japan (hereinafter referred to as
"Kimetsu"),

Witnesseth:

Whereas, TEC is engaged in providing worldwide IT-related
services, and the development, manufacture and sale of certain
software products hereinafter defined below.

　本文訳の代わりに、テンプレートの形で訳を紹介しておきます。

【テンプレート訳】
本契約は、（契約日付）に、（本社所在地）に本社を有する（企業の種類）、
（契約当事者名称 A）（「以下、〜」）と（契約当事者名称 B）（「以下、〜」）
との間で締結され、以下を証する。

一般条項

　　両当事者に固有の内容ではなく、契約ならどのような契約にも関わってくる内容を規定します。ボイラープレート（テンプレート）がインターネットで多く入手できるので記載方法には困らないはずです。注意が必要な完全合意条項を紹介します。「本契約に疑義が生じた場合、両当事者の話し合いのもと解決する」と定める日本式の契約書とは決定的に異なる条項です。

Entire Agreement Clause
This Agreement constitutes the entire agreement in respect of business hereby contemplated by and between the parties hereto and supersedes all previous agreement, negotiations and commitments in respect thereto.

【本文訳】
完全合意条項
本契約は、本取引についての当事者における完全な合意であり、これら取引に関する過去の合意、交渉や約束にとってかわるものとする。

契約書一覧	
資産買収契約書	**Asset Purchase Agreement**
秘密保持契約書	**Confidential Agreement**
販売代理店契約書	**Distributorship Agreement**
合弁契約書	**Joint Venture Agreement**
ライセンス契約書	**License Agreement**
融資契約書	**Loan Agreement**
意向書	**Letter of Intent**
覚書	**Memorandum of Understanding**
和解契約書	**Settlement Agreement**
（売買契約書における）裏面約款	**Terms and conditions of sale**

署名

　英文契約書では、最後のページに両当事者による署名がなされま
す。当事者は英語で party、両当事者は parties と呼びます。

IN WITNESS WHEREOF, the Company and Distributor have executed
this Agreement effective as of the date first above written.

                              THE COMPANY:

                                   Kimetsu Technology

                              By:_____

                              Title:_____

                              DISTRIBUTOR:

                                        TEC Inc.

                              By:_____

                              Title:_____

特許

　知的財産権（Intellectual Property Rights）のなかでも、何かと話題に
上がる特許（patent）です。新規性（novelty）、進歩性（inventiveness）、
非自明性（non-obviousness）が必要要件になっています。アメリカ
では3番目が「産業上の利用」（industrial application）になります。
億万長者を目指して特許申請するには、まず特許が読めるようにして
おきたいですね。

特許請求の範囲

　特許で大事なことは請求の範囲を明確にすることです。範囲を明確
にするため、一文主義で書かれます。"What is claimed is：" のコロ
ン以下のすべてが請求の対象となります。これは、契約書の頭書の
Witnesseth: とまったく同じ考え方です。

What is claimed is:
1. A basic input-output memory recovery system for use
on a computer, the system comprising:
· first and second basic input-output system (BIOS)
memories, each having a plurality of locations contain-
ing data values representing a series of computer pro-
gram instructions to initialize the computer and each
having an enable input, a predetermined one of said
locations in said first BIOS memory containing an error
detection data value based on said data values in the
remaining locations of said first BIOS memory;
· an error detection circuit to analyze the entire BIOS
program contents of the locations in said first BIOS
memory and said predetermined location in said first
BIOS memory to detect errors in said first BIOS memo-
ry,

· said error detection circuit generating an error signal upon detection of errors in said first BIOS memory; and an enabling circuit to disable said first BIOS memory enable input and to enable said second BIOS memory enable input in response to said error signal.

（出典）USPTO Web サイト
https://www.uspto.gov/patents-getting-started/general-information-concerning-patents　Patent
Number: 5793943

【本文訳】

特許請求の範囲：

コンピューターに使用される基本入出力メモリー回復システムにおいて、

• 1 次および 2 次基本入出力システム（BIOS）メモリーで、各々はコンピューター初期化用の一連のコンピュータープログラム命令を表わすデータ値を含む複数のロケーションを有し、各々はイネーブル入力を有し、当該 1 次 BIOS メモリー内の当該ロケーションの所定の 1 つは、当該 1 次 BIOS メモリーの残りのロケーション内の当該データ値に基づくエラー検出データ値を含むものと、

• 当該 1 次 BIOS メモリー内のエラーを検出するために、当該 1 次 BIOS メモリー内のロケーションおよび当該 1 次メモリー内の当該所定のロケーションの BIOS プログラム全内容を分析するエラー検出回路で、当該 1 次 BIOS メモリー内のエラーを検出するエラー信号を発生させる当該エラー検出回路と、

• 当該エラー信号に応じて、当該 1 次 BIOS メモリーイネーブル入力を使用不可にし、当該 2 次 BIOS メモリーイネーブル入力を使用可能にするイネーブル回路とから成ることを特徴とするシステム。

04 マニュアル

　スマホなど直感的に操作できる製品が普及するにつれ、製品・サービスの使い方をユーザーに説明するマニュアルはその存在感を失いつつあるかのように見えます。しかし、紙のマニュアルがオンライン化され、手元から消えただけのことで、より多くのマニュアルがユーザーの手にすぐ届くようになりました。英語でマニュアルを作成してネットにあげる機会があれば、本セクションを参考にしてください。

　日本ではよく「お客様は神様」と言われますが、英語では The customer is always right. と言います。お客様であるユーザーに指示を与える文章の書き方を身につけましょう。

Setup
Setting your telephone number

1. Press MENU
2. Press ▼ or ▲ until the following is displayed.

　　　SET

3. Press SET.
4. Enter your telephone number using the dial keypad.
5. Press SET.
　・The next feature will be displayed.

6. Press MENU.

設定
電話番号を設定する

1. Menu を押します。
2. ▼ または ▲ ボタンを押して，次の画面を表示させます。

　　　SET

3. SET を押します
4. ダイアルキーを使って，電話番号を入力します。
5. SET を押します。
　・次の機能が表示されます。

6. MENU を押します。

05 道案内

　日本語では地図を使った説明が多いですが、英語では言葉だけの案内が多いので、言葉だけで十分伝わる書き方を身につけましょう。方向、時間、手段などをすべて英語で言葉にするのは意外と難しいものです。Web サイトやカーナビの普及で表現方法も変わってきていますが、英語で説明できるようになっておくことに越したことはありません。

電車を利用する

Coming by train on the Seibu Ikebukuro Line
　　　1. Get off at Hibarigaoka station.
　　　2. Use the South Exit.
　　　3. Walk straight ahead when you get out of the station and after about
　　　　a minute you will see a building on the left-hand side. Our office is
　　　　on the second floor of this building.

西武池袋線をご利用の方
　　　1. ひばりが丘駅で下車してください。
　　　2. 南口を出ます。
　　　3. 外に出たらそのまままっすぐ歩きます。1 分ほど歩いて左側にあるビルの 2 Fが当社です。

☞マニュアルの指示文と同じく、命令形を使います。

車を利用する

By car

1. On the Kanetsu Highway, exit at Oizumi.
2. Continue on Mejiro-dori towards Mejiro.
3. When you get to Yahara-cho, turn left at the Yahara cross section. Drive another 100 meters, and you will see a white building on your right.

車をご利用の方

1. 関越自動車道を大泉 IC で降ります。
2. 目白通りを目白方面に向かいます。
3. 谷原町に入ったら、谷原交差点で左折します。100 メートルほど直進したら、右側の白いビルが当社です。

ビジネス文書一覧

年次報告書	**annual report**
貸借対照表	**balance sheet (B/S)**
ビジネスレター	**business letter**
キャッシュフロー計算書	**cash flow statement**
連結財務諸表	**consolidated financial statement**
契約書	**contract (agreement)**
文書	**document (documentation)**
決算報告書	**financial statement**
社員募集案内	**job openings**
リスト	**list**
営業報告書	**management report**
マニュアル	**manual**
資料	**material**
メモ	**memo**
覚書	**memorandum of agreement**
特許	**patent**
損益計算書	**profit and loss statement (P/L)**
提案書	**proposal**
参考書	**reference material**

関連資料	**related materials**
報告書	**report**
履歴書	**resume**
仕様書	**specification**
標準勘定科目表	**standard chart of accounts**
サマリー	**summary (summary report)**
Web サイト	**web site**
白書	**white paper**

☞インターネットではテンプレートが豊富に入手できます。履歴書、カバーレター、Eメールなどです。受け取った相手は、文書を作成した人がテンプレートを使っていてもいなくても、自分で書いた文書だとみなします。そのため、サンプルは参考程度にしておきたいものです。そのため、本書では、完結した文書は最小限にとどめ、使えるフレーズを中心に紹介しています。

キャッシュレス決済や取引のオンライン化など、インターネットの代名詞である Web サイトの重要性は高まる一方です。ホームページでどのようなナビゲーションをすれば効率よく営業チャンスに結びつけることができるのか、自社のビジネスをトータルで考えて売り込んでいきましょう。

ネット通販のホームページ

ホームページは、展開している事業の内容すべてを見せることを目的にしています。とは言え、情報を盛り込みすぎると何をすればよいかユーザーが戸惑ってしまいます。ビジネスをトータルで見せつつも、シンプルにまとめる。これが鉄則です。

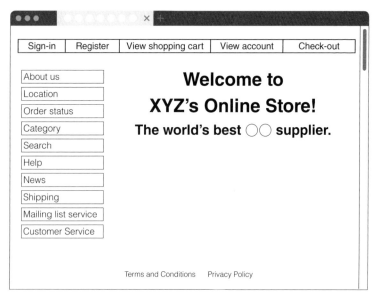

☞About us が「当社について」であることは今や広く知られています。しかし。実はインターネットが普及し始めた頃は「About usって何だ?」といった反応をした方も多くいました。

☞Terms and Conditions は特徴的な法律英語です。terms も conditions もいずれも「条件」という意味を表しています。法律英語は、同じ意味を持った単語を併記することがあります。

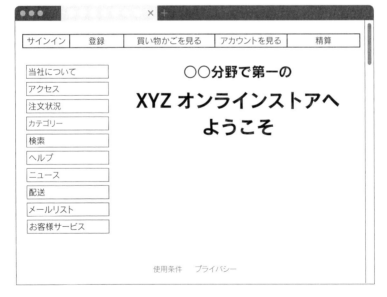

☞ご存じの方も多いでしょうが、日本語の「ホームページ」のことを英語では Web site と言います。一方、英語の home page は日本語の「トップページ」と同じ意味です。

注文ページ

View account

Order summary

Product Name	Description	Quantity	Price	Remove
Copy paper	Letter	1	$ 4.99	X

Total ___$4.99___

To update your cart, to include any extra orders, please click "Update cart" below.

| Update cart |
| Continue shopping |

☞view という英語も一種独特ですね。「見る」という意味なら他にも see、look などがありますが、Web サイトでの確認などには view が使われます。住宅情報で「海が見える物件」のことを oceanview room と呼ぶように、ワクワク感や広がりをイメージさせる単語です。

☞order は「受注」と「発注」の両方に使われる単語です。同じくまぎらわしい単語として invoice があり、「請求書」「納品書」両方の意味があります。

アカウントを見る

注文商品の一覧

製品名	説明	数量	単価	削除
コピー用紙	レターサイズ	1	$ 4.99	X

お買い上げ合計金額 　$4.99

数量を変更された場合は、下のボタンをクリックして買い物かごをアップデートしてください。

| カート更新 |
| 買い物を続ける |

Please review your order as shown below.

-To change the number of items ordered, please input the desired quantity and click "MODIFY."
-To delete an item, please click "DELETE."
-When you are satisfied with your order, as listed below, please click "Finalize My Order" to complete the order process. Your order will not be completed until you click "Finalize My Order" below and complete the ordering process.

Description	Size	Price	Quantity	Total	Modify	Delete
Copy paper	Letter	$4.99	1	$4.99	MODIFY	DELETE

Sub Total: $4.99
Handling Charges: $1.00
Shipping Charges: Click for Shipping Rates & Info
Enter the zip code to which the order will be shipped:
Select the desired shipping method: UPS Standard Ground
Select the State to which the order will be shipped: CA
Select the Country to which the order will be shipped: United States of America
Select a payment method: Credit Card

Finalize My Order

☞desired quantity と desired shipping method の desired は「ご希望の」という意味です。

☞Enter the zip code の zip code は日本の郵便番号（postal code）に相当するものです。Zone Improvement Plan の略です。

下記のご注文内容をご確認ください。

・ご注文の商品の数量を変更する場合は、ご希望の数量を入力し、[変更] ボタンを選択してください。
・商品を削除する場合は、[削除] ボタンをクリックしてください。
・下記のご注文内容が正しければ、[注文を完了] を選択し、注文過程を完了します。下記の [注文を完了] ボタンをクリックするまでは、ご注文は完了しません。

商品名	サイズ	単価	数量	合計	変更	削除
コピー用紙	レター	$4.99	1	$4.99	変更	削除

小計 $4.99
手数料 $1.00
配送料   <u>配送料はここをクリック</u>
ご注文商品の郵送先の郵便番号を入力してください。
ご希望の郵送方法を選択してください。   UPS 通常配送（陸運）
ご注文商品の郵送先の州名を選択してください。   カリフォルニア
ご注文商品の郵送先の国名を選択してください。   アメリカ
お支払方法を選択してください。   オンライン　クレジットカード

注文を完了

英字新聞

　英字新聞の記事はプロのライターが書くものなので、表現の力強さや論理展開など、内容のすべてが参考になります。特に、ある程度まとまった長さの文章がどう分かりやすく構成されているかに注目しながら、読み進めるといいでしょう。1つのパラグラフの内容をひと言で要約するのもおすすめです。

スポンサー記事

　企業がスポンサーとなり、記者の取材を受けて企業の概要を紹介してもらう記事です。記事を書くうえでは、どのように企業を紹介すれば宣伝になるのかというマーケティングのセンスも必要となります。Webサイト、年次報告書、プレスリリースなどに、そのスキルを幅広く活用することができます。次の記事は2020年12月17日に英字新聞 The Japan Times に掲載されたスポンサー記事です。実際の記事を使って、段落ごとの要約と語彙のピックアップを試しにやってみましょう。

Dec. 17, 2020

Japanese AI company looks to utilize technology to transform corporate culture, enrich work-life balance

Joe Muntal
Contributing writer

Miku Hirano, CEO of Cinnamon Inc., points to the company's guiding principles at the company's headquarters in Tokyo. | YOSHIAKI MIURA

❶ Advances in artificial intelligence (AI) technologies have been known to make people nervous. People are already losing jobs to automation, and there is an underlying anxiety that technological advances will further destabilize the labor market. The notion that AI will one day usurp its creators and render humanity obsolete has for a long time occupied a space in our imagination.

❷ Miku Hirano, however, envisions a different future. The founder and CEO of Cinnamon Inc. — a company developing practical AI solutions for businesses — believes AI technology has the potential to transform the way we work: liberating us from mundane tasks and streamlining processes that, up until now, have eaten up a significant portion of our working hours.

❸ Indeed, it was Hirano's observations of Japanese work culture that inspired her to launch Cinnamon. Beginning with her own family, she thought about what kind of future her children would inherit, and felt that Japan's work culture, which is often characterized by its long work hours, needed to change.

❹ "When my children were born, I started thinking about future generations, and I realized we had a long way to go toward attaining ideal work styles," she said. "As a result of our work culture, people have really negative experiences, such as mental breakdowns and karoshi (death from overwork). Even those who aren't in such extreme circumstances may feel uncomfortable leaving the office before their supervisors, and are thus forced into very inefficient work styles. I think many aspects of contemporary work life make people unhappy, even if they don't realize it, and I started this company to use AI to improve this situation."

（出典 URL）https://info.japantimes.co.jp/jt-with-kintopia/05/

❶を一言で: AI は仕事を奪う

パラグラフの全容を把握した後、参考になる表現の意味や用法について一つひとつ考えていきましょう。

1 行目の AI は、今や誰もが知っている言葉になりましたが、元の英語 artificial intelligence をさらっと口に出して言えるでしょうか。2 行目の make people nervous の nervous には「緊張している」という意味もありますが、この文脈では「不安な」に近い意味で使われています。なお、人前で話すときに I'm nervous. と言うと自信がないように聞こえるので注意しましょう。また、緊張していることを表すフレーズに、have butterflies in one's stomach（直訳：胃の中に蝶がいる）があります。

記事を読むことで自分の表現力を伸ばすことができます。たとえば、最近よく聞く「AI に仕事を奪われる」は、2 行目の People are already losing jobs to automation を参考に、People will be losing jobs to AI. と言うことができるでしょう。3 行目に an underlying anxiety とあるので、前述の nervous は「不安な」という意味で使われているという解釈が正しかったことが分かります。続く that technological advances will further destabilize the labor market は、people are already losing jobs to automation（人々が AI に仕事を奪われる）を少し高尚に言い換えています。英文ニュースのライティングスタイルの特徴で、同じ意味をさまざまな表現で言い換えることで読者を飽きさせない工夫が凝らされています。

第 1 段落最後の文は長く、難しい単語ばかりが並んでいます（The notion that AI will one day usurp its creators and render humanity obsolete has for a long time occupied a space in our imagination.）。単語の意味は段落の趣旨から推測することもできます。たとえば、usurp という単語を見たことも聞いたこともなくても、この段落の趣旨が「AI が仕事を奪う」であることから、「奪う」に近い意味だと推測できます。なお、render humanity obsolete は「人類が（AI によって）陳腐化される」の意味です。

❷を一言で: AI は働き方改革

1 行目の envisions a different future はかっこいい表現ですね。The founder and CEO of Cinnamon Inc. に至っては、肩書の英語名として参考にできそうな表現です。CEO は Chief Executive Officer の略です。また社名の最後についている Inc. は Incorporated の略で「株式会社」を指しています。2行目の a company developing practical AI solutions for

businesses は、会社の紹介に使えそうな表現です。3 行目の to transform the way we work はそのまま「働き方改革」の英語表現として使えそうですね。その「働き方改革」の内容は、前の記述に説明を追加する機能を持つ「：（コロン）」の続きを読めば分かります。つまり、働き方改革とは liberating us from mundane tasks and streamlining processes（人々を退屈な仕事から解放し、作業の無駄をなくして合理化すること）です。

❸を一言で：働き方改革を未来のために

　記事を読むと、単語のさまざまな用法を知ることもできます。2 行目の inspired her to launch Cinnamon は、launch という動詞が「（ロケット）を打ち上げる」だけではなく「（会社）を立ち上げる」という意味で使えることが分かり、参考になりますね。なお、「会社」関連の語彙で「起業家」を意味する entrepreneur は、つづりに注意しましょう。

　続く Beginning with her own family, she thought about what kind of future her children would inherit, は、取材対象者の内面の気持ちを吐露している部分です。こうした、読み手の胸を打つパーソナルな記述を入れることで、紹介している企業の理念に読者が共感しやすいようにしています。なお、inherit（～を受け継ぐ）は遺産相続の意味でも使われます。また、4 行目の Japan's work culture, which is often characterized by its long work hours は、第 2 段落の最終文の a significant portion of our working hours を別の表現で繰り返したものです。

❹を一言で：働き方改革を AI で

　CEO の発言を記者が直接引用することでできるだけ正確にメッセージを伝えようとしています。2 行目の we had a long way to go toward attaining ideal work styles（理想の労働のあり方を獲得するまでには長い道のりを歩まなければならない）の a long way（長い道のり）には苦労を伴うイメージが表れています。次の文 people have really negative experiences（嫌なことを経験する）で a long way の説明がされ、さらに、続く such as mental breakdowns and karoshi (death from overwork)（神経衰弱や過労死）で苦労の具体例が挙げられています。karoshi は英語でも通じるようですが、ここでは death from overwork と補足されています。このように日本で発行している英字新聞は、日本語とそれに相当する英語を並べて表記することもあるので、とても参考になります。

　6 行目の feel uncomfortable leaving the office before their supervisors

（上司がまだ仕事をしているのに、部下が先に退社しにくく感じる）は、長時間労働の原因としてよく取り上げられますね。そして are thus forced into very inefficient work styles（非効率的な労働スタイルになってしまう）と続きます。長時間労働によって経済が豊かになったのには違いありませんが、それは労働生産性を無視して達成した結果です。そのため、日本社会の幸福度は世界的に見てあまり高くありません。8行目の many aspects of contemporary work life make people unhappy（現代の労働生活のさまざまな側面が人々を不幸にしている）でそのことが表現されています。そして、最終文に I started this company to use AI to improve this situation（AI を駆使してこの状況を改善するために起業した）とあるように、起業して AI を駆使して働き方改革を実行しようという考えに彼女は至ったと、この記事は結んでいます。

　本章では、ビジネス文書のなかでも、スタイルや内容面で特に注意が必要となるものを中心に取り上げました。「この種類の文書を取り扱うことはないだろう」と思うものもあったかもしれません。しかし、今後どのような部署に異動になるか分かりません。また、今後どのようなプロジェクトが舞い込んでくるかも分かりません。できるだけ多くの英文スタイルを目にし、英語ビジネスコミュニケーションの守備範囲を広げておきましょう。

義母の時代の英語学習

　近年のテクノロジーのおかげで、英語学習は効率よくできるようになりました。今やコンピューターなくしては英語を勉強することが考えられないほどです。では、このようなテクノロジーがない時代では、どのように英語が学ばれていたのでしょうか。私の周りで最も古株の英語学習者である義理の母（79歳）に、学生時代の英語学習の様子を聞いてみました。戦後に熊本で過ごした小学校時代に英語と出会い、当時としては珍しく女性1人で東京の大学に進学して英語を勉強した義母の話です。

　「小学校の頃、先生に誘われてアメリカの民間情報教育局（Civil Information and Educational Section）の勉強会に参加したの。そこでは禁じられていたはずの英語を巧みに操り、フレアスカートの日本人女性がタイプライターを叩いていて、とてもキラキラした世界でした。そこから英語の世界に憧れて、文字を書いたりNHKのラジオ英語講座を聞いたりして楽しんで勉強を始めました。高校生になってからは、アメリカ人の先生たちから発音を教わりました。暗唱したリーダーズダイジェストは書いてある内容が面白くて今も覚えています。東京で国際基督教大学に進学すると、1年生の英語では月曜と水曜に新しい教材をもらい暗唱し、ブースに流れる先生の英語に素早く反応する練習をしました。帰国子女や留学生ばかりでついていくのが大変だったけど、とても充実した毎日だったわ。」

　義母の話から、英語の世界への憧れがきっかけになったこと、当時のテクノロジーが学習に利用されていたこと、さまざまな人とのすてきな出会いがあったことを知りました。テクノロジーの違いはあれど、本質的には英語学習の風景は変わっていないのかもしれませんね。

Chapter 12

オンライン英語学習法

現代ではインターネットが普及して、英語学習もオンラインで手軽にできるようになりました。語学習得は筋力トレーニングと同じで、1日にしてならず。細く長く続けることが、とても大切です。本章ではさまざまなオンライン英語学習法を紹介しています。自分に合った内容を選び、日常の隙間時間を見つけて、できるだけ毎日、無理のないペースで続けましょう。

01 YouTube 活用法

　すでに実践されている方も多いと思いますが、英語を学ぶ際、最も身近で費用がかからず内容が豊富なのが YouTube です。英語などの語学について上級者向けの学習法を紹介しているチャンネル、コマーシャルやニュースサイトなどのメディアチャンネル、有名人のスピーチなど、さまざまな動画を紹介しています。動画は、リスニングの練習として聞くだけでなく、字幕を表示して後に続けて読んでみる、同じ速さで読んでみる、聞いた内容を日本語や英語で書き出してみる、などさまざまな使い方ができます。本書で紹介するチャンネルをきっかけに、お気に入りの動画をご自身でもどんどん見つけていってください。

英語学習法の紹介動画で学ぶ

　YouTube の検索バーで「英語学習法」と入力すると、数多くの動画が表示されます。ここではそのなかから 3 つのチャンネルをご紹介します。

AK in カナダ｜ AK-English

https://www.youtube.com/watch?v=SNwMMEGMnGA&t=406s

　登録者数が 53 万人（2021 年 3 月 8 日現在）の YouTuber、Akane さん。会社員、英会話講師、通訳を経て、現在ではカナダに移住されて英語学習に関するメディア会社を経営されています。短く分かりやすく編集された動画で、経験に裏打ちされたさまざま

な英語学習法、英会話、日常のフレーズを学ぶことができます。

amity_sensei

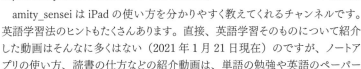

https://www.youtube.com/watch?v=GY8A5vlwmVQ

amity_sensei は iPad の使い方を分かりやすく教えてくれるチャンネルです。英語学習法のヒントもたくさんあります。直接、英語学習そのものについて紹介した動画はそんなに多くはない（2021 年 1 月 21 日現在）のですが、ノートアプリの使い方、読書の仕方などの紹介動画は、単語の勉強や英語のペーパーブックを読みながらのリーディングの学習方法として応用できます。

KOH in インド

https://www.youtube.com/watch?v=jwvhZELxKJg

英語学習とは直接関係がないように思えますが、ヒンディー語を習得し、インド人向けに YouTube チャンネルを開設している Koh さんには「外国語を話すこと」の楽しさや意義など大切な心得を教えてもらうことができます。Koh さんが街で会ったインド人に対し

して流暢なヒンディー語を突然話して驚かす動画は、自動翻訳機がどんなに進化しようとも、「外国人が自分の母語で話してくれる」ことのインパクトが示されています。気がつくのは、自分の言葉で話してくれた瞬間、皆が笑顔になるということです。日本人にとって馴染みのないヒンディー語を Koh さんは大人になってこれだけ流暢に話せるようになったのだから、自分も英語学習を頑張ろう！と、きっと励みになると思います。

コマーシャルで学ぶ

日本企業の英語でのコマーシャル

Let's bring home the love -Toyota Holiday Ad 2020

https://www.youtube.com/watch?v=ddJyHP94_Owv

コマーシャルはほんの数秒から数分で企業のイメージが分かりやすく表現され、メッセージ性があるものも多いので、見ていて楽しく、英語のリスニング教材として飽きずに活用できます。ここでは日本が世界に誇る Toyota の海外版CM をご紹介していますが、日本版の CM との比較や、海外の文化や習慣に沿った演出を見ると英語学習のみならず、ビジネスの参考にもなりそうですね。

スーパーボウルのコマーシャルで学ぶ

10 Best Super Bowl Commercials 2020

https://www.youtube.com/watch?v=OQmhLOFbRQw

　スーパーボウルは米国で冬に開かれるアメリカンフットボールの大会で、毎年高い視聴率を誇ります。そのため、企業はこぞって話題作りのために、ハリウッドスターを起用したり、インパクトがある展開のコマーシャルを作成したりします。短いフレーズで記憶に残る英語のフレーズが多いため、ビジネス面でとても参考になります。日本企業の英語 CM と同様、短い時間で見られますので、ぜひ検索してみてください。

日本人の英語インタビュー動画で学ぶ

https://www.youtube.com/watch?v=_T4GHeIwyXw

　ここで紹介しているのは、世界で広がる新型コロナウイルス感染症を乗り越えるために、日本のミュージシャン Yoshiki さんが、U 2のボノらとともに製作した #SING4LIFE という楽曲に関するインタビュー動画です。アート、音楽、スポーツ、研究、ビジネスとさまざまな分野で活躍する日本人がいますが、そういった人たちの英語でのインタビュー動画は、日本語を母語にする人々にとって「英語で自分の言いたいことを表現する」ためのヒントがたくさん隠されています。文法の正しさ、発音の正しさ、語彙やイディオムの豊富さ。私たちは間違えることを恐れ、こういったことを気にしてしまいますが（もちろん、これらも重要ですが）、伝えたい相手がいる、自分について知ってもらいたいことがあるということがいかに大切か、これらのインタビュー動画を見るとひしひしと感じます。

趣味動画で学ぶ

https://www.youtube.com/watch?v=4pKIy2JojMw

　ここでは例として朝ヨガのストレッチ動画を掲載していますが、皆さんの趣味に関する動画を英語で見てみましょう。筋トレであれば身体の部位や動き、車であれば外装や内装の特徴や数字を使った説明、インテリアであれば色や素材の説明、それぞれの分野で頻繁に使われる単語や表現が異なり、自分の趣味を英語で話したり、自社の商品を説明したりする際、応用できるかもしれません。そしてなんといっても、自分にとって興味のある、知りたい内容であると

いうことが英語学習の持続性につながることでしょう。

TED で学ぶ

https://www.youtube.com/watch?v=B6IBtiQZSho

　NHK の「スーパープレゼンテーション」（現在は放送終了）でもおなじみの TED。ご覧になった方も多いと思いますが、英語学習とプレゼンテーション、両方の観点からとても参考になります。専門性の高いトピックにもかかわらず、ゆっくりと平易な表現で説明されているため、英語の母語話者ではない私たちにも分かりやすいことに驚かされます。たくさんあるプレゼンテーションのなかでどれを見ようか迷っている場合は、TED Prize といって、最も革新的なアイデアを紹介した人に贈られる賞を受賞した人のプレゼンテーションから視聴し始めることをおすすめします。気に入ったプレゼンテーションが見つかれば、最初は日本語字幕付きで、次は英語字幕で、最後にプレゼンターになりきって、声に出して読んでみる、など繰り返し同じ動画を使ってさまざまな方法で英語学習に使えます。TED Ed という世界のさまざまなトピックについて解説した短いアニメーションの動画も分かりやすくておすすめです。

子ども向けチャンネルで学ぶ

https://www.youtube.com/watch?v=QT7TPn9eYM8

　現代の子育てには欠かせない You Tube。英語で配信されている子ども向けチャンネルの数を見ると、世界中でそう感じている親がいるのだろうと想像します。ここでご紹介しているのは私（出口）の娘も大好きなアメリカ人の YouTuber、Blippi のチャンネルです。このチャンネルでは Blippi が動物園やラズベリー農園に行ったり、パン屋やアイスクリーム屋さんに行ったりして、レポートをする様子が見られます。子ども向けチャンネルの多くが、出演者の話し方が明瞭で、内容が分かりやすく、カラフルで、ユーモアたっぷりなので、大人の英語学習としても十分活用できるでしょう。

　童謡を中心とした歌ばかりのチャンネルもあります。Kiki と Miu Miu というパンダがキャラクターになっている BabyBus やアニメーションがカラフルで愉快な家族がキャラクターの Cocomelon、チャンネル登録者数 2730 万人（2021 年 3 月 8 日現在）を誇る Super Simple Songs は、伝統的なマザーグースの歌から、地震や迷子になった際のリスク対処を歌った歌まで、実に多様な童謡を可愛ら

しい映像とともに聞くことができます。日本でもなじみのある歌もたくさんあるので、気になった童謡を英語で覚えて歌ってみるのもいいかもしれません。

　英語の子ども向けチャンネルは科学系の内容も豊富で、私自身、娘と一緒に見ていて新しく知った単語もたくさんありました。たとえば Netflix Jr. チャンネルの Emily's Wonder Lab は巨大スライムや竜巻を作る化学実験番組で、CBeebies チャンネルの Andy's Dinosaur Adventures は大英博物館に勤める Andy がタイムマシーンの時計で恐竜に会いに行く、CG が素晴らしい番組です。子育て中の方であれば、お子様と一緒に楽しんで学んでみてはいかがでしょうか。

スタンドアップコメディーチャンネルで学ぶ

https://www.youtube.com/watch?v=FptXl275lcs&t=35s

　英語圏で定番のスタンドアップコメディー。舞台の上で 1 人でコメディアンがマイクを片手に、観客との対話を通して笑わせる形式の話芸です。スピードが速く、その国の事情や文化的な背景知識がないと理解するのが難しく、笑えないかもしれませんが、負荷の高い英語リスニングのレッスンだと捉えて、字幕なしの動画視聴に挑戦してみましょう。政治、宗教、人種、ジェンダーなど、日本ではタブー視されるネタが多いのにも驚かされると思います。下品な単語や表現も使われることが多いので、ビジネスの場でそのまま使ってみることはおすすめできませんが…。観客の笑い声が必ず入っているので、笑いが特に大きかったジョークやトピックに注目してみてください。どのようなジョークが受けるのかの参考になりますし、その国の文化的・社会的背景が少し理解できると思います。

　YouTube では、世界中のスタンドアップコメディアンのショーが視聴できます。たとえば、イギリス人コメディアンの Michael McIntyre はイギリスでは知らない人はいないと言われるほど有名で、家族ネタや日常のあるあるネタでテンポの速いイギリス英語で笑わせてくれます。Trevor Noah は南アフリカで黒人と白人の両親の下に生まれ、米国のコメディーショーで人気になり、グラミー賞の司会を務めるスターです。彼の自叙伝もベストセラーになり、日本語訳も出版されています。Ali Wong はアジア系アメリカ人で、豹柄のピチピチドレスに赤ぶちの

メガネ、妊娠中の大きなお腹でステージに立ち、女性目線の下ネタ満載の話芸で一躍有名になりました。最近は映画出演を果たし、今後ますます活躍が期待できそうなコメディアンです。

　最近は日本人コメディアンの活躍も目立ちます。Saku Yanagawa や Yumi Nagashima は米国やカナダで、スタンドアップコメディーのショーを行なっています。もちろん、英語で！　私たちにとってとてもなじみのある日本語訛りの英語（もちろん話すスピードもネイティブスピーカーに比べたらゆっくりしています）で、聴衆を爆笑の渦に巻き込んでいる彼や彼女たちを見ると、なんだか誇らしい気持ちにさえなってきます。多民族・多人種が暮らす国で、外国人である日本人としての視点がどう生かされているのか、どんなジョークがウケているのか、観客の反応もとても興味深いです。笑いながらリスニングの勉強になります。ぜひ試してみてください。

ニュース / トークショーチャンネルで学ぶ

老舗ニューステレビチャンネル

https://www.youtube.com/watch?v=Qf1Xa4VTEd0

　英語を聞くことに慣れてきたら、CNN や BBC などのニュースチャンネルに挑戦してみましょう。まず、視聴する前にあらかじめ同じニュースを日本語で情報収集するとより理解が深まります。ニュース番組では政治や経済など専門用語が早口で話されていますが、日本語・英語字幕が見当たらない場合は、速度を遅くして聞いてみると分かりやすくなると思います。出来事を伝えるために、何度も同じ単語がキャスターの話や取材動画のなかで繰り返し使われるので、比較的難しい単語でも覚えやすいですよ。また、10 分以内の動画が多いので飽きずに最後まで視聴できます。同じニュースでも国や地域によってどのような報道がされ、コメント欄にどのような書き込みがされ（「いいね！」が多いのか）、比べてみても面白いと思います。視聴を習慣づけるには、ぜひお気に入りのキャスターや番組を見つけてみてください。

西洋諸国以外のニュースチャンネル

https://www.youtube.com/watch?v=XJjzCBRMaso

　西洋のニュースチャンネルだけではなく、YouTube にはたとえば中東の Aljazeera English、シンガポールの Channel News Asia、ケニアの KTN News Kenya などがあります。すべて英語での放送ですので、それぞれの地域で今、何が社会的な課題となっているのか、また、グローバルな課題に対してどのような報道が行われているのか、地域ごとの報道をぜひご覧ください。相

手の国のニュースチャンネルを探して、仕事をする前に試聴してみるのも、革新的なアイデアや市場のニーズを把握するためのいいきっかけになるかもしれません。ちなみにここで紹介している画面は、Channel News Asia でアップロードされ、610万回以上再生されている（2021年3月8日現在）、"Meet the Cambodian boy who speaks more than a dozen languages" というニュース動画です。語学学習をしている人にとって、なかなか刺激を受ける内容ですので、ぜひ一度ご覧になってみてください。

トークショーチャンネル

https://www.youtube.com/watch?v=QOhuOg6iqaA&t=1218s

　ここでは主に米国のトークショーチャンネルをご紹介します。ここで挙げている3人は、米国では知らない人はいない、と言えるほどの有名テレビホストです。トークショーは、司会者が社会問題・政治・エンターテイメント・自己啓発・パートナーシップ・健康などさまざまなテーマについて語る形式の番組です。ホストがハリウッドスターやミュージシャンなどのセレブリティや話題の一般人をスタジオに招き、リラックスした雰囲気のなかでインタビューをすることも多いので、会話のリスニングの勉強にもなります。

　Jimmy Kimmel Live は、米国の ABC テレビで深夜に放映されている番組で、ハリウッド映画でも主人公が1日の終わりにこのショーを見ている場面がよく出てきます。たくさんの動画がありますが、日本でも人気の K-Pop グループの Black Pink や片づけコンサルタントの近藤麻理恵さんが出てくる動画などもありますので、まずは短くて、見やすそうな内容を選んでみてください。

　The Ellen Show は Ellen DeGeneres によるチャンネルです。もともとスタンドアップコメディアンとして活躍していた彼女ですが、次第に頭角を現し、全米で最も知られたテレビホストの一人となりました。レズビアンとしてカミングアウトし、人権活動も積極的に行っています。このチャンネルではぜひ "giveaway" と検索してみてください。困難な状況にいる人や助けを必要としている人をスタジオに招き、その人のストーリーを聞いたうえで、日本では信じられないような規模のプレゼントをするというコーナーは、このショーで人気なコーナーの一つです。

　最後は Oprah Winfrey Network（OWN）をご紹介します。Oprah Winfrey はおそらくこの3人のなかでは最も世界的に知られたテレビ司会者でしょう。テレビ司会者としても成功し、俳優や慈善家としても活躍する彼女は、長年続いたテレビでのトークショーを終わらせ、現在はインターネットに活躍の場を移しています。YouTube チャンネルでは、このネットワークが作成する番組のフルエピソードを一部視聴することができます。前述の2人と比較して、コメディー要素は少ないですが、Oprah の健康や自己啓発に関する話はパワフルですし、政治家や有名人への鋭く、正直なインタビューは見応えがあります。最近では、

ヘンリー王子とメーガン妃へのインタビューでも話題になりました。

オンライン英会話で学ぶ

　英語を学習する皆さんであれば、一度は考えたことがあるのではないでしょうか。すでに受講している人もいるでしょう。電車内や駅でも、今、オンライン英会話サービスの広告をよく見ますね。これまでの対面の英会話レッスンとは異なり、オンライン英会話は、受講できる時間帯が広く、安価で、どこでも簡単に受けられるのが利点です。無料体験レッスンや、豊富なコース設定もその魅力ですね。ネットで「オンライン英会話　比較」などのキーワードで検索をすると、各社のオンライン英会話の価格・コースの種類・時間帯・通信方法などの条件を比較しているサイトがたくさんありますので、ぜひ調べてみてください。どの会社のサービスを利用したとしても、自分に合った先生との出会いがレッスンを楽しく続けられるコツだと思います。「英会話」は「会話」ですので、あなたが誰と話をするのか、話をしたいと思えるのか、ということでもあると思います。

　最近は欧米圏以外の出身の英会話の先生もたくさんいます。日本語の母語話者だからといって、必ずしもみんながいい日本語の先生になれる訳ではないのと同じように、英語母語話者でなければいい先生ではないとは限りません。その先生の母語が英語かどうか、ということよりも、どのように外国語（英語）を教えるのかということについて、ある程度訓練を受けている先生（または訓練を提供している会社）や、自己流であったとしても自分の教えるメソッドを確立している先生をおすすめします。効果的なダイエットや筋トレをしようとした際に、生まれつき痩せ型・筋肉質のトレーナーを選ぶのではなく、健康科学について知識があり、自らダイエットを成功させた経験のあるパーソナルトレーナーを選ぶことと似ていますね。

オンライン留学・オンライン国際ボランティアで学ぶ

　まとまった時間が必要で、費用がかかる。留学を実現するにはこのような条件が整わないと叶わない思う人は多いでしょう。しかし今、オンライン留学というとても便利なサービスがあります。特に2020年の新型コロナウイルスの世界的な感染流行がきっかけとなり、世界中のさまざまな英会話学校や大学が、オ

ンライン留学サービスを提供するようになりました。オンライン留学ではクラスメイトとともに授業を通して学んだり、授業外のアクティビティー（たとえば、ゲームやクッキングなど）に参加したりと、世界中の英語を学んでいる人たちとの交流が積極的に行われるので、先生だけではなくさまざまな人たちとの出会いがあると思います。今は SNS で簡単につながれますので、クラスで友達ができれば、プログラムが終わった後も投稿を通してやりとりをしたり、いつか相手の国に遊びに行けたりするかもしれませんね。多くの場合、初回にレベル分けテストがあるので、クラスメイトは自分と同じぐらいの英語力だと思い、安心して話しかけてみましょう。英語を外国語として学ぶ同士なので、文法の間違いや発音も気にすることなく話せると思います。費用は実際に渡航する留学の 3 分の 1 以下ほどで抑えられる場合が多く、時差を利用して、たとえば日本時間の夜 9 時から開講されるプログラムなどもあるので、平日でも仕事終わりに参加できるなどの利点があります。

　英語にある程度自信がついたら、オンライン国際ボランティアに挑戦してみてもいいかもしれません。文字通り、オンラインでボランティア活動に参加する、というものです。こちらは、上記の英会話や留学と異なり、「英語で」活動をする、ことが体験できます。言語習得が目的ではありませんが、世界中の参加者と英語で話をしながら、共通の目標に向かって話し合ったり、作業したりする体験は、英語のスキル向上にきっとつながると思います。インターネットで検索するとさまざまな実施団体があり、海外からの参加者とともに子ども向けの本を一緒に作るものや文化遺産保護や環境保護の方法を考えるものなど、内容が豊富です。共同作業を通して、生きた英語を学びながら社会貢献ができる、まさに一石二鳥です。

英語学習者向けサイトで学ぶ

https://hinative.com/ja

　インターネットが当たり前となった今、英語学習者のための多種多様なオンラインサービスが提供されています。インターネットには無数のサイトやアプリがありますので、ここでご紹介しているのはほんの一部ですが、基本的に無料のものですので気軽に学べます。

　たとえば、HiNative は、さまざまな言語のネイティブスピーカーが、その言語の学習者の投稿した質問に答えてくれるサービスです。さらに、音声にも対応していて、自分の発音をアップロードしてネイティブにチェックしてもらうこともできます。

　Elllo ではリスニングが練習できますが、このサイトの面白いところは、世界

445

各国の人がさまざまな訛りで話している音源を聞いたり、動画を見たりできると
ころです。日本在住の Todd Beuckens さんという英語教師が学習者や教師の
ために作りました。たとえば、あなたがクロアチアの人と仕事をする場合、検索
でクロアチアと入れれば、クロアチア人が話す英語を聞くことができます。自己
紹介、文化や地理、科学や時事など多岐にわたるトピックについてのモノロー
グ、会話がアップロードされています。スクリプトがありますので、単語やイディ
オムが確認できますし、文法の説明や簡単なリスニングクイズもあります。

　デジタルキャストは洋楽や TED を通して英語を学べるサイトです。YouTube
で探すのもいいですが、こちらでは人気の洋楽動画や TED の日本語字幕付き
の動画が一覧になっていますので、わざわざ検索する必要もなく、とても便利
です。このサイトを使っての英語学習法も書いてありますので、どのように動画
を使って学べばいいかも分かり、とても便利です。このサイトの動画はすべて、
カタカナと英語、両方でサブタイトルを表示できます。また、それぞれの単語の
品詞が色分けで表示されたり、辞書機能が紐づけられていたりするので、文法
の理解や内容理解に役立ちます。お気に入りの洋楽を一曲歌えるように、この
サイトを使って練習してみてはいかがでしょうか。

Google 活用法

　インターネットで検索する際、Google を使っている人は多いと思います。実はこの Google、英語学習でも便利な使い方ができます。特に、単語の使われ方を調べる際にとても役に立ちます。

クオーテーションマークを使ったフレーズ検索

　英語で文章を書こうとしていて、こんな言い方するのかな？　と疑問に思うことがありませんか。そんなときはクオーテーションマークを使ったフレーズ検索をしてみましょう。たとえば、"take advantage of this opportunity" という言い方をするのかどうかを調べたいとき、このようにクオーテーションマークでそのフレーズを挟んだまま、検索してみましょう。このクオーテーションマークが鍵で、これがなければそれぞれの単語がばらばらに検索された結果が表示されてしまいます。クオーテーションマークの中に入れて検索すれば、このフレーズを使った文章の検索結果が出てきますので、たくさん検索結果が出ていると、実際に使われていることがわかります。逆に、検索結果数が少ないとそれは不自然なフレーズであることが分かります。

Google　"take advantage of this opportunity"　　　×　🎤　🔍

🔍 すべて　🖼 画像　📰 ニュース　▶ 動画　🛒 ショッピング　⋮ もっと見る　　設定　ツール

約 6,500,000 件中 2 ページ目　(0.30 秒)

www.linguee.es › ingles-espanol › traduccion › i+take+... ▾
i take advantage of this opportunity - Traducción al español ...
Muchos ejemplos de oraciones traducidas contienen "i take advantage of this opportunity" –
Diccionario español-inglés y buscador de traducciones en español.

english.stackexchange.com › questions ▾ このページを訳す
Take advantage of this opportunity - English Language ...
2016/04/28 — Take advantage of this opportunity : meaning-in-context usage. I find myself
recurrently stopped while writing e-mails for a main purpose (e.g. answering a direct question
from a previous mail somebody sent me) and wanting ...

forum.wordreference.com › English Only › English Only ▾
Take advantage of this opportunity | WordReference Forums
Take advantage of this opportunity. Thread starter keramus; Start date Feb 5, 2016. ◂ ...
2016/02/05 · 4 件の投稿 · 投稿者 3 人

www.spanishdict.com › examples ▾
Examples of I would like to take advantage of this opportunity ...
Once again, I would like to take advantage of this opportunity to express my full support for
Mr. Michael Steiner and other international mediators and protectors. De nuevo, quisiera
aprovechar esta oportunidad para ofrecer mi apoyo total al Sr.

アスタリスクを使ったワイルドカード検索

　次にご紹介するのは、アスタリスクを使ったワイルドカード検索です。これは先ほどのクオーテーションマークを使ったフレーズ検索の応用なのですが、フレーズの一部をアスタリスクマーク（*）にすると、その部分にどのような単語が入るのかを調べることができます。たとえば前述の "take advantage of this opportunity" を "take advantage of this *" と、opportunity の代わりにアスタリスクを入れます。これで検索すると、this の後にさまざまな単語が入った文章が検索結果として出てきます。今回は "take advantage of this trend" や "take advantage of this" などが検索されました。アスタリスクの部分にどんな品詞や単語が入る場合が多いのか、どのようなことを伝えたいときに使われるケースが目立つのか、など、フレーズの使われ方のパターンが分かり、メールを書くときなどにとても便利です。

単語を覚えたいときの画像検索

　単語を覚えようとしてもなかなか覚えられないことはありませんか。単語帳を作ったり、書いてみたり、辞書の音声機能発音を聞いてみたり（私はこれをよくするのですが、なかなか記憶に残りますよ。試し

448

に50回ぐらい耳元で音を再生してみてください。）とさまざまな方法
があると思いますが、画像検索もおすすめします。

　たとえば、"defective product" の defective の意味がなかなか覚
えられないとき、画像検索をすると（この場合、前述のフレーズ検索
が有効です）、欠陥商品の画像がたくさん出てきます。"product
recall"（製品回収）という関連単語に関する写真も出てきます。文
字だけだと覚えにくいですが、こんな風にたくさんの画像とともに理
解することで、その単語の意味や使われている文脈が分かります。

04　メディアや音楽を通した英語学習法

Netflix などの動画配信サービスで学ぶ

　すでに多くの皆さんが楽しまれていると思いますが、Netflix、Amazon Prime、Hulu など、今は動画配信サービスが充実しています。英語圏の動画だけではなく、たとえばフランスやメキシコ、韓国やイランの映画なども英語の字幕付きで見ることもできるので、多くの動画がたちまち英語の教材になります。番組は無数にあるので、どれを選んだらいいか分からない場合は、まずは気軽に見られるのを選んでみましょう。

　たとえば、テレビ番組は 30 分から 1 時間ぐらいのものがほとんどなので、携帯電話や端末にダウンロードして、通勤時間や寝る前など、隙間時間を見つけて視聴できそうですね。30 分ぐらいのシチュエーションコメディー（Sitcom と言われ、一定の登場人物がさまざまなシチュエーションを演じる一話完結型のコメディー）や、その年のエミー賞（米国の優れたテレビドラマや番組に送られる賞）を受賞した作品などを選んでみるといいかもしれません。法律や SF のジャンルだと専門用語が多くなるので、初めて見る場合はファミリーや青春ものの方が理解しやすいと思います。テレビ番組や映画は、単語やフレーズが、登場人物の声とともに具体的なシーンの中で使われるので、楽しんで英語を学べますよ。

新聞・本・雑誌で学ぶ

英字新聞

https://www.japantimes.co.jp/

　英語のリーディング能力をトレーニングしようと思った人であれば、英字新聞を読むことを検討した人は多いのではないでしょうか。日本では英語で読める新聞が The Japan Times をはじめ、The Japan News や The Asahi Shimbun など複数あり、サイトやアプリも充実しています。世の中で起こった出来事について、前述のニュースチャンネル動画を

見た後、同じ出来事について社説を読んでみると、リスニングとリーディングの練習が同時にでき、関連単語がより覚えやすくなり、内容も理解できます。

　英字新聞特有の書き方（たとえば、冠詞や be 動詞を省略する、過去に起きたことでも現在形で表す、to ＋動詞の原形は未来のことを表す、省略語が使われる、など）に慣れてしまえば、精査された無駄のない英文がとても読みやすく感じると思います。また、同じ出来事について日本語で書かれた記事と英字新聞で書かれた記事を比べてみると、視点や論点の違いが見えてきて面白いです。

本・雑誌

https://www.audible.co.jp/

　英語で出版された本や雑誌も、かつては取り扱っている書店に出向かなければ入手できませんでしたが、現在では簡単に読むことができるようになりました（もちろん、書店にずらっと洋書コーナーに並べられた本や雑誌を見るとワクワクしませんか！）。

　英語の本を読みたいけれども、何を選べばいいか分からないというのであれば、たとえば、日本語ですでに読んだことがある小説やエッセイの英語翻訳版や、英語で書かれたティーンやヤングアダルト向けの本から始めてみることをおすすめします。絵画が好きな人は、絵本を買ってみるのもいいでしょう。

　ここでご紹介しているサイトは Amazon のオーディオブックサービス、Audible です。オーディオブックはプロのナレーターや自叙伝であれば本人（たとえばオバマ前米国大統領や歌手のマライア・キャリーなど）が朗読していますので、直接こちらに語りかけられているような、紙媒体の本とはまた違ったよさがあります。料理をしているときや運転をしているときなど、物理的に本を読むのが難しい時間に読めて（聞けて）しまえる点も魅力です。気に入った本が見つかれば、紙媒体とオーディオブックを同時に用意し、英語特有のイントネーションやリズム、単語の発音を意識しながら聞いてみてください。

　雑誌の読み放題オンラインサービスが人気ですが、最近では日本の雑誌に加え、海外の雑誌も読めるようになりました（たとえば d マガジン）。雑誌を英語で読む利点として、美しい写真とともに、自分の興味のある分野についての記事で勉強できるというところです。たとえば米国でよく読まれている雑誌に、時事では Time や Newsweek、社会・自然科学では National Geographic や Scientific American、音楽では Rolling Stone や Billboard、エンターテイメントでは People や US Weekly、男性ファッション誌では Esquire や GQ、女性ファッション誌では Vogue や Glamour、インテリアでは Architectural Digest や House Beautiful、スポーツでは Sports Illustrated などがあります。読みたい号だけを買うのもいいですし、1 年間の定期購読に挑戦してみてもいいと思い

ます。紙媒体の定期購読は米国から取り寄せても送料込みで 6,000 円ぐらいから始められます。

05 英語で読むさまざまなサイト

　普段何気なく日本語で読んでいるさまざまなサイトを英語で読んでみるのも一つの方法です。たとえば 1 日に1つの英語サイトを 15 分間、隅から隅まで読む、これを平日に毎日続けるだけで、1 年後には膨大な量の英語を読んだことになります。英語で書かれた情報を素早く見つける訓練になりますので、TOEIC のリーディング対策にも役立ちます。

メーカーのサイトで学ぶ

https://www.dyson.com/en

　お気に入りのメーカーがあれば、英語のホームページをチェックしてみましょう。たとえば電化製品であれば、Panasonic Global や Sony Global をはじめとした日系企業、Dyson や Electrolux などの欧州系企業、Huawei や LG などのアジア系企業などは、グローバル展開のために英語サイトが必ず用意されていますので、気になった企業のサイトをぜひご覧になってみてください。理念をはじめ、グローバル展開の計画や最新技術の紹介から、採用情報や SDGs への取り組みなど、さまざまな情報について英語で読むことができます。ビジネスにもきっと役立つ情報が見つかることでしょう。検索結果に日本語サイトしか出てこない場合は、"global" "world" "English" などを企業名の後につけると英語サイトが表示されます。

テーマパーク・動物園・水族館のサイトで学ぶ

https://www.wrs.com.sg/en/singapore-zoo.html

　ディズニーランド、ユニバーサルスタジオ、チボリガーデン、シンガポール動物園、シーワールド、ドバイ水族館、世界には有名なテーマパーク・動物園・水族館のサイトがありますが、これらは楽しく英語が学ぶにはもってこいです。つかの間の現実逃避もできます（笑）。自分がそこに明日行くつもりで、どんな情報を知りたいか想像しながらサイトを探求してみてください。

　ここではシンガポール動物園のサイトを紹介しています。なかなか充実したサイトで、動物園の来訪者向けの情報に加え、展示されている動物の生態や生

Chapter
12

abc

英語学習法　オンライン

453

存数について読みやすい長さの記事でまとめられていたり、動物について大きな写真とともに詳しく読める図鑑が無料でダウンロードできたりします。いつか行ってみたい場所を下調べするつもりで、サイトを読んでみましょう。

公共施設や交通機関のサイトで学ぶ

https://www.eurail.com/en

　世界中の公共施設や公共交通機関については、星の数ほど英語で書かれた公式サイトや紹介サイトがあります。ニューヨークの消防署、ニューデリーの公園、ロンドンの図書館、オタワの刑務所、メルボルンの大学、香港の地下鉄、ナイロビの空港、組み合わせは無限です。今日はどこそこの、何、とランダムに選んで、サイトを見つけて読んでみてください。この写真はヨーロッパの鉄道ユーレイルの英語サイトです。ユーレイルに乗っていく仮想旅行を計画してみましょう！　このサイトには目を奪われるような美しい写真がたくさん掲載されていて、ヨーロッパの魅力が満載です。

この章では、オンラインで英語を学べるサイトやサービスを紹介してきました。どれも英語の自主学習のために挙げましたが、ほとんどのサイトやサービスの内容は、ビジネス教養の習得にもつながります。本書ではビジネス英語のフレーズを紹介していますが、ピックアップしたフレーズを「自分の言葉」として使いこなしながら、最終的にはビジネスの相手と信頼のおける心地よい関係性を築けることが理想です。このような情報源を通して、今世界で何が起きているのか、どんなことが流行っているのか、相手の国の雰囲気や日本との相違点や共通点など、世界について知ることは、相手とのよい関係性づくりにきっと役に立つでしょう。

※本章で紹介している情報は 2021 年 3 月 8 日現在のものです。

ビジネス用語集

この付録「ビジネス用語集」には、「業種」や「肩書」から「感染症関連の表現」まで、約800語句が20のテーマごとに掲載されています。

業種	
金融	finance
会計	accounting
証券	securities
保険	insurance
商品先物	commodity futures
銀行	banking / banks
運輸	transportation
陸輸	land transport
配送	delivery
鉄道	railway
海運	marine transport / shipping
空輸	air transport
航空	airline
倉庫	warehousing
輸送機器	transportation equipment
製造	manufacturing
自動車	automobile / automotive
化学	chemistry
生物化学工学	biochemical engineering
電子	electronics
半導体	semiconductor
鉄	iron
鋼鉄	steel
非鉄金属	nonferrous metal
ゴム	rubber
ガラス・セラミックス	glass / ceramics
電機	electrical appliances
家電	home electrical appliance
機械	machinery
精密機械	precision instruments
工作機械	machine tools
ジャーナリズム	journalism
出版	publishing
マスコミ	mass media
印刷	printing
新聞	newspaper
テレビ	television
雑誌	magazine
情報技術	information technology
通信	communications / telecommunications
広告	advertising
インターネット	internet
住宅	housing
建設	construction
不動産	real estate
教育	education
物流	distribution
ファッション	fashion
医療サービス	medical services

介護サービス	nursing care services	最高情報責任者	CIO (chief information officer)
医薬品	pharmaceutical	最高投資責任者	CIO (chief investment officer)
通信販売	mail-order services / telemarketing	コンプライアンス責任者	compliance officer
食品	foods	社長	president
食品サービス	food services	副社長	vice-president
飲料	beverage	専務	senior managing director
菓子	confectionary	常務	managing director
卸売業	wholesale trade	社外取締役	outside director
小売	retail trade	統括本部長	director
衣料・アパレル	apparel	支店長	branch director
繊維	textiles	店長	branch manager
紙	paper	部長	manager
パルプ	pulp	部長代理	deputy manager
電力	electric power	室長	manager
ガス	gas	課長	section chief
サービス	services	係長	unit chief
農業	agriculture	主任	senior staff
水産・漁業	fisheries	営業見習い	sales trainee
林業	forestry	営業	sales representative
鉱業	mining	営業課長	sales section chief
石油	oil	技術主任	technical chief
政府	government	専門職	specialist
地方自治体	local government	管理職	managerial position
公務員	civil servant	秘書	secretary
公務	civil service	アシスタント	assistant

肩書

会長	chairperson
最高執行責任者	CEO (chief executive officer)
最高財務責任者	CFO (chief financial officer)

職種

店員	salesperson
営業員	sales representative
営業見習い	sales trainee
コンサルタント	consultant

弁護士	lawyer / attorney
パラリーガル(弁護士の補佐)	paralegal
検事	prosecutor
裁判長	judge
速記者	stenographer
議員	Diet member
公設秘書	government-paid secretary
国家公務員	government official
地方公務員	local government employee
会計士	accountant
公認会計士	CPA (certified public accountant)
ファイナンシャルプランナー	financial planner
財務管理者	financial manager
銀行員	bank employee
ブローカー	broker
編集長	editor-in-chief
編集員	editor
校正(校閲)者	proofreader
グラフィックデザイナー	graphic designer
印刷屋	typesetting shop
建築家	architect
大工	carpenter
左官	plasterer
足場職人	scaffold worker
配管工	plumber
電気修理工	electrician
ガラス職人	glassworks artisan
せん定人	pruner
畳職人	tatami craftsperson
瓦職人	tiler
エンジニア	engineer

SE	systems engineer / sales engineer
CE	customer engineer
プログラマー	programmer
プロジェクトマネージャー	project manager
ソフトウェア開発者	software developer
アプリケーション開発者	application developer
ウェブ開発者	web developer
IT管理者	IT manager
データベース管理者	database administrator
統計学者	statistician
機械技師	mechanical engineer
土木技師	civil engineer
画家	painter
芸術家	artist
音楽家	musician
ピアノ奏者	pianist
ギター奏者	guitarist
ベース奏者	bassist
ドラム奏者	drummer
指揮者	conductor
漫画家	cartoonist
陶芸家	ceramic artist
小説家	novelist
ライター	writer
絵本作家	picture book author
イラストレーター	illustrator
コピーライター	copywriter
ブロガー	blogger
俳優	actor / actress
声優	voice actor / actress
舞台俳優	stage actor / actress
ダンサー	dancer
バレーダンサー	ballet dancer

振付師	choreographer	警察官	police officer
コメディアン	comedian	消防士	firefighter
マジシャン	magician	警備員	security guard
落語家	rakugo performer	通訳者	interpreter
能楽師	noh actor	会議通訳者	conference interpreter
歌舞伎役者	kabuki actor	司法通訳者	legal interpreter
医者	doctor	法廷通訳者	court interpreter
内科医	physician	通訳案内士	guide-interpreter
外科医	surgeon	手話通訳者	sign language interpreter
眼科医	eye doctor / ophthalmologist	翻訳者	translator
歯科医	dentist	技術翻訳者	technical translator
歯科衛生技師	dental hygienist	特許翻訳者	patent translator
産婦人科医	obstetrician（産科）gynecologist（婦人科）	医療翻訳者	medical translator
		大学教授	university professor
整形外科医	orthopedic surgeon	准教授	associate professor
皮膚科	dermatologist	助教	assistant professor
耳鼻咽喉科医	ENT (ear, nose, and throat doctor)	客員教授	visiting professor
		非常勤講師	lecturer
精神科医	psychiatrist	高校教員	high school teacher
臨床心理士	clinical psychotherapist	中学校教員	junior high school teacher
獣医師	veterinarian	小学校教員	elementary school teacher
救急医療隊員	paramedic		
放射線技師	radiation technologist	幼稚園教員	kindergarten / preschool teacher
薬剤師	pharmacist		
看護師	nurse	保育士	nursery / preschool teacher
言語聴覚士	speech-language pathologist		
		介護士	caregiver
理学療法士	physical therapist	通関士	registered customs specialist
作業療法士	occupational therapist		
臨床ソーシャルワーカー	clinical social worker	キャスター	news anchor
科学者	scientist	新聞記者	newspaper reporter
化学者	chemist	カメラマン	photographer / cameraman /
心理学者	psychologist		

	camerawoman /	書店店員	bookstore clerk
引っ越し業者	mover（米）、removal company（英）	眼鏡屋店員	optician
新聞配達員	newspaper delivery person	宇宙飛行士	astronaut
		パイロット	pilot
郵便配達員	mail carrier	管制官	ground controller
宅配配達員	delivery person	美容師	beautician
スポーツ選手	athlete	理容師	barber
占い師	fortune-teller	ファッションデザイナー	fashion designer
車掌	train conductor	洋裁師	dressmaker
駅員	station attendant	和裁士	kimono maker
バスの運転手	bus driver	パティシエ	pastry chef / pâtissier / pâtissière
タクシーの運転手	taxi driver		
トラックの運転手	truck driver	ソムリエ	sommelier
漁師	fisherman	外交官	diplomat
農家	farmer	トリマー	pet groomer
政治家	politician	歌手	singer
ユーチューバー	YouTuber	客室乗務員	CA (cabin attendant)
起業家	entrepreneur	グランドスタッフ	ground staff
アルバイト	part-time worker	シェフ	chef
正社員	full-time worker	メイクアップアーティスト	make-up artist
フリーター	part-timer	図書館司書	librarian
力士	sumo wrestler	助産師	midwife
野球選手	baseball player	スポーツトレーナー	sports trainer
Jリーガー	J League player	和菓子職人	Japanese confectionery chef
テニス選手	tennis player		
シンガーソングライター	singer-songwriter	スクールカウンセラー	school counselor
プロデューサー	producer	陸上自衛隊	Ground Self-Defense Force
パン屋	bakery		
お菓子屋	confectionary	税理士	tax accountant
ケーキ屋	cake shop	カイロプラクター	chiropractor
小料理屋	small restaurant	ネールアーティスト	nail artist
カフェ	café	ネールテクニシャン	nail technician
花屋	flower shop	栄養士	dietician
		学芸員	curator

ブライダルコーディネーター	bridal coordinator
葬儀屋	mortician（米）、undertaker（英）
ベビーシッター	babysitter
塾講師	cram school teacher
教習所教官	driving school instructor
人材派遣コンサルタント	staffing services consultant
清掃業務員	janitorial services staff
ごみ収集作業員	garbage collector（米）、refuse collector（英）

企業理念

企業理念	corporate principle
企業目標	corporate goal
企業戦略	corporate strategy
企業 ID	corporate identity
企業イメージ	corporate image

M&A

買収する	buy / purchase
合併	merger
買収	acquisition
資産取得	asset acquisition
株式取得	stock acquisition
買収目的	acquisition aim
統合	consolidation
友好的買収	friendly M&A
敵対的買収	hostile M&A
水平合併	horizontal merger
垂直合併	vertical merger
株式公開買い付け	TOB (takeover bid)

レバレッジド・バイアウト	LBO (leveraged buyout)
マネジメント・バイアウト	MBO (management buyout)
持ち株会社	holding company
提携	affiliation / alliance
経営権	management right
基本合意書	letter of intent

部署

社長室	President's Office
営業部	Sales Department
企画部	Planning Department
広報部	Public Relations Department
経理部	Accounting Department
開発部	Development Department
お客様相談室	Customer Relations Department
技術部	Technology Department
商品開発部	Product Development Department
法務部	Legal Department
海外営業部	International Sales Department
国内営業部	Domestic Sales Department
出版部	Publication Department
調達部	Procurement Department
人事部	Personnel Department / Human Resource Department
総務部	General Affairs Department

総収益	total revenue
費用及び費用	costs and expenses
販売費及び一般管理費	selling, general and administrative expenses
研究開発・エンジニアリング費用	research, development and engineering expenses
総費用	total cost
総利益	gross profit
税引き前利益	income before taxes
純利益	net profit
優先株式配当	preferred stock dividends
1株当たり利益	earnings per share
連結貸借対照表	consolidated balance sheet
資産	assets
流動資産	current assets
現金及び預金	cash and cash equivalents
有価証券	marketable securities
売掛金	accounts receivable
受取手形	notes receivable
売上債権	notes and accounts receivable
前渡金	advances
前払費用	prepaid expenses
仮払金	suspense payment
短期的融資	short-term financing
棚卸資産	inventories
繰延税金	deferred taxes
流動資産合計	total current assets
当座資産	quick assets
有形固定資産	tangible fixed assets
無形固定資産	intangible fixed assets
減価償却累計額	accumulated depreciation
投資	investments
資産合計	total assets
負債と株主資本	liabilities and stockholders' equity
流動負債	current liabilities
短期借入金	short-term debt
法人税	corporate tax
買掛金	accounts payable
支払手形	notes payable
前受金	advanced receipt
未払税金	unpaid taxes
給与・賞与	compensation and benefits
固定負債	fixed liabilities
長期借入金	long-term debt
その他	other
株主資本金	shareholders' equity
優先株式	preferred stock
普通株式	common stock
内部保留	retained earnings
剰余金	surplus
経営資本	operating assets
自己資本	net worth
収益性	profitability
売上高経常利益率	ratio of current profit to sales
総資本回転率	total asset turnover ratio
売上高利益率	return on sales
流動比率	liquidity ratio
希薄化後1株当たり利益	diluted earnings per common share

総利益率	gross profit margin
現預金	cash equivalents
純利益率	net income margin
資本支出	capital expenditures
普通株式発行高	common shares outstanding

マーケティング関連

市場調査	market research
マーケティングプラン	marketing plans
プレスリリース	press releases
インターネットマーケティング	internet marketing
お問い合わせ	inquiry

製品分類

コンピューター周辺機器	computer peripherals
コンピューター部品	computer components
住まい・インテリア	interior / furniture / homeware
スポーツ・アウトドア	sports and outdoors
趣味・娯楽	hobbies
おもちゃ、ゲーム	toys and games
ビデオゲーム	video games
宝飾品	jewelries
ギフト	gifts
ファッション	apparel
寝具	bedding
旅行・イベント	travel and event
コレクション	collectibles
美術・アンティーク	arts and antiques
自動車	automotive
本、漫画	books and comics

家電、電気製品	home appliances / electric appliances
カメラ	cameras
園芸	garden
時計	watches
音楽	music

価格

卸売価格	wholesale price
小売価格	retail price
割引価格	discount price
通常価格	regular price
販売価格	sale price
提示価格	list price
元値	original price
税別価格	price before tax
税込価格	price after tax

会議・会

役員会議	board meeting
取締役会議	executive meeting
部長会議	manager meeting
営業担当者会議	sales rep meeting
企画会議	planning meeting
営業会議	sales meeting
年次会議	annual meeting
月次会議	monthly meeting
週次会議	weekly meeting
日次会議	daily meeting
四半期会議	quarterly meeting
フォーラム	forum
コンフェレンス	conference

集会	convention	～年計画	... year plan
セミナー	seminar	マーケティング戦略	marketing strategy
製品セミナー	product seminar	財務状況	financial condition / financial situation
製品発表会	product launch event	弊社の実績	our accomplishment / what we have accomplished
想親会	reception		
パーティー	party	進捗報告	progress report
送別会	farewell party, good-bye party	株式情報	stock information
歓迎会	welcome party	株式市場	stock market
新年会	New-Year's party	市場の需要	market demand
忘年会	year-end party	新製品	new product
サプライズパーティー	surprise party	製品の特長	product feature
開店記念パーティー	opening ceremony	製品の機能	product function
休憩	break	競合他社	competitor
軽食	light meal	お客様の満足度	customer satisfaction
正装	formal attire	将来のお客様	prospective (potential) customers
軽装	casual dress		
参加	attendance	お客様のご用件	customer requirements
参加登録	registration	製品仕様	product specifications
欠席	absence	物理仕様	physical specifications
日時	date and time	機能仕様	function specifications
場所	place / venue	電気仕様	electrical specifications
書記	minutes taker	環境仕様	environmental specifications
議事録	minutes		
司会	chairperson	必要な技術	technical requirement
議題	agenda	必要なシステム	system requirement
決定	decision	締め切り	due date / deadline
会議室	meeting room	スケジュール	schedule
要検討事項	action items		
ブレインストーミング	brainstorming		
未解決の	pending	**オフィス**	
種々雑多な	miscellaneous	～階建てのビル	... story building
短期的目標	short-term goal	貸ビル	office building for rent
長期的目標	long-term goal		

自動ドア	automatic door
入り口	entrance
出口	exit
駐車場	parking lot
身体障害者用駐車場	parking for disabled people
建物ガイド	office directory
受付	reception
受付の担当者	receptionist
エレベーター	elevator
エレベーターのボタン	elevator buttons
エスカレーター	escalator
階段	stairs
非常用出口	emergency exit
開	door open
閉	door close
緊急呼び出し	emergency alarm
フロアガイド	floor directory
パーテーション	partition
パーテーションで区切ったオフィス	cubicle farm
仕切りのないオフィス	open office
ドアを常に開けておくこと	open door policy

家具・機器

ファイル棚	file cabinet
木製	wooden
机	desk
椅子	chair
リクライニングシート	reclining seat
肘掛椅子	armchair
引き出し	drawer
電話	telephone

携帯電話	cell (cellular) phone / mobile phone
コンピューター	personal computer
ノートパソコン	laptop computer
デスクトップパソコン	desktop computer
プリンター	printer
スキャナー	scanner
コピー機	copier
コピー紙	copy paper
ケーブル	cable
コンセント	power outlet
ファックス	fax machine / facsimile

文具

横型封筒	horizontal envelope
縦型封筒	vertical envelope
会社の名前が入った便箋	company letterhead
紙	paper
サイズ	size
オフィスキッチン	office kitchenette / office kitchen
冷蔵庫	refrigerator
冷凍庫	freezer
ゴミ箱	garbage can
ゴミ袋	garbage bag
水道の蛇口(水)	tap (water)
流し	sink
コーヒーメーカー	coffee maker
コーヒー豆	coffee beans
コーヒー豆挽き器	coffee bean grinder
キッチンのキャビネット	hanging kitchen cabinet
文具	stationery

鉛筆	pencil		平日	weekday
ペン	pen		週末	weekend
シャープペン	mechanical pencil		有給休暇	paid leave
シャープペンの芯	mechanical pencil lead		病欠	sick leave
ボールペン	ballpoint pen		無給休暇	unpaid leave
万年筆	fountain pen		育児休暇	parental leave
マーカー	marker		生理休暇	menstrual leave
鉛筆削り	pencil sharpener		看護休暇	caregiving leave
2穴開け器	2 hole punch		介護休暇	nursing care leave
紙クリップ	paper clip		休職	leave of absence
はさみ	scissors		退職	retirement
のり	glue		年俸	annual salary
(シール式の)切手	self-adhesive stamp		月給	monthly salary
ポストイット	post-it / sticky note		医療保険	medical insurance
消しゴム	eraser		火災保険	fire insurance
修正テープ	correction tape		歯科保険	dental insurance
修正液	correction fluid / correction liquid		旅行保険	travel insurance
油性インク	oil-based ink		控除	deduction
水性インク	water-based ink		保険料	premium
セロハンテープ	cellophane tape, scotch tape		満期	expiration
ガムテープ	packing tape, sealing tape		保険会社	insurance carrier
ノート	notebook			
リーガルパッド	legal pad			
クリップボード	clipboard			
ファイルホルダー	file holder			
ファイルバインダー	file binder			

福利厚生

休暇	vacation
祭日	holiday

国民の祝日

元旦	New Year's Day
成人の日	Coming of Age Day
建国記念日	National Foundation Day
天皇誕生日	The Emperor's Birthday
春分の日	Vernal Equinox Day
みどりの日	Greenery Day
憲法記念日	Constitution Day
こどもの日	Children's Day
海の日	Marine Day

敬老の日	Respect for the Aged Day
秋分の日	Autumnal Equinox Day
体育の日	Sports Day
文化の日	Culture Day
勤労感謝の日	Labor Thanksgiving Day

改革

パワハラ	power harassment
セクハラ	sexual harassment
働き方改革	work style reform
女性の社会進出	women's social advancement
ジェンダーの平等	gender equality
長時間労働	long working hours
ワークライフバランス	work life balance
東京一極集中	concentration in Tokyo
非正規雇用	non full-time employment
最低賃金	minimum wage
経済格差	economic disparity

IT用語

pc	pc
iPhone	iPhone
iPad	iPad
ワイヤレスネットワーク	wireless network
LAN接続	LAN connection
オペレーティングシステム	os
ソフトウェア	software / S/W
ハードウェア	hardware / H/W
マウス	mouse
アプリケーション	application
プログラム	program
プログラミング言語	programming language
データベース	DB / database
ホームページ	website
USB	USB
電源ケーブル	power cable
ドラッグする	drag
ドラッグ&ドロップする	drag and drop
コピー&ペーストする	copy and paste
カット&ペーストする	cut and paste

範囲を選択する	highlight
カーソルを~に合わせる	point the cursor to
左クリックボタンを押したままの状態で	by pressing and holding the left mouse button
~へカーソルを動かす	move the cursor to
プログラムを実行する	execute a program
パラメーターを使用しない	take no parameter
相互運用性	interoperability
信頼性	reliability
使用可能性	availability
ポータビリティー	portability
機能性	functionality
関数	function
式	expression
ユーザー定義の	user-defined
電源を入れる	turn on
電源を切る	turn off
パソコンを(コンセント)につなぐ	plug one's computer in
パソコンをコンセントから抜く	unplug one's computer
~をダミーにする	fake
指示	instructions
可変長	variable length
変数	variable
要件定義	requirement definition
運用	implementation
保守	maintenance
可用性	availability
拡張性	scalability
構成・設定	configuration
独自仕様ソフトウェア	proprietary software
オブジェクト指向	object-oriented
認証	authentication
(ビジネスの)範囲	scope (of business)
人月	man month / man-hours

上流工程	upstream operations
納期	delivery date
標準化	standardization
監査	auditing
低く見積る	underestimate
予算を決める	set a budget
製品	deliverables
レバレッジ	leverage
機会	opportunity
課題	challenge
ソリューション	solution
投資対効果	ROI (return on investment)
収益	revenue
制約	constraints
臨時出費	contingency fund
誓約	commitment
システムを立ち上げる	start a system
コンピューターを落とす	shut down a computer
プログラムを実行する	run a program
データをアップする	upload data (files)
DVDを焼く	burn a DVD
パッチをあてる	apply a patch
データをなめる	read all the data (out of)
力仕事をこなす	do a dirty job
紙ベースで渡す	hand in hard copy
トラブルが発生する	get into trouble
トラブルを乗り切る	overcome trouble
バグをつぶす	debug
保存領域が足りない	have insufficient storage space
今週からテストに入る	start test phase this week
再テストを行う	retest
残業も当然	overtime is a given
PCは目が疲れる	PC use causes eye strain.

反復運動（過多）損傷	RSI (repetitive strain injuries)
休む間もない	have no time to rest (breathe)
ノルマもきつくない	not so heavy workload
テスト項目	test item
テストイメージ	test image
テスト結果	test result
テストケース	test case
テストデータ	test data
テスト方法	test method

感染症

新型コロナウイルスに感染する	contract COVID-19
ウイルス感染する	contract the virus
感染	infection
感染者数	the number of infections
世界保健機構	WHO (World Health Organization)
パンデミック	pandemic
～に感染が広がる	infection spreads to
高齢者	the elderly
基礎疾患のある人	patients with underlying conditions
重症になる	develop severe illness
集中治療が必要	need intensive care
入院	hospitalization / hospital admission
旅行制限	travel restrictions
マスクをつける	wear a mask
受診控え	cancellation of healthcare appointment
隔離される	be isolated
警戒する	stay vigilant
ソーシャルディスタンス	social distancing
ワクチン	vaccine
対策	countermeasures
医療従事者	healthcare workers

濃厚接触者	people who come into contact with infected individuals
ワクチン接種を受ける	be vaccinated
介護施設	care facilities for the elderly
65歳以上の人	people aged 65 years or older
慢性呼吸器疾患	CRD (chronic respiratory diseases)
心臓疾患	cardiac disease
肝臓疾患	kidney disease
ガン	cancer
肺炎	pneumonia
製薬会社	pharmaceutical company
厚生労働省	Ministry Of Health, Labour And Welfare
ワクチン承認	approval of the vaccine
救急救命士	rescue workers
保健所職員	public health center employees
接種（注射）	inoculation
伝染病学者	epidemiologist
腺ペスト	bubonic plague
スペイン風邪	Spanish Influenza
武漢市	the city of Wuhan
クルーズ船ダイヤモンドプリンセス号	the Diamond Princess cruise ship
感染の発生地	epicenter
海鮮市場	seafood market
初期症状	early symptoms
乾いた咳	dry cough
熱	fever
倦怠感	fatigue
呼吸困難	trouble breathing
殺傷力のある	lethal
宿主	host
風説	rumors
消毒液	sanitizer
臨床試験	clinical trials
死者数	death toll

不要不急の外出を避ける	refrain from leaving home except for essential activities
ステイホーム	stay at home / shelter in place
食料品買い出し	grocery shopping
パニック買いする	panic buy
感染拡大を鎮める	quell the spread of infection
パンデミックで大打撃を受ける	be hit hard by the pandemic
休校	closure of schools
在宅勤務を実施する	adopt the work from home strategy
ストレス	stress
うつ	depression
不安感	anxiety
医療関係者	medical professionals
燃え尽き症候群	burnout syndrome
平常な状態	normalcy
医療を崩壊させる	overwhelm the medical system
医療崩壊	collapse of the medical system
非常事態宣言を発出する	issue the declaration of a state of emergency
一都三県	Tokyo and the neighboring three prefectures
外出を自粛させる	restrict going out
対面授業	in-person class
オンライン授業	online class
対面授業をオンライン授業に切り替える	switch in-person class to online class
感染予防の徹底策を講じる	take thorough preventive action against infection
新変異種	a new variant

人を評価する

目標がはっきりとしています。	She is goal-oriented.
利益志向をしています。	She is profit-oriented.
市場志向をしています。	She is market-oriented.

情報通です。	He is resourceful.
人脈が広いです。	He has a wide network.
広い人脈を持っています。	He has a lot of connections.
人当たりがいいです。	She is very good with people
集中力があります。	He is very focused.
自信がなさそうですね。	You don't look confident.
この仕事は初めてとなります。	He is new at this.
素晴らしい仕事をしてくれました。	You did a terrific job.
この上ない最高の仕事をしてくれました。	You did a superb job.
あなたは最高です。	You are the best.
そこがあなたのいいところです。	That's what's great about you.
あなたがいてくれると力強いです。	You are a big help.
鋭いですね。	You have sharp eyes.
最後の頼みの綱です。	You are my last chance.
あなたのことを誇りに思います。	I'm proud of you.
あなたはすべてを持っています。	You have it all.
面白い考えですね。	That's a thought.
大した奴ですね。	The nerve!
助かります。	That'll help.
彼女が〜に加わってくれて心強い。	She is a good addition to
〜でさまざまな経験をお持ちです。	He has had a variety of experience in
さまざまな仕事の経験があります。	He has a variety of working experience.
〜からの応募者は少なかった。	We don't get many applicants from
修士課程を終えるところです。	He is finishing his masters now.
違う場所で働いていました。	She worked in different places.
素晴らしい経験をお持ちです。	She has a good background.
胸躍る新採用です。	That's a very exciting addition.
よい成績で卒業しています。	He graduated with high marks.
とても素晴らしい推薦状を得ることができました。	We were able to get excellent references.
まだ25歳です。	He is only 25.
素晴らしい業績をお持ちです。	We are impressed with his work.
学位を修了予定です。	He is expecting to finish his degree.
経験があまりありません。	He doesn't have much experience.

472

業界知識が豊富です。	She knows a lot about the field.
すてきな方です。	He is a lovely person.
色々なことをもたらしてくれるでしょう。	I can imagine he will bring a lot to us.
～のリーダーです。	She is a leading member of the ....
最高のロールモデルになるでしょう。	She will be an excellent role model.
とにかく最高の方です。	He is by far the best.
記録的な数の応募がありました。	There were a record number of applications.
…大学の～修士号を取得されています。	He has an MA in ~ from the university of ....
～の経験があります。	He has a background in
一覧の5番目は～です。	Number 5 on the list is
2名を採用します。	We are going to hire two new people.
研究の経験があります。	He has good research experience.
デンマーク留学の経験があります。	She studied abroad in Denmark.
主要な取引先です。	You are one of our key suppliers.
あなたはプロジェクトのキーパーソンです。	You are the key person in the project.
あなたはこの部署に欠かせない人材です。	You are essential to our department.

おわりに

　本書の執筆のお話を共著者の小坂先生からいただいたとき、リクルートスーツを着たことがない私に、はたしてビジネス英語の本を執筆することなんてできるのだろうかと少し不安でした。しかしお話をしていくうちに、リモートワークは2020年度の大学オンライン授業化により経験済みであること、私の元学生や友人には英語を使って仕事をしている人たちがたくさんいることなどに気づき、執筆に挑戦する決心をしました。私が昨年、オンライン授業を通して学んだZoomの手順や仕組み、学生や同僚とのコミュニケーション、学会の年次大会をオンラインで行ったときの失敗や成功体験は、本書のいたるところのフレーズに反映されています。また、以前、大阪大学大学院工学研究科の留学生相談部（当時）というところで働いていた経験から、日本で就職を目指す外国人の多様性を目の当たりにしていたため、自然と本書のフレーズもさまざまな国・文化・宗教に対応できるような表現になりました。私自身が子育てをしながら仕事をする立場であるため、子育て関連のフレーズも加えました。特にリモートワークではプライベートとビジネスの空間を分けることが難しく、私が隣で娘を見ながらあたふたして実際に使ったフレーズもいくつかあります。

　この場をお借りして、本書の執筆にあたりお世話になった方々に感謝を申し上げます。まず、フレーズ作成にあたり取材をさせていただきました方々にお礼を申し上げます。中崎博文氏には、異なった言語や文化を背景に持つ相手とビジネスを行う際に、最も大切な心構えを教えていただきました。原田大作氏からはテクノロジー分野の最先端のお話を伺え、目から鱗の連続でした。島本遼太郎氏からは、リモートワークのリアルなビジネスの状況を教えていただきました。私の授業を受講していた元学生なので、とても誇りに思いました。池田忠陽氏には特に食事に関するフレーズでとても重要なヒントをいただきました。本書でそれを反映できて嬉しく思っています。新里悠希氏には理系の分野で使われるフレーズについてのアイデアをいただきました。急なお願いだったにも関わらず、快くお話を聞かせてくれて感謝して

います。ここにご紹介した方々のご協力なければ、こんなに多様なフレーズを思いつくに至りませんでした。お忙しいのに関わらず、お時間をいただきありがとうございました。

　ジャパンタイムズ出版の編集者である橋本啓氏には、いつも細やかな修正と的確なご助言をいただき、誠にありがとうございました。私にとって初めての書籍出版を担当していただき、とても恵まれていたと感じています。

　私をアカデミックの世界に導いてくださった恩師、関西大学の八島智子氏にここでお礼をお伝えしたいと思います。

　最後になりましたが、いつも万全のサポートをしてくれる夫や元気をくれる娘、コラム執筆のために学生時代の英語学習について楽しい話を聞かせてくれた夫の母、見守ってくれている両親と妹にも「ありがとう」と伝えたいです。

2021年3月吉日
出口朋美

[著者紹介]

出口朋美

近畿大学法学部法律学科教養・基礎教育部門准教授。追手門中学・高校、大阪樟蔭女子大学、近畿大学法学部非常勤講師、大阪大学大学院工学研究科留学生相談部（現・国際交流推進センター）助教を経て現在に至る。同志社女子大学学芸学部英語英文学科卒業、関西大学大学院外国語教育学研究科博士課程前期課程・同後期課程修了。博士（外国語教育学）。高校時にYFU日本国際交流財団にて米国に1年間交換留学。主要論文は「実践共同体としての大学寮における留学生と日本人学生の対人関係」（多文化関係学第5巻）、「第二言語コミュニケーションを促進・阻害する道具：国際ボランティア・プロジェクトでのピロシキ作りをめぐるディスコース分析から」（近畿大学教養・外国語教育センター紀要（外国語編）第5巻第2号）、「国際ボランティア参加者の学びのプロセス：相互作用と活動への参加モードの変化から」（異文化コミュニケーション第20巻）など。

小坂貴志

神田外語大学外国語学部国際コミュニケーション学科教授。日本アイ・ビー・エム株式会社、JD Edwards World Source Company、Monterey Institute of International Studies、立教大学を経て現在に至る。青山学院大学文学部英米文学科卒業、Human Communication Studies, School of Communication, University of Denverにて修士号取得、博士課程単位取得終了満期退学。主要書籍は『現代対話学入門』（明石書店）、『異文化対話論入門』、『異文化コミュニケーションのA to Z』（いずれも研究社）、『ビジネスQuick English〈オフィス英語〉All in One』（ジャパンタイムズ）、『アメリカの小学校教科書で英語を学ぶ』（ベレ出版）、主要論文は「文化的生成過程を媒介する『声』の役割：応答性、異質性、関係性を読み解く」（多文化関係学第7巻）、「多声化する異文化コミュニケーション研究・教育：分野を取り巻く成長痛を乗り越えるために」（スピーチ・コミュニケーション教育第22巻）など。

ヘッドセットのイラスト、各章のイメージアイコン12種
(中面・帯)：Valsur(iStock)／p.55：BackyardProduction
(iStock)

カバー・本文デザイン：竹内雄二

英文校閲：Claude Batmanghelidj

DTP組版：朝日メディアインターナショナル

編集協力：斉藤敦

音声収録：ELEC録音スタジオ

ナレーション：Jennifer Okano、Vinay Murthy

入社1年目の
ビジネス英語大全

2021年5月5日　初版発行

著　者　出口朋美／小坂貴志
　　　　© Tomomi Deguchi, Takashi Kosaka, 2021

発行者　伊藤秀樹

発行所　株式会社ジャパンタイムズ出版
　　　　〒102-0082 東京都千代田区一番町2-2
　　　　一番町第二TGビル 2F
　　　　電話　050-3646-9500（出版営業部）
　　　　ウェブサイト　https://jtpublishing.co.jp/

印刷所　日経印刷株式会社